행복을 가져오는
붓다의 말씀

행복을 가져오는 붓다의 말씀

2012년 3월10일 초판
2022년 6월20일 3쇄
2024년 10월10일 4쇄

지은이	안양규
펴낸이	김인현
펴낸곳	도서출판 도피안사
등록	2000년 8월 19일(제19-52호)
주소	경기도 안성시 죽산면 거곡길 27-52

　　　　전화 02-419-8704
홈페이지　www.dopiansa.com
E-mail　　dopiansa@hanmail.net

디자인	김형조
인쇄	금강인쇄(주)

ⓒ 2012, 안양규

ISBN 978-89-90223-62-3 04220
ISBN 978-89-90223-15-9 (세트)

● 책값은 뒤표지에 있습니다.
● 잘못된 책은 바꿔드립니다.

至道無難 ❻

행복을 가져오는 붓다의 말씀

안양규(安良圭)

DOPIANSA

서.문.

　모든 생명체는 한결같이 고통없이 행복하게 살고 싶어 한다. 일찍이 붓다는 이러한 사실을 통찰하고 "모든 생명체는 폭력을 두려워한다."라고 했다. 자신의 삶을 괴롭히거나 방해하는 것을 만나지 아니하고, 행복하게 살고 싶어 하는 것이다. 조그마한 벌레부터 인간에 이르기까지 모든 생명체는 평화롭고 행복하게 살고 싶어 한다. 붓다의 모든 가르침은 바로 여기에 초점을 맞추고 있다. "나는 오로지 고통의 원인과 그 해결을 가르칠 뿐이다."라고 붓다는 당신 가르침의 진의를 밝히고 있다.

　신문을 읽을 때마다 붓다의 말씀이 저절로 떠오른다. 대략 40여 페이지에 달하는 일간지 신문을 들여다보면 온통 살인·전쟁·갈등·폭력·사기·비방·잔인한 사건 등으로 채워져 있으며, 스포츠와 연예계 기사가 몇 페이지를 차지하고 있다. 사이사이에 상업용 광고가 지면을 채우고 있다. 신문은 우리의 현재 삶을 보여주는 거울이다. 신문이라는 거울에 비친 우리 현대인의 삶이 온갖 문제로 가득 차 있다는 것을 간명하게 알 수 있다. 금전으로 인한 싸움과 사기사건, 권력 투쟁, 이혼 문제, 청소년 문제, 노인 문제 등에 관련된 기사를 접하게 되면 붓다의 가르침을 되새기게 된다. 오늘날 우리가 직면하는 이러한 문제에 대한 해답을 붓다의 가르침에서 찾을 수 있다고 확신한다. 이러한 확신에 기초하여 이 글을 쓰게 되었다.

2,600여 년 전 인도에서 붓다는 45년간 많은 사람들에게 가르침을 베풀었다. 그의 가르침을 듣고 실천한 사람은 붓다처럼 고통에서 벗어날 수 있었다. 21세기를 살고 있는 현대인에게도 붓다의 가르침은 여전히 유효하다. 아니 어쩌면 현대인이 반드시 알아서 일상생활에서 실천해야 할 지침서이다. 붓다의 가르침은 단지 박물관에 진열되어 있는 유물이 아니라 일상생활에서 바르게 적용해야 할 생활의 필수품이다. 가끔 시간을 내어 놀이 삼아 박물관을 찾아 유물을 관람하는 방식으로 붓다의 가르침을 들여다본다면 그것은 바른 인생을 사는 것과는 거리가 있는 잘못된 것이다.

붓다가 살았던 시대의 종교·정치·문화 등 사회 제반 현상은 현대와 판이하게 다르므로 붓다의 가르침이 현대인에게 무슨 소용이 있겠는가 하고 의문을 가지는 사람도 있을 것이다. 그런 걱정은 붓다의 가르침의 본질을 오해한데서 기인한다. 붓다의 가르침은 인간의 본질에 집중되어 있다. 현상은 다르게 나타나겠지만 인간의 본질은 과거나 현재나 변함없다. 인간의 고통과 그 원인을 깊이 다루는 붓다의 가르침은 모든 인류에게 유효하고 유익한 것이다. 완전한 행복을 누리는 사람에겐 붓다의 가르침은 크게 소용이 없겠지만 고통의 질병에 노출된 사람들에겐 가장 효과적인 약이 되는 것이다.

각각의 경전은 독립되어 있으며 그 자체 완결된 법문이다. 그러므로 독자들은 어떤 정해진 순서대로 읽을 필요는 없다. 경전은 장편소설이 아니므로 자신이 원하는 경전을 먼저 읽어도 무방하다. 단지 소설 읽듯이 주의를 기울이지 않고 흥미 위주로 속독해 버리는 것은 바람직하지 않다. 천천히 읽으면서 붓다의 가르침을 거울삼아 자신의 허물을 보고 고칠 수 있도록 해야 할 것이다.

대략 내용별로 크게 다섯 가지로 분류하였다. 첫째 부류의 경전은 붓다에 관한 것이다. 붓다의 인품을 알 수 있게 해 주는 경전이다. 둘째 부류의 경전은 붓다의 가르침을 배우기 위한 마음 자세에 관한 내용이다. 무슨 일이든지 준비 자세가 중요하듯이 불교를 공부하는데도 마음의 자세가 매우 중요하므로 별도로 경전을 모았다. 셋째 부류의 경전은 행복을 위한 붓다의 가르침을 담고 있다. 자신의 행위에 스스로 책임지며 마음을 다스리는 가르침을 모았다. 넷째 부류의 경전은 붓다의 가르침이 현대 사회에 어떻게 적용될 수 있을까를 고민하면서 모았다. 현대의 제반 사회 이슈를 붓다의 가르침으로 조망하였다. 마지막 경전군은 붓다의 전생담을 모았다. 전생 이야기를 통하여 붓다의 근본 가르침을 쉽게 접하도록 하였다.

본서에 보이는 인용부호는 단지 강조할 목적으로 표시한 것으로 경전의 문구를 정확하게 인용한 것은 아니다. 각 경전의 이야기의 말미에 참고한 경전을 표기해 두었다. 팔리어 경전은 The Pali Text Society에서 간행된 것을 이용했으며, 한역 경전은 『대정신수대장경』(이하 대정장)을 이용하였다.

붓다의 가르침을 읽을 때마다 마음이 맑아지고 세상사가 분명해진다는 느낌을 갖는다. 나 자신을 좀 더 이해하게 되고 주위 사람도 그만큼 이해하게 된다. 이해하는 만큼 나 자신을 용서하게 되고 다른 사람도 용서하게 된다. 그리고 사랑하는 마음도 더 자란다. 붓다의 말씀을 읽는다는 것은 결국 지금 여기 살고 있는 자기 자신과 이웃을 동시에 사랑하는 것이다.

오랜 시간 저자의 게으름을 인내해 주고 독려해 주신 송암스님께 감사의 마음을 표하고 싶다.

2012년 2월

안양규

행복을 가져오는 붓다의 말씀

차례

서문 ... 4

제1장 — 붓다(Buddha), 깨어있는 사람

잠에서 깨어난 자	... 15
마라(Mara)를 이긴 승자	... 20
훌륭한 의사	... 25
나는 단지 길을 가르쳐 줄 뿐이다	... 30
붓다의 사람 죽이는 법	... 35
중생을 위한 붓다의 탄생	... 41
복업 짓는 사람	... 46
나도 농사짓고 있다	... 51
쿨(cool)한 사람	... 56
웰빙(well-being)의 선구자	... 61
붓다만 섬겨야 하는가	... 66
붓다의 낡은 수레	... 71
붓다의 최후 가르침	... 76

제2장 — 붓다의 가르침 배우기

우리는 지금 무엇을 향해 달리고 있는가　… 83
떡 세 개 먹기　… 88
우리가 흘린 피와 눈물　… 93
고통이라는 경고신호　… 98
세 종류의 밭과 물그릇　… 103
사람이 소중한 이유　… 109
바르게 충고하기와 충고에 감사하기　… 114
나라와 자신을 지키는 법　… 119
많이 아는 것이 중요한 것이 아니다　… 124
법이라는 거울보기　… 129
기울어진 나무가 넘어질 곳　… 135
구더기와 파리를 불러들이는 것　… 140
호흡 명상과 심신 치유　… 145

제3장 — 붓다의 행복 가르침

고통의 해결을 위한 가르침　… 153
행복을 가져오는 주문　… 158
윤회의 증명　… 164
짠맛을 덜 느끼게 하는 법　… 169
욕망이 고통의 원인이 되는 이유　… 174

기도로 고칠 수 없는 질병	... 179
결국 누구 책임인가	... 184
두 번째 화살 맞지 않기	... 189
나의 것이 아니면 모두 버려라	... 195
새고 있지 않나요	... 200
목숨은 들숨과 날숨 사이에	... 205
마음의 성(城) 지키기	... 210
허공이 바람을 대하듯이	... 215

제4장 — 현대 사회와 붓다의 가르침

오래된 소음공해	... 223
40초마다 한 명씩 자살	... 228
붓다가 처방한 다이어트 비법	... 233
성형 미인과 맘짱	... 238
내세에도 부부로 만나고 싶으면	... 243
금동이를 잃은 어머니	... 248
편안하게 보내기	... 253
지팡이보다 못한 불효자	... 258
존경받는 노인이 되려면	... 263
제사 증후군	... 268
최상의 독신 생활	... 273
인욕의 두 달인	... 278
우리나라 선수가 패할 때 마음이 아픈 이유	... 283

제5장_ 붓다의 전생 이야기

현명한 상인	... 291
세리바(Seriva)의 두 상인	... 299
까마귀가 죽은 이유	... 305
끔찍한 새소리	... 311
동물을 제물로 삼지 말라	... 316
누구도 믿지 말라	... 322
누가 존경 받아야 하는가?	... 327
어린 메추라기의 발원	... 333
바람난 아내	... 338
기적을 일으킨 물고기의 기도	... 343
부처님을 비방한 왕비	... 348
술의 기원과 음주의 해악	... 355
걸어서 강 건너기	... 360

찾아보기 ... 365

제1장
붓다(Buddha), 깨어있는 사람

잠에서 깨어난 자

마라(Mara)를 이긴 승자

훌륭한 의사

나는 단지 길을 가르쳐 줄 뿐이다

붓다의 사람 죽이는 법

중생을 위한 붓다의 탄생

복업 짓는 사람

나도 농사짓고 있다

쿨(cool)한 사람

웰빙(well-being)의 선구자

붓다만 섬겨야 하는가

붓다의 낡은 수레

붓다의 최후 가르침

잠에서 깨어난 자

불교란 간략히 정의하자면 붓다의 가르침이다. 붓다가 없었더라면 불교는 성립할 수 없다. 붓다의 가르침을 살펴보기 전에 역사적인 측면에서 그의 전기를 간략히 살펴두는 것이 순서일 것이다. 성도하기 전 그의 성씨는 고타마(Gotama)이고 이름은 싯닷타(Siddhattha)였다. 성에 보이는 고(go)는 소를 의미하므로, 붓다의 선조는 농업에 종사하였거나 농업과 관련된 일을 하였다는 것을 유추할 수 있다. 싯닷타의 의미는 소원하는 것을 성취한다는 의미이다.

고타마 싯닷타의 직계 가족을 잠깐 살펴보자. 그는 현재 인도 국경과 네팔에 걸쳐 자리 잡고 있었다는 카필라밧투(Kapilavatthu)

왕국의 룸비니(Lumbinī)에서 부왕 숫도다나(Suddhodana)와 어머니 마야(Maya)와의 사이에서 태어났다. 어머니 마야 부인은 태자를 낳은 지 7일 뒤에 세상을 떠났고, 그 뒤 그녀를 대신해 그의 여동생인 마하파자파티(Mahapajapati)가 태자를 양육했다. 태자의 이복동생으로 난다(Nanda)가 있다. 29세에 출가하기 전 아내 야소다라(Yasodhara)와의 사이에 외아들 라훌라(Rahula)가 있었다. 널리 알려진 사항을 여기서 되풀이하는 이유는 붓다는 역사적으로 실존했었던 인물이라는 것을 강조하고 싶어서이다. 우리처럼 붓다는 부모 형제가 있었고 아내도 아들도 있었던 것이다.

'고타마 싯닷타'가 주민등록상의 고명명사라고 한다면 '붓다'라는 말은 존칭어이다. 불교의 역사상 많은 붓다가 존재한다. 과거에도 붓다가 있었고 미래에도 붓다가 나올 것이다. 가장 이상적인 존재로서의 붓다는 한 분이 아니라 많은 붓다가 신앙의 대상이 되었다. 그러므로 역사적 존재인 불교의 개조(開祖)를 다른 제불(諸佛)과 구별하기 위하여 '석가모니 붓다'라고 이름하기도 한다. 대승불교가 일어나기 전 '붓다'라는 말은 대체로 석가모니 붓다 한 분에게 사용되었다. 그는 석가족(Sakya) 출신이었으므로 '석가족 출신의 성자'란 뜻으로 석가모니라고 불린다. 석가세존(釋迦世尊)이라고도 하는데 이것을 줄여서 석존(釋尊) 또는 세존(世尊)이라고 한다. '모니'란 원래 침묵을 의미하지만 성인의 한 특징으로 여겨져 성자를 의미한다.

'붓다'라는 말은 원래 고유명사가 아니고 보통명사이다. 붓다는 동사 어근 Budh(자각하다, 깨어나다)에서 유래한 명사이며 자각(自覺)한 사람을 의미한다. 그래서 영어로는 대개 'the Awakened One(깨어난 자)'으로 번역한다. 일차적 의미는 잠에서 깨어나 눈을 뜬 사람이라는 말이지만, 종교적으로는 무명(無明)의 잠에서 깨어난 자라는 존칭이다. 따라서 무지의 상태에서 실상을 볼 수 있는 눈을 뜨기만 하면 누구나 붓다라고 불릴 수 있는 것이다.

불타(佛陀)란 한역어는 붓다(Buddha)의 음역이고, 의역어로는 각자(覺者, 눈을 뜬 사람)가 한역 경전에서 사용되기도 한다. 한역 경전에선 대체로 음역어인 불타가 더 많이 사용되었고 줄여서 간단히 불(佛)이라고 널리 쓰이고 있다. 우리나라에선 불타가 부처라고 음사되었고 여기에 존칭 접미사 '님'자를 붙여 일반적으로 부처님이라고 부른다.

고타마 싯닷타가 무지의 잠에서 깨어난 지 얼마 되지 않았을 때 길을 가고 있었다. 도중에 어떤 사람이 태자가 범상한 인물이 아님을 알고 물었다.

"당신은 누구십니까? 신입니까?"

붓다는 그렇지 않다고 대답했다.

그러자 이번에는 "당신은 사람입니까?"라고 물었다.

붓다는 그렇지 않다고 대답했다. 붓다의 대답을 듣고 당황해 하는 질문자에게 붓다는 말했다.

"나는 무지의 잠에서 깨어난 자(붓다)이다."

잠을 자고 있는 동안 사람들은 꿈을 꾸며 꿈속에서 벌어지고 있는 일을 실재로 여긴다. 꿈속에서 울기도 하고 즐거워하기도 한다. 그러다가 깨어나면 꿈속에서의 일들은 모두 환상이라는 것을 깨닫는다. 욕망, 쾌락, 재산, 명예 등 온갖 미끼에 걸려들어 잠이 든 우리 중생에게 눈을 뜬 붓다는 잠에서 깨어나라고 가르치고 있다. 그러나 우리는 미끼를 놓지 못하는 물고기처럼 자신에게 즐거움을 가져다주는 것을 붙잡고 깨어나지 못하고 있는 것이다.

붓다가 사위국 기수급고독원에 계실 때의 일이다. 한 수행자는 배불리 밥을 먹고 방에 들어가 문을 닫고 조용히 자고 있었다. 그는 몸만 사랑하고 마음의 쾌락만 추구할 뿐 밤낮 없이 게으르기만 하였다. 부처님께서는 그를 가엾게 여기시고 곧 그의 방에 들어가 손가락을 튕겨 깨우시고 말씀하셨다.

"깨어나라, 어째서 잠만 자는가. 벌·소라고둥·조개·좀벌레 따위는 온갖 더러운 것 덮어 숨기고서 미혹하여 제 몸이라 생각한다. 마음이 마치 갓난아이가 큰 병에 걸려 고통스러워하듯이 갖가지 재앙과 어려움 만나도 도리어 잠만 자고 있구나."

우리는 밤에 잠이 들고 아침에 눈을 뜬다. 그러나 무지의 잠에서 우리는 눈을 뜨지 못하고 있는 것이다. 붓다의 입장에서 보면 우리 범부는 아직도 무지의 잠에서 온갖 악몽을 꾸며 힘들게 살고 있는 셈이다. 불교가 다른 종교와 달리 사변적이고 이성적인 이유가 바로 여기에 있다. 무지를 제거한 자가 붓다이므로 우리 범부도 온갖 종류의 무지에서 벗어나기 위해선 합리적인 이성, 즉 지혜로 옳고 그름을 분간할 수 있어야 하기 때문이다. 무지의 잠에서 깨어나기 위해선 지혜가 필수적으로 요청되는 것이다.

어둠과 혼동 속에서 분별하게 해 주는 것은 무엇보다도 '빛'이다. 빛이 들어오는 순간부터 윤곽이 드러나기 시작하고, 빛이 밝아질수록 분별력도 증가하여 명백하게 확인되기 시작한다. 지혜의 광명 앞에서 진실과 거짓, 선한 것과 악한 것이 분명하게 드러난다. 더 이상 번뇌의 어둠 속에서 저질렀던 나쁜 행동을 하지 않게 된다.

| **참고 경전** 『잡아함경』(대정장 II, p.28上); 『법구비유경』(대정장 IV, p.577上).

마라(Mara)를 이긴 승자

　　　　　　　　귀신을 실재한다고 심각하게 믿는 사람이 있는
가 하면, 반대로 허구라고 믿지 않는 사람도 있다. 귀신이 실재하
지 않는다고 믿는 사람조차도 귀신 이야기는 즐긴다. 귀신 이야기
는 흥미 있는 화젯거리이다. 착한 귀신에 관한 이야기도 있지만
대체로 원한을 품고 있는 귀신이나 억울하게 죽어 귀신이 된 이야
기가 많다. 질병이나 사고를 유발하여 사람을 해치는 사악한 귀신
이야기도 쉽게 들을 수 있다. 더운 여름날엔 귀신을 소재로 한 드
라마나 영화가 방영되어 관객의 더위를 식혀 준다. 이렇듯 귀신의
존재는 첨단 과학시대에 살고 있는 현대인에게도 여전히 미스터
리로 남아 있는 것이다.

불교에선 귀신의 존재를 인정한다. 귀신도 인간과 마찬가지로 인과응보의 윤리 법칙에 따른다. 선한 인간과 악한 인간이 있듯이 귀신도 선한 귀신과 악한 귀신이 있다. 싸움을 즐기는 귀신이 있고 인간을 괴롭히는 귀신이 있다. 심지어 어린아이만 잡아먹는 악신도 있다. 모든 악신의 우두머리는 마라(Mara)라는 신이다. 마라는 죽음의 신으로 불사(不死)에 이르는 것을 가능한 철저히 가로막는 악신이다. 모든 악신의 왕인 마라를 이기면 모든 귀신을 이겼다고 할 수 있다. 정각 직전 이루어진 붓다와 마라의 대결을 살펴보자. 붓다는 마라를 물리침으로써 정각을 성취할 수 있었다.

붓다가 고행하고 있던 시기에 마라가 유혹했던 일을 다음과 같이 회상하고 있다.

"네란자라(Nerañjara) 강가에서 평화(yogakkhema)를 얻기 위해 열심히 명상하며 정진 노력하는 나에게 마라가 연민의 말을 걸며 다가와서 유혹했다. '그대는 야위었고 안색이 나쁘다. 죽음이 그대의 면전에 와 있다. 그대에게 생명은 한 부분이고 죽음은 천(千) 부분이다. 그대여! 살아라! 사는 것이 더 좋다. 살아야 공덕(puñña)을 지을 수 있다. 그대가 범행(brahmacariya)을 수행하고 성화(聖火)를 모신다면 많은 공덕이 쌓일 것이다. 왜 이런 노력을 하고 있는가.'"

마라가 정진 노력하고 있는 붓다에게 다가가 수행을 포기하고 공덕을 쌓으라고 유혹하고 있다. 마라가 언급하고 있는 수행이나 정진 노력은 격심한 고행을 의미한다. 그렇게 말하는 마라에게 세존은 대답했다.

"방일자의 친족이여! 악마여! 무슨 이익을 위해 여기에 왔는가? 나의 진정한 목표에는 털끝만큼의 공덕도 없다. 공덕을 목표로 삼는 자에게 마라는 말해야 할 것이다. 나에게는 신심이 있고, 정진이 있고, 그리고 또한 지혜가 있다. 이처럼 고투하는 나에게 생명의 보존을 말하는가? 이 바람은 강물까지 말려버릴 수 있다. 하물며 고투하는 나의 피를 말려버리지 않겠는가? 피가 마르면 쓸개와 담도 마르며, 살이 야위어지면 마음은 점점 더 맑아진다. 주의(sati), 지혜, 삼매(samādhi)도 점점 더 굳건히 자리 잡을 것이다."

붓다는 먼저 공덕을 지어 세속의 행복을 누리라는 마라의 유혹을 단호하게 거절한다. 붓다는 열반을 추구하고 있기 때문에 신심, 정진, 지혜가 자신의 주된 관심 대상임을 천명하고 있다. 고행이 비록 피를 말릴 만큼 힘들지만 내적으로는 마음이 더욱더 정화되어 각종 욕망의 대상으로부터 자유로워지고 있음을 말하고 있다. 죽음을 불사하고 정각을 위해 정진을 계속하겠다는 결의를 보이고 있는 것이다.

붓다는 마라의 정체가 무엇인지 낱낱이 밝히고 있다.

"욕망(kāma)은 너의 첫 번째 군대이고, 두 번째는 혐오이고, 세 번째는 기갈이고, 네 번째는 갈애이다. 다섯 번째는 혼침과 수면이고, 여섯 번째는 공로이고, 일곱 번째는 의심(vicikicchā)이고, 여덟 번째는 위선(makkha)과 고집(thambha)이다. 그릇되게 얻은 이익, 명성, 존경, 명예, 자신을 찬양하고 남을 경멸하는 것. 악마여! 이것들이 너의 군대이다. 영웅이 아닌 자는 그것을 정복할 수 없다. 그러나 정복한 자는 행복을 얻을 것이다."

마라의 세력으로 밝혀진 욕망, 혐오, 갈애, 공포, 위선 등등은 보통 우리가 일상생활에서 자주 느끼는 것이다. 이러한 부정적인 마음 작용은 너무나 익숙해져 있어 얼마나 깊은 해악을 끼치고 있는지 모른다. 그런데 붓다는 이러한 부정적인 마음 작용은 다름 아닌 마라의 하수인이라고 확인하고 있다. 욕망에 빠져 살인을 하는 경우 살인자는 마라의 군대에 의해 조종 받은 셈이 되는 것이다. 욕망 등 번뇌가 가져다주는 일시적인 쾌락을 부정하고 모든 번뇌를 정복한 자만이 진정한 행복을 획득할 수 있다고 확신하고 있는 것이다.

불교에선 마라가 모든 유혹을 저지르는 악(惡)의 화신으로 여겨지고 있다. 마라는 죽음의 신으로 중생들로 하여금 영원한 생명(즉 열반)을 얻지 못하게 하고, 고통스러운 윤회의 세계에 머물게 하는 존재 내지 세력이다. 중생을 지배하는 주요한 수단은 욕망(kāma)이다. 마라는 죽음을 자신의 본성으로 삼고 욕망을 자신의 주된 무기로 사용하고 있다고 할 수 있다. 붓다를 위시해 그의 제자들에게 여러 가지 모습으로 나타나 그들이 추구하는 길에서 벗어나도록 하고 있다. 진리의 길을 추구하는 사람들에게 여러 가지 교

묘한 방법으로 자신의 정체를 드러내지 않고 방해하는 마라의 모습은 여러 경전에 기록되어 있다.

　마라의 다양한 공격에 붓다는 알아차림〔覺知〕으로 대응한다. 마라의 정체를 바로 인지(認知)하는 것에 의해 마라는 더 이상 자신의 힘을 발휘하지 못하고 사라지게 된다. 각종 제의를 통해 마라를 숭배하거나 반대로 어떠한 의식을 통해 마라를 배척하는 것이 아니라 지혜의 눈으로 그 실체를 보는 것이 죽음의 신인 마라에 대한 적절한 대응이다. 마라라는 존재가 쉽게 주술적으로 이해되어 사람들의 마음을 더 미혹하게 만들 수 있는데 붓다는 지혜로써 마라를 대응하라고 가르침으로써 마라를 주술의 대상으로 삼거나 극복할 수 없는 존재로 만들지 않고 있는 것이다.

| **참고 경전** Suttanipata, pp.74-78.

훌륭한 의사

'붓다는 어떠한 분인가'라는 물음에 대해 다양한 답변이 나올 수 있지만, 어느 것 하나 만족스러운 것이 될 수 없다. 그럼에도 불구하고 중생과 관련하여 그분을 정의 내리면, 고통을 치유하는 의사하고 비유하는 것이 가장 적절할 것 같다. 병에 걸리면 의사를 찾는다. 훌륭한 의사는 병의 증상을 정확하게 진찰하고 병의 원인을 제거해 줄 수 있는 약을 처방할 수 있다. 환자의 병을 잘못 오진하게 되면 약도 바르게 처방할 수 없다. 병자의 입장에선 훌륭한 의사를 만나는 것이 매우 중요한 일이다. 좋은 의사를 만났다는 것은 병을 절반 이상 고친 것으로 볼 수 있다. 나머지 절반은 병자에게 달려 있다. 의사가 처방한 약을 시간에 맞춰 복용해야 하고 다른 지시들도 지켜야 한다.

병에 걸린 사람이 의사를 찾지 않으면 병이 깊어져 고치기 어렵게 되거나 심지어 생명을 잃게 되기도 한다. 병든 사람은 먼저 자신의 병을 알고 의사를 찾아야 하는 것이다. 의사는 환자의 병세를 들어 보고, 진찰을 한 후 처방을 내려 준다. 의사를 찾아간 환자는 무엇보다도 자신의 병세를 정확하고 솔직하게 말해야 하고, 의사의 정확한 진단에 의해 병의 원인을 제거할 수 있는 약을 처방한다. 만약 의사의 처방대로 지어진 약을 제때에 제대로 먹지 않는다면 환자의 병은 좀처럼 낫기가 어려울 것이다.

병에 걸렸을 때, 이 병을 고치기 위해서는 의사가 처방해 준 약을 제때에 반드시 복용해야 한다. 처방된 약은 반드시 병자 자신이 먹어야 한다. 약을 부모나 친구가 대신 먹어 줄 수가 없는 노릇이다. 친구나 부모가 대신 약을 먹어 준다 해도 환자의 병세는 조금도 나아질 리가 없다.

세존께서 모든 비구들에게 말씀하셨다.

"네 가지를 갖추면 위대한 의왕(醫王)이라 부를 수 있다. 무엇이 그 네 가지인가? 첫째는 병의 증상을 잘 아는 것이요, 둘째는 병의 근원을 잘 아는 것이요, 셋째는 병을 치료하는 방법을 잘 아는 것이요, 넷째는 병이 치료된 뒤에 다시 도지지 않게 하는 것을 잘 아는 것이다."

좋은 의사는 병의 증상을 잘 알아 어떤 병인지 잘 안다는 것이다. 그리고 병의 발생 원인을 잘 파악할 줄 알아야 한다. 좋은 의사는 병의 원인을 치료하는 방법을 잘 알고 나아가 미래에 다시 도지지 않게 할 수 있다. 훌륭한 의사는 병의 고통을 완전히 제거해 주는 사람이다. 세존은 계속해서 여래가 훌륭한 의사라고 하는 이유를 밝히고 있다.

"여래는 큰 의왕이 되어 네 가지 덕을 성취하고 중생들의 병을 고치는 것도 또한 그와 같으니, 어떤 것이 그 네 가지인가? 이른바 여래는 '이것은 괴로움에 대한 성스러운 진리이다(고성제)'라고 사실 그대로 알고, '이것은 괴로움의 발생에 대한 성스러운 진리이다(집성제)'라고 사실 그대로 알며, '이것은 괴로움의 소멸에 대한 성스러운 진리이다(멸성제)'라고 사실 그대로 알고, '이것은 괴로움의 소멸에 이르는 길에 대한 성스러운 진리이다(도성제)'라고 사실 그대로 아는 것이니라.

저 세간의 훌륭한 의사는 태어남[生]의 근본적 치료 방법을 사실 그대로 알지 못하고, 늙음·병듦·죽음과 근심·슬픔·번민·괴로움의 근본적 치료 방법을 사실 그대로 알지 못한다. 그러나 여래는 훌륭한 의왕이 되어 태어남의 근본적 치료 방법을 사실 그대로 알고, 늙음·병듦·죽음과 근심·슬픔·번민·괴로움의 근본적 치료 방법을 사실 그대로 아나니, 그러므로 여래·응공·등정각을 큰 의왕이라고 부른다."

붓다는 훌륭한 의사로 비유되고 있듯이 중생의 고통을 제거하는 것을 그 주된 역할로 하고 있다. 세간의 의사는 육체의 질병을 치유하는 것에 비해 붓다는 생로병사라는 삶의 궁극적 문제를 다루는 의사이다. 붓다의 모든 가르침을 포괄하고 있는 사성제(四聖諦)에서 의사로서의 붓다의 역할을 볼 수 있다. 사성제 중 고성제(苦聖諦)는 병의 상태를 살펴보는 진찰의 단계로, 집성제(集聖諦)는 병의 원인을 찾아내는 단계로, 멸성제(滅聖諦)는 그 질병이 사라진 건강한 상태를 예상하는 단계로, 도성제(道聖諦)는 건강한 상태에 이르기 위한 방법이 제시되는 처방의 단계로 비유된다. 훌륭한 의사가 병을 정확하게 진단하고 그 병을 치유할 수 있는 처방을 내려 환자가 질병을 극복하게 할 수 있듯이 붓다도 중생이 고통으로부터 벗어나는 길을 가르쳐 준다.

붓다가 의왕이라고 비유되는 점에서, 우리 중생은 환자이다. 우리 자신이 환자임을 자각해야 한다. 자신이 어떠한 병에 걸려 어떤 고통을 받고 있는지 스스로가 먼저 알아야 하는 것이다. 병자가 병에 걸린 줄도 모르고 의사를 찾지 않고 생활한다면 결국은 죽음에 이르는 병에 걸리고 말 것이다. 그땐 너무 늦다. 병자가 의사의 처방 없이 돌팔이 의사의 말만 믿고 약을 먹다 보면 목숨을 잃을 수도 있다. 따라서 훌륭한 의사인 붓다의 말씀을 잘 받들어야 할 것이다.

여기서 주목해야 하는 것은 붓다의 역할과 그 한계이다. 의사의 처방만으로 환자의 병이 고쳐질 수 없고, 의사의 처방에 따라 환자가 필요한 것을 충족해야 하듯이, 붓다도 중생에게 고통에서 벗어나는 길을 제시할 뿐이고 중생을 직접 고통에서 구원할 수는 없다. 중생 각자가 붓다의 가르침에 따라 수행해야 할 당위가 요청된다. 붓다는 중생에게 고통의 증상에 따라 약을 주지만 그 약을 복용하여야 하는 것은 환자인 중생의 몫이다. 다른 사람이 약을 대신 먹어 줄 수 없듯이 수행도 남이 해 줄 수가 없다. 오직 스스로 해 나가야 하는 것이다.

| **참고 경전** 『잡아함경』(대정장 II, p.105上).

나는 단지 길을
가르쳐 줄 뿐이다

영국에서 유학하던 시절 겨우 시간을 할애해서 프랑스를 여행한 적이 있다. 어린아이를 위해 프랑스의 디즈니랜드를 방문하고자 하였다. 어떻게 하면 가장 저렴하고 가장 편하게 목적지에 갈 수 있는지 알고 싶었다. 그래서 관광안내소를 찾아가 물었다. 안내원은 자세하게 설명해 주었다. 어디에서 어느 기차를 타고 어느 역에서 다른 기차로 바꿔 타고 어디에서 내리라고 정확하게 이야기해 주었다.

출발하기 전 아내와 나는 안내원이 일러준 정보를 다시 확인하고 기차표를 구입하였다. 안내원이 일러준 대로 우리는 움직여서 목적지에 힘들이지 않고 도착할 수 있었다. 가고자 하는 목적지에 이르는 길을 모르는 여행객에겐 길을 가르쳐 주는 사람이 필요하다. 그렇지만 그것이 전부는 아니다. 가르쳐 준 대로 발을 움직여야 하는 사람은 여행자 자신이다. 제대로 지시한 대로 가지 않는다면 목적지에 도달하지 못하고 방황하게 될 것이다.

간혹 다른 종교의 유일신의 전지전능의 신앙에 영향을 입어 붓다를 그러한 식으로 이해하는 사람이 있다. 우리 중생은 절대적으로 붓다에게 의존하기만 해도 붓다가 우리를 위해 모든 것을 해줄 것이라는 생각을 무의식중에 가지게 되는 것이다. 초기불교의 불타관(佛陀觀)을 살펴보면, 붓다는 기도의 대상이나 의존의 대상이 아니다. 붓다는 믿기만 하면 구원해 주는 이른바 전능한 구제자가 아니다. 붓다 자신은 결코 그러한 존재가 아니라고 분명히 밝히고 자신의 진정한 역할에 대해 말하고 있다. 『담마파다(Dhammapada)』에서 "자기 자신이야 말로 자신의 구세주이지, 다른 어떤 구원자가 있겠는가?"라고 붓다는 가르치고 있다.

붓다는 중생들을 위해 할 수 있는 당신의 역할을 '길을 가르쳐 주는 길잡이'로 밝히고 있다. 붓다는 고통에서 벗어난 길을 발견하고 그 길을 우리에게 가르치고 남겨 놓은 것이다. 붓다가 남겨 놓은 약도를 가지고 열반이라는 보물섬을 찾아가야 하는 것은 우리 중생들의 몫이라는 것을 다음의 경전은 전하고 있다.

이교도인 가나카 목갈라나(Ganaka Moggallana)는 붓다께 여쭈었다.

"붓다는 모든 제자들에게 법을 가르치고 있는데, 모두들 구경의 지혜를 얻어 반드시 열반을 얻게 됩니까?"

목갈라나의 질문에는 붓다의 교화 능력에 문제가 있음을 지적하고자 한 의도가 들어 있다. 붓다가 위대한 능력이 있다면 제자들을 모두 열반에 이르게 할 수 있지 않느냐라는 힐난이다. 붓다는 제자들이 한결같이 다 얻지는 못하여 혹 얻는 자도 있고, 혹 얻지 못하는 자도 있다고 대답한다.

붓다의 대답에 목갈라나는 만족해하며 붓다가 무능해서 그런 차이가 발생하지 않으냐고 다시 묻는다. 붓다는 반문한다.

"그대는 왕사성이 어디에 있는지를 알고, 또한 그곳으로 가는 길을 아느냐?"

"예, 저는 알고 있습니다."

"만일 어떤 사람이 그대에게 '나는 왕사성으로 가려고 합니다. 당신이 왕사성으로 가는 길을 알고 있다면 내게 말해 줄 수 있습니까?'라고 묻는다면, 너는 그 사람에게 '여기서 이 길을 따라가면 어느 마을에 이르고, 그 어느 마을에서 더 가면 어느 읍에 이를 것이니, 이렇게 계속 가면 왕사성에 이를 것이다.'라고 말할 것이다. 그러나 그 사람이 네 말을 듣고 가르쳐 준 길을 따라가다가 얼마 안 가서 곧 바른길을 버리고 나쁜 길에서 헤맬 경우 그는 왕사성에 도달하지 못할 것이다. 다시 어떤 사람이 와서 그대에게 왕사성으로 가는 길을 묻는다면 너는 앞서 지시한 것처럼 정확하게 가르쳐 줄 것이다. 이 사람은 그대의 말을 정확히 기억하고 지시한 대로 걸어가면 왕사성에 도달할 것이다.

목갈라나여! 이 두 사람 중 한 사람은 왕사성에 이르지 못하고 나머지 한 사람은 왕사성에 도착하였다. 그대는 길잡이로 두 사람 모두에게 똑같이 가르쳐 주었다. 누구에게 허물이 있는가?"

"저에게는 허물이 전혀 없습니다. 제가 왕사성으로 가는 길을 가르쳐 주었지만, 첫째 사람은 제가 가르쳐 준 것을 따르지 않았기 때문에 그에게 잘못이 있습니다."

붓다는 다음과 같이 당신과 제자의 관계에 대하여 명확하게 하고 있다.

"마찬가지로 나도 또한 제자들의 열반 성취에 책임이 없다. 내가 길잡이가 되어 모든 제자들을 위하여 열반으로 가는 길을 가르치지만, 혹은 구경의 열반을 얻기도 하고 혹은 얻지 못하기도 한다. 그것은 단지 각자 수행하는 수행자에게 달려 있을 뿐이다. 나는 단지 길을 가르쳐 줄 뿐이다."

붓다는 당신의 역할을 분명히 밝히고 있다. 단지 열반에 이르는 길을 제시할 뿐이므로 제자들은 정확하게 붓다의 지시를 이해하고 받들어 실천해야 하는 것이다. 길은 각자 스스로 걸어가야 하는 것이다. 붓다가 중생을 짊어지고 열반이라는 목적지에 데려다 주지 않는다는 사실이다.

붓다는 당신의 역할을 제자들에게 상기시키며 다음과 같이 권고 하고 있다.

"제자들은 마땅히 다음과 같이 배워 생각해야 한다. 스승은 제자의 마음속으로 들어가 제자의 마음을 바로 잡아 줄 수 없다. 제자들은 마땅히 스스로 자신의 마음을 깨끗하게 하고 바로 잡아야 한다. 마음이 깨끗하지 않으면 세속의 길에서 벗어날 수 없다."

나쁜 꿈에 시달려 울고 있는 아이에게 부모가 할 수 있는 것은 잠을 깨우는 것이다. 아기의 꿈속으로 들어가 괴물을 퇴치할 수 없는 노릇이다. 붓다는 무지의 잠에서 꿈에 집착하고 있는 중생들에게 깨어나라고 가르치고 있다. 우리의 꿈속까지 들어와 악마를 퇴치하지 않는다. 우리 스스로가 눈을 뜨고 깨어나야 한다. 어머니는 단지 깨어나도록 도울 뿐이다. 마찬가지로 붓다도 중생들로 하여금 잠에서 깨어나도록 돕고 있는 것뿐이고 우리들 각자가 눈을 떠야 한다.

| **참고 경전** Majjhima Nikāya III, p.1; 『불반니원경』(대정장 I, p.166中).

붓다의 사람 죽이는 법

위의 제목을 보고 사람들은 '자비하신 붓다가 어떻게 살인을 할 수 있을까?'라고 의문을 먼저 가지게 될 것이다. 사람들의 이목을 끌기 위해 일부러 자극적인 용어를 사용한 것이 아닌가 생각하기도 할 것이다. 또 어떤 독자는 살인이라는 말이 우리 현대인이 사용하고 있는 의미와 다른 것이라고 지레 추측할 것이다.

경전에서 붓다는 당신도 사람을 죽인다고 밝히고 있다. 붓다에 의해 죽임을 당한 사람이 어떤 사람들인지 살펴보자. 붓다가 어떻게 죽였는지 알아보고 죽임을 당하지 않도록 해야 할 것이다.

대학에서 강의를 하다 보면 다양한 학생들을 만난다. 대체로 학생들은 강의에 충실하지만 간혹 학생이라고 부르기 힘든 학생들도 있다. 이런 학생들은 극소수이지만 학기마다 한두 명 접한다. 이런 부류의 학생들은 수업에는 거의 관심을 보이지 않는다. 수업에 들어오는 횟수보다 빠지는 횟수가 훨씬 많다. 강의실에 들어오더라도 자리에 앉자마자 엎드려 자기 시작한다. 과제물은 당연히 무시되어 있는지조차 모른다. 시험에도 응하지 않거나 부정행위로 적발되기도 한다. 답안지에는 자신의 이름과 학번을 분명히 적고 아무것도 적지 않는다. 이런 학생들을 만나면 가르치고자 하는 마음이 전혀 생기지 않는다. 그냥 방치해 둘 수밖에 없는 상황이다.

지시(只尸)라는 말 조련사가 부처님께 아뢰었다.

"세존이시여, 제가 세간을 관찰해 보았더니 매우 경솔하고 천하기가 마치 양떼와 같았습니다. 세존이시여, 오직 저만이 미쳐 날뛰는 나쁜 말을 다룰 수 있습니다. 저는 방편을 쓰면 잠깐 동안에 그 병의 증상을 다 나타나게 하고, 그 증상에 따라 방편을 써서 길들입니다."

부처님께서 말 조련사인 촌장에게 말씀하셨다.

"그대는 몇 가지 방편으로 말을 길들이는가?"

말 조련사가 부처님께 아뢰었다.

"세 가지 법으로 나쁜 말을 길들입니다. 어떤 것이 그 세 가지인가 하면, 첫째는 부드러움이요, 둘째는 거침이며, 셋째는 부드러우면서 거친 것입니다."

부처님께서 촌장에게 말씀하셨다.

"그대가 그 세 가지 방편으로 말을 길들이다가 그래도 그 말이 길들여지지 않으면 장차 어떻게 할 것인가?"

말 조련사가 부처님께 아뢰었다.

"끝내 길들여지지 않으면 곧 죽여 버리겠습니다. 왜냐하면 제 자신을 욕되게 하지 않기 위해서입니다."

부처님께서 촌장에게 말씀하셨다.

"나도 세 가지 방편으로 장부들을 다룬다. 어떤 것이 그 세 가지인가? 첫째는 한결같이 부드럽게 다루는 것이요, 둘째는 한결같이 거칠게 다루는 것이며, 셋째는 부드러우면서도 거칠게 다루는 것이니라. 이른바 한결같이 부드러운 것이라고 한 것은 다음과 같이 가르치는 것이다. '이것은 몸으로 짓는 착한 행(行)이요, 이것은 몸으로 지은 착한 행의 과보(果報)이다. 이것은 입과 마음으로 짓는 착한 행이요, 이것은 입과 마음으로 지은 착한 행의 과보이다. 이것을 천신(天神)이라 이름하고, 이것을 사람이라 이름한다. 이것을 좋은 곳〔善趣〕에 화생(化生)하는 것이라고 이름하고, 이것을 열반이라고 이름하는 것이다.' 이것을 부드러운 것이라고 말한다.

거칠다고 한 것은 다음과 같이 가르치는 것이다. '이것은 몸으로 짓는 나쁜 행이요, 이것은 몸으로 지은 나쁜 행의 과보이다. 이것은 입과 마음으로 짓는 나쁜 행이요, 이것은 입과 마음으로 지은 나쁜 행의 과보이다. 이것을 지옥이라 이름하고, 이것을 축생이라 이름하며, 이것을 아귀라고 이름한다. 이것을 나쁜 세계〔惡趣〕라고 이름하고, 이것을 나쁜 세계에 떨어지는 것이라고 이름하는 것이다.' 이것을 여래의 거친 가르침이라고 말한다.

저 부드러우면서도 거칠게 다룬다고 한 것은 여래는 어떤 때는 몸으로 짓는 착한 행과 몸으로 지은 착한 행의 과보와, 입과 마음으로 짓는 착한 행과 입과 마음으로 지은 착한 행의 과보를 말해 주고, 어떤 때는 몸으로 짓는 나쁜 행과 몸으로 지은 나쁜 행의 과보와, 입과 마음으로 짓는 나쁜 행과 입과 마음으로 지은 나쁜 행의 과보에 대하여 말해 준다."

말 조련사가 부처님께 아뢰었다.

"세존이시여, 만약 그 세 가지 방편으로 중생들을 다루어도 길들여지지 않는 사람이 있으면 어떻게 하십니까?"

부처님께서 촌장에게 말씀하셨다.

"나도 또 죽여 버린다. 왜냐하면 나를 욕되게 하지 않기 위해서이니라."

말 조련사가 부처님께 아뢰었다.

"만일 살생을 하면 세존의 법에서는 청정하지 못한 것이라고 말씀하셨고, 세존의 법에서도 또한 살생을 하지 않습니다. 그런데 지금 죽인다고 말씀하시니 그 이치가 어떤 것입니까?"

부처님께서 촌장에게 말씀하셨다.

"그렇다. 여래의 법에서는 살생하는 것을 청정하지 못한 것이라고 하였고, 여래의 법에서도 또한 살생하지 않는다. 그러나 여래의 법에서는 세 가지를 가르친다. 즉 길들여지지 않는 사람은 더불어 말하지 않고 가르치지도 않으며 훈계하지도 않는다. 촌장이여, 그대의 생각에는 어떠한가? 만일 여래의 법에서 더불어 말하지 않고 가르치지도 않으며 훈계하지도 않으면, 그것이 어찌 죽임을 당하는 것이 아니겠는가?"

말을 능숙하게 다룰 줄 아는 조련사는 당근과 채찍을 사용한다. 주인의 말을 잘 따르도록 당근을 주어 칭찬하고 보상하고, 주인의 말을 어기면 채찍으로 벌을 준다. 적당한 시기에 채찍과 당근을 잘 섞어 사용하여 말을 다스린다. 그렇지만 당근과 채찍으로도 다스려지지 않는 말이 있으면 조련사는 포기하고 죽일 수밖에 없다. 붓다도 중생들에게 부드러움과 거침을 잘 사용하여 가르친다. 선행을 하면 천상에 나며 열반에 이른다고 당근 설법을 하고, 악행을 하면 지옥에 떨어진다고 채찍 설법을 한다. 이렇게 설법하였는데도 다스려지지 않으면 포기하고 방치해 둔다는 것이다.

방치된 사람은 진리의 말씀을 듣지 못하여 바른길을 가지 못하고 고통과 죽음의 길에 접어들게 된다. 그러므로 이런 사람은 죽은 자와 마찬가지라는 것이다. 붓다가 사람을 죽이는 방식은 법을 설하지 않는 것이다. 붓다의 가르침을 듣지 않는 사람은 죽은 자와 같으니 지금 경전을 읽지 않거나 공부하지 않는 자는 실제로 사자(死者)와 다를 바가 없다. 살고자 한다며 붓다의 말씀을 매일 공부해야 한다는 것이다.

| **참고 경전** 『잡아함경』(대정장 II, p.234下).

중생을 위한 붓다의 탄생

붓다의 탄생을 전하는 문헌에는 초자연적인 신이나 신비한 현상의 요소가 내재해 있다. 다른 종교와 달리 불교는 이성적이고 합리적인 종교라고 하지만, 붓다의 탄생을 전하는 문헌을 살펴보면 과학적인 지식이나 일상적인 사고나 논리로 이해할 수 없는 내용들이 많다. 이런 신비적인 혹은 비합리적인 요소들을 어떻게 보아야 할까?

두 가지 상반되는 시각으로 대별할 수 있다. 초자연적인 현상에 관한 내용을 긍정적으로 이해하는 시각과 부정적인 방식으로 접근하는 방식이다. 전자는 초자연적인 요소의 전설 이면이나 표현에 숨겨진 의미를 추구하고자 하는 입장이다. 반면에 후자는 초자연적인 내용을 미성숙한 사고의 산물로 파악하고 비합리적이며 허무맹랑한 이야기로 제거해 버리는 입장이다. 후자보다는 전자의 입장을 견지하여 전설 이면에 내재해 있는 의미를 추구하는 것이 옳을 것이다.

붓다가 보통 사람과 다르게 출생해서 위대한 것이 아니라 붓다가 정각(正覺)이라는 위대한 일을 성취하였기 때문에 이런 신화적인 이야기가 만들어진 것이다. 붓다의 위대성을 강조하기 위해 만들어진 일종의 무대장치와 같다. 생물학적 정보가 중요한 것이 아니라 어떻게 붓다의 위대성을 효과적으로 표현할 수 있을까 고민했던 전설의 의도를 잘 읽어야 할 것이다.

붓다의 탄생을 전해 주고 있는 문헌은 풍부하다. 물론 이런 문헌들은 붓다의 사후 상당한 시간이 경과한 후 형성된 것들이다. 시기별로 탄생 전설의 내용이 조금씩 발전하여 가는데, 이러한 변화는 붓다라는 한 위대한 스승에 대한 존경의 심도가 깊어짐에 따라 비례한 것이다. 그러나 한편으로 붓다의 정신적인 정각이라는 한 가지 핵심은 변화하지 않고 계승되고 있는 것이다. 불교 문헌 중 가장 오래된 경전인 『숫타니파타(Sutta-nipata)』를 중심으로 붓다의 탄생 이야기를 살펴보기로 하자.

『숫타니파타』에서 사리풋타는 붓다를 칭송하고 있다. 붓다가 이 세상에 태어나기 전 도솔천에 있었다는 것과 탄생 후 붓다의 지혜 광명으로 모든 무지의 어둠을 물리치고 열반의 즐거움을 누리고 있음을 노래하고 있다. 붓다가 이 세상에 인간으로 태어나기 전 도솔천에 있었다는 이야기는 불전 최초기부터 이야기되고 있었던 것 같다.

붓다가 머물고 있던 도솔천이란 어떠한 곳일까? 도솔천은 불교의 우주론에 의하면 욕계에 속하는 천계이다. 인간계 바로 위에 사천왕천, 삼십삼천, 야마천이 순차적으로 놓여 있고 야마천 바로 위에 도솔천이 있다. 도솔천은 천상 세계에서 가장 아름다운 곳으로 생각된다. 미래의 붓다가 거주하고 있으므로 경건한 붓다들은 그곳에 태어나기를 바라게 된다. 미래 붓다의 어머니들이 거주하는 곳이기도 하다. 도솔천이라는 이름은 즐거움이 가득 차 있다는 의미이다.

『숫타니파타』의 다른 부분에선 붓다의 탄생과 관련한 아시타(Asita)라는 선인의 이야기가 있다. 앞에서 살펴본 내용보다 훨씬 자세하다. 『숫타니파타』 중 나라카(Nālaka)라는 소제목 하에 45개의 시로 구성되어 있다. 주요한 부분만 요약하기로 한다.

아시타(Asita)는 선정 중에 삼십삼천(Tavamtisa)의 신들이 그들의 주신인 인다(Inda)를 찬양하고 깨끗한 옷을 흔들며 즐거워하는 것을 보았다. 악신인 아수라들과 싸워 이겼을 때조차도 이처럼 기뻐하지 않았는데 무슨 이유로 춤을 추며 노래를 하며 즐거워하는지 그 이유를 물었다. 메르(Meru) 산의 정상에 살고 있는 신들은 대답한다.

"비할 데 없이 훌륭한 보살(Bodhisattva)이 사람들의 이익과 행복을 위해 인간 세상에 석가족(Sakya)의 마을인 룸비니(Lumbinī)에 이제 막 태어났습니다. 그러므로 우리는 극도로 즐거워하고 행복합니다. 그는 모든 중생 중 최상이고 탁월한 자이며 모든 사람들 중 가장 높은 자입니다. 강한 힘을 가진 동물의 군주인 사자처럼, 그는 선인이라는 동산에서 법륜을 굴릴 것입니다."

삼십삼천의 신들로부터 미래의 붓다, 즉 보살이 인간계에 탄생했다는 말을 들은 아시타는 숫도다나왕의 처소에 가서 갓 태어난 아이를 보게 된다. 어린아이의 형용할 수 없을 정도의 아름다운 자태를 보고 아시타는 행복하였다. 신들은 천 개의 살로 이루어진 일산을 공중에 펼치고 황금 손잡이의 부채를 상하로 부쳤다. 아시타는 어린아이 머리 위에 펼쳐진 하얀 일산을 보고 옅은 붉은색의 모포 위에 놓여 있는 보석 같은 어린아이를 보며 기뻐했다. 베다의 주문과 점상에 정통한 아시타는 어린아이를 자세히 들여다보고 외쳤다.

"이 어린아이는 최상의 존재로 인간 중에서 최고이다."

아시타(Asita)는 자신의 죽음이 임박했음을 느끼며 눈물을 흘리자 주위 사람들은 걱정하며 어린아이에게 무슨 불길한 것이 있는지 물었다. 아시타는 자신은 이미 늙어 어린아이가 장성하여 정각을 이루는 것을 보지 못하는 것을 한탄하는 것뿐이라며 어린아이의 미래를 예언했다.

"이 어린 왕자는 최상의 정각에 이를 것입니다. 가장 청정한 것을 보고 많은 대중들의 이익을 위한 자비심을 갖고 진리의 수레바퀴를 굴릴 것입니다. 그의 성스러운 삶은 널리 찬양될 것입니다."

이상 붓다의 탄생 전설이 불교인들에게 무엇을 전달하려고 했는지를 고찰해 보자. 먼저 천상의 신들이 보살의 탄생과 붓다의 탄생을 제일 먼저 알고 있었다. 그리고 아시타가 신들로부터 붓다의 탄생을 듣고 어린 왕자를 조사해 보고 그의 미래를 확인했다. 결국 탄생 전설이 궁극적으로 이야기하고자 하는 것은 붓다의 탄생은 중생들의 행복과 안락을 위한 것이라는 점이다. 중생 구제라는 이타행으로써 붓다의 탄생을 찬미하기 위해 천상의 신과 아시타 선인의 등장이 필요로 했다고 볼 수 있다. 붓다의 탄생을 기뻐했던 삼십삼천의 신들과 그들의 주신인 인다는 불교의 발생 이전에 이미 힌두교인들에 의해 신앙되던 신들이다. 이런 것들은 붓다의 탄생을 더욱 찬양하기 위하여 도입되었다고 보인다.

우리가 흔히 알고 있는 마야 부인의 백상 태몽, 우협 탄생, 탄생 직후 일곱 걸음, 탄생게에 관한 이야기는 언급되지 않고 있다. 이런 요소들은 다음 시기의 문헌에 나타나기 시작한다.

| **참고 경전** Suttanipata, p.132.

복업 짓는 사람

영국의 런던대학교에서 불교철학을 담당하고 있는 영국인 교수 내외분을 모시고 경주의 남산과 그 주변의 사찰을 순례한 적이 있다. 조그마한 사찰들을 방문하면서 몇몇 연로한 보살들을 만나서 간단한 이야기를 나누었는데, 교수 내외분은 보살들이 무엇을 위해 사찰에 오는지 알고 싶어 하였다. 보살들은 대개 가족의 건강과 행복을 위해 기도하러 온다고 대답했다. 시골의 보살님들의 모습은 맑고 밝았지만 그들의 불교에 대한 지적인 이해는 매우 낮아 보였다. 그들의 짧은 대화를 통역하면서 영국인 교수는 한국불교의 수준에 대해 어떤 의견을 가지고 있을까 의아해 하지 않을 수 없었다.

대학 입학시험 100일 전 전국의 사찰들은 대학 합격 소원성취라는 현수막을 걸어 놓고 100일 기도에 들어가게 된다. 질병 치유나 사업 성공 내지 승진 등을 위해 사찰에 가서 기도하는 것을 쉽게 볼 수 있다. 어느 사찰에서 기도 덕택에 소원이 이루어졌다고 하는 이야기가 퍼지면 많은 사람들이 그 절로 가서 기도하게 된다. 이런 종류의 신앙행위를 두고 기복불교라고 부정적으로 이름 붙인다. 미신 내지 무속신앙에 유사한 것으로 진정한 불교가 아니라는 의미가 기복신앙이라는 말속엔 담겨 있다.

항간에 불자들 사이에서 '기복(祈福)불교'와 '작복(作福)불교'에 대한 논란이 있었다. 한국불교의 병폐 중의 하나가 기복신앙이라고 지적하면서 기복신앙은 불교가 아니라고 주장하는 것이다. 이런 비판적인 주장에 대해 기복 내지 작복에 대해 긍정적으로 보려는 시각도 있다. 기복이니 작복이니 하는 용어를 정확하게 정의하지 않고 논의하다 보니 논쟁이 생산적이지 못하고 소모적이라는 느낌을 받았다.

복이란 용어는 재산, 명예, 건강, 장수, 권력 등 물질적인 자산을 의미하는 것으로 세상 사람들이 주로 추구하는 대상이 된다. 기복이든 작복이든 붓다가 복을 이야기할 땐 자타(自他)의 이익과 행복을 가져오는 것이다. 자신의 이익을 위해 타인을 속이거나 희생시킨다면 그것은 더 이상 기복도 작복도 아니다. 복을 얻기 위해선 선행을 해야 하는 것이다. 선행은 자신과 주위 사람을 모두 행복하게 만드는 행위이다. 기복이나 작복이 불교가 아니라고 하는 것은 지나친 이야기이다.

『증일아함경』에서 붓다는 자신을 복을 짓는 사람이라고 부르고 있다. 붓다의 제자 중 '아니룻다'라는 제자가 있었다. 수면을 멀리 하면서 수행을 너무 지나치게 한 나머지 육안을 잃어버리게 되었다. 따라서 아니룻다의 일상생활은 말할 수 없이 불편하였다. 어느 날 해진 옷을 깁기 위해 바늘귀를 꿰려 하였으나 꿸 수가 없었다. 그는 혼잣말로 '세상에서 복을 지으려는 사람은 나를 위해 바늘귀를 좀 꿰어 주었으면 좋겠네'라고 하였다. 이때 누군가 그의 손에서 바늘과 실을 받아 해진 옷을 기워 준 사람이 있었다. 그 사람이 붓다인 것을 알고 아니룻다는 깜짝 놀랐다.

"아니 붓다께서는 그 위에 또 무슨 복을 지을 일이 있으십니까?"

"아니룻다, 이 세상에서 복을 지으려는 사람 중에 나보다 더한 사람은 없을 것이다. 왜냐하면 나는 여섯 가지 법에 만족할 줄 모르기 때문이다. 여섯 가지 법이란, 보시와 교계(敎誡)와 인욕과 설법과 중생제도와 더 없는 바른 도를 구함이다."

아니룻다는 말했다.

"여래의 몸은 진실한 법의 몸이신데 다시 더 무슨 법을 구하려 하십니까? 여래께서는 이미 생사의 바다를 건너셨는데 더 지어야 할 복이 어디 있습니까?"

"그렇다, 아니룻다여. 네 말과 같다. 중생들이 악의 근본인 몸과 말과 생각의 행을 참으로 안다면 결코 삼악도(三惡道)에 떨어지지 않을 것이다. 그러나 중생들은 그것을 모르기 때문에 나쁜 길에 떨어진다. 나는 그들을 위해 복을 지어야 한다. 이 세상의 모든 힘 중에서도 복의 힘이 가장 으뜸이니, 그 복의 힘으로 불도(佛道)를 성취한다. 그러므로 아니룻다여, 너도 이 여섯 가지 법을 얻도록 하여라. 비구들은 이와 같이 공부해야 한다."

붓다는 복을 짓는 사람들 중에서 자신만큼 많은 복을 짓는 사람은 없을 것이라고 밝히고 있다. 위에서 말했듯이 복이라는 재산, 명예 등 세속의 사람들이 추구하는 것인데 어떻게 붓다와 같이 출가한 사람이 복을 짓는 것일까 의문이 일어날 수 있다. 이런 의문을 아니룻다가 던지자 붓다는 자기 자신을 위해서가 아니라 중생들을 위해서 복을 짓는다고 밝히고 있다. 그 복은 정각에 이르게 한다고 부연하고 있다. 여기서 붓다의 작복이란 중생을 위한 것이며 그것은 나아가 정각의 성취에 연결되어야 한다는 것이다.

보통 사람들이 생각하는 작복과 다르다. 작복은 개인적인 이익을 위한 것으로 그 이익은 추구의 목표로서 그 이상의 목표, 즉 성불이니 열반 성취와 무관한 것이다. 수험생을 둔 어머니가 자식의 입학을 도울 수 있는 행위는 작복이다. 자식이 시험을 잘 치를 수 있도록 돕는 방법은 여러 가지가 있을 것이다. 100일 기도도 그 중의 하나이다. 어머니가 자기 자신을 위해서가 아니라 자식을 – 엄밀히 말하면 자식도 남이다 – 위해서 기도하는 것을 비난해서는 안 된다. 가족이나 친족의 복리를 위해서 기도하는 것을 기복이라고 폄하할 수 없다. 그러나 한계는 있다. 기도의 범위가 자신의 가족에게만 국한되는 것에 한계가 있다. 그리고 성불과도 상관이 없다. 바로 이런 점에서 보통 사람들이 짓는 복은 한계가 있는 것이다.

붓다처럼 자기 자신이나 가족에게만 국한되지 말고 모든 중생의 이익을 도모하는 것이 참된 복을 짓는다는 것이다. 그리고 세속의 복은 성불이라는 궁극적인 목표의 성취에 공헌할 수 있어야 한다는 점이다.

서두에서 말했던 영국인 교수에게 나는 남산의 사찰에서 만난 보살들의 신앙행위에 대해 어떤 의견이 있는지 물었다. 의외로 그의 답변은 관대하였다.

"비록 지금 당장 그들의 신앙 행태가 정도와 일치하는 것은 아니지만 전체적으로 보면 바른 방향으로 가고 있다고 생각한다."

| **참고 경전** 『증일아함경』(대정장 II, p.718下).

나도 농사짓고 있다

종교를 믿지 않는 사람은 종교 수행자에 대해 불평한다. 자신은 힘들여 돈을 벌어 생활하는데, 왜 승려나 신부와 같은 종교 수행자는 자신이 직접 일하지 않고 남의 것에 의존하면서 사느냐고 비난하는 것이다. 대만의 비구니 스님이 미국 하와이에서 유학하고 있을 때, 미국인으로부터 이런 비난에 섞인 질문을 들었던 경험을 나에게 들려 주었다. 미국인의 질문에 비구니 스님은 제대로 자신 있게 답변하지 못했다고 덧붙였다. 출가 스님을 당연히 존경하는 나라에서 생활하다가 이국에 가서 그런 질문을 갑자기 받으니 당황했었다는 것이다.

우리나라 스님에 해당하는 인도말은 비구이다. 남자 출가 수행자를 비구라고 하고, 여자 출가 수행자를 비구니라고 한다. 비구라는 말의 일차적 의미는 '음식을 구걸함〔乞食〕'이라는 뜻이다. 음식을 다른 사람에게 의존하는 사람이라는 의미이다. 출가를 통해 세속의 일을 완전히 단절했으므로 일반인과 같이 산업에 종사하지 않는 것이다. 그리고 일반적인 거지와 달리 비구는 열반 추구에 전념하기 위해 의식주를 위한 일체의 생계 노동에 종사하지 않는다. 전통적으로 인도 사회에서는 종교 수행자에게 보시를 하면 큰 공덕을 짓는다고 생각하고 있기 때문에 이상과 같은 문제가 심각하게 제기되지 않는 것 같다. 그렇지만 종교의 가치를 인정하지 않는 사람에겐 종교 수행자가 무위도식하는 사람으로 보일 것이다.

붓다에게도 이런 일이 있었다. 붓다가 마가다(Magadha)국의 시골인 에카나라(Ekanala)에 있을 때 일이다. 붓다는 발우를 들고서 카시바라드바쟈(Kasibharadvaja)라고 하는 바라문의 농원으로 탁발을 갔다. 그때 그 집 주인인 카시바라드바쟈는 마을 사람들을 지휘하여 농사지을 준비를 하고 있었다. 그는 붓다가 음식을 얻기 위하여 서 있는 것을 보고 이렇게 말하였다.

"사문 고타마여! 나는 손수 논밭을 갈고 씨를 뿌리고 가꾸며 곡식을 거둬들인 다음에야 음식을 먹습니다. 사문이여! 당신도 손수 논밭을 갈고 씨를 뿌려서, 당신이 먹을 양식을 마련하는 것이 옳지 않겠소이까."

붓다가 대답했다.

"카시바라드바쟈 바라문이여! 나도 논밭을 갈고 씨를 뿌려서 먹을 것을 얻고 있느니라."

그러자 바라문이 응답했다.

"사문이여! 우리들은 누구나 당신이 괭이나, 쟁기를 끄는 소를 부리는 것을 본 적이 없소. 쟁기도 소도 없이 어떻게 논밭을 갈며 씨를 뿌리고 가꾼다고 하는가?"

붓다가 대답했다.

"믿음은 씨앗, 고행은 때맞춰 내리는 단비, 지혜는 쟁기를 끄는 멍에, 부끄러워하는 마음은 끌채가 되네. 바른 주의로 스스로 보호하면 이것이 곧 훌륭한 몰이꾼, 몸과 입의 행위를 잘 단속하고, 알맞은 양만큼 먹을 줄 아네. 진실을 진정한 수레로 삼고, 즐거이 머무르되 게으르지 않으며, 부지런히 정진하여 거친 것을 없애고, 안온하면서도 빨리 나아가며, 되돌아오는 일 없이 곧장 나아가, 근심이 없는 곳에 이르게 되네. 이러한 농부는 감로 열매 얻고, 이러한 농부는 어떤 존재도 다시 받지 않네."

붓다는 황무지를 개간하여 씨를 뿌리고 농작물을 재배하는 농사를, 마음을 개간하여 열반이라는 열매를 얻는 것에 비교하고 있다. 농부는 씨를 뿌리기 전에 거친 황무지를 개간하여 비옥한 농토로 바꾼다. 쟁기질도 하고 자갈도 없앤다. 비옥한 농토를 준비한 연후에 씨를 뿌리고 거름도 주고 물도 주어야 한다. 그리고 수시로 잡초나 해충을 제거해야 한다. 이런 과정을 성공적으로 거친 연후에야 풍성한 곡물을 수확하게 되는 것이다. 사람의 마음을 다스려 열반의 열매를 얻는 일도 농부의 농사와 같다는 것이다.

인간의 마음은 돌보지 않으면 황무지에 불과하다. 온갖 종류의 잡초가 마음에 자리잡고 욕망과 분노의 자갈돌이 마음을 뒤덮고 있다. 이런 황무지의 마음에서 나오는 행동들은 모두 고통스러운 열매만을 만들어낸다. 그러므로 마음의 밭을 황폐화시키고 있는 모든 번뇌를 제거해야 한다. 그런 연후에 진리의 씨를 뿌려야 한다.

그래서 붓다는 믿음을 씨앗에 비유했다. 씨만 뿌린다고 농작물을 수확할 수 있는 것은 아니다. 잠시라도 돌보지 않으면, 자라던 곡식도 순식간에 잡초로 뒤덮여 버린다. 잡초를 베어야 한다. 붓다의 가르침을 듣는 것만으로는 부족하다. 진리의 말씀이 마음의 밭에서 자랄 수 있도록 잡초나 해충을 제거하고 거름도, 물도 주어야 한다. 이런 일은 힘든 것이기에 고행이라고 하였다. 이렇게 적절한 손질이 베풀어질 때, 드디어 열반이라는 열매를 수확하게 되는 것이다. 그래서 붓다는 이런 일에 종사하고 있기에 "나도 농사짓는다."고 대답한 것이다.

붓다는 종교적인 농사를 짓고 있다. 열반이라는 열매를 얻기 위해 붓다는 여러 가지 농사일을 하고 있다는 것이다. 물질적인 곡식 농사와 종교적 농사 중 어느 것이 더 중요한가라는 물음도 이 이야기에서 생각해 볼만하다. 붓다에게 있어 진정한 농사는 열반을 수확하는 것이며, 그래서 이 열매를 위해 농사짓는 농부라고 자처하고 있는 것이다.

| 참고 경전 Suttanipata, p.13.

쿨(cool)한 사람

요즘 자주 사용되는 단어 중에 '쿨'이란 단어가 있다. '쿨'은 요즘의 세태와 대중문화를 설명해 주는 핵심적 코드로 유행하고 있다. 원래 '시원한'이란 의미의 '쿨(cool)'이 요즈음 젊은이들에게 '멋있다, 세련됐다'라는 의미로 받아들여지고 있다. 어떤 제품을 소비하면 쿨해질 수 있다는 메시지가 담긴 광고까지 나오고 있다. '쿨'이란 단어는 인터넷에서 많이 볼 수 있으며, 책 제목에도 쿨이 등장하고 있고, 심지어 가수 이름에도 쿨이 있다.

시원하고 멋진 사람을 쿨한 사람이라고 한다. 각종 모임이나 단체에서 쿨한 사람들이 선호된다. 배우자가 바람이 나도 징징대지 않고 미련 없이 떠나보내는 여자야말로 요즘 영화와 드라마 등에서 새롭게 떠오르는 쿨한 여성의 모델이다. 남편의 불륜을 보고도 단호하고 침착한 표정을 잃지 않는 힐러리도 쿨하다. 한때 'X세대'라는 이름으로 마음 속 생각을 거침없이 표현하는 것이 신세대의 모습이었다. 하지만 이제는 마음 속 분노와 욕망을 억누르고 침착함을 유지하는 '쿨함'이 신세대형 태도가 됐다.

원래 '시원하다'라는 말은 더위에서 벗어난 쾌적한 심리상태를 지칭하는 말임에 틀림없다. '춥다'라는 말도 더위에서 자유롭게 된 상태를 지칭하지만 쾌적하지 못하기 때문에 선호되지 않는 것이다. 무더운 더위는 심신을 무기력하게 만들기도 하고 짜증나게 한다. 30도가 넘는 찜통더위가 연일 기승을 부리면 사람들은 열대야로 제대로 잠을 자지 못하고, 불쾌지수가 높아져 주위 사람들과 다투기도 한다. 심한 폭염으로 농작물이 타들어 가고 축사의 가축은 죽어가고 심지어 사람의 생명마저도 잃게 된다. 우리나라와 달리 인도와 같은 열대의 나라에선 40도 이상으로 기온이 올라가 많은 사람들이 생명을 잃기도 한다. 작열하는 태양의 불볕더위나 용광로의 열기는 가히 살인적인 것임을 누구나 알고 있다.

붓다는 이런 종류의 화염보다 더 위협적이고 치명적인 불꽃이 있다고 가르치고 있다. 탐욕의 불꽃, 분노의 불꽃, 무지의 불꽃, 이 세 가지 불꽃이 가장 무서운 불이라고 가르치고 있다. 인도불교 경전에선 이 세 가지를 삼화(三火)라고 한다.

이티붓타카(Itivuttaka)에 붓다가 제자들에게 삼화(三火)에 대하여 말하고 있다.

"비구들이여! 세 종류의 불꽃이 있다. 무엇이 셋인가? 탐욕의 불꽃, 증오의 불꽃, 무지의 불꽃이 그것이다. 탐욕의 불꽃은 감각적인 쾌락에 빠져 있는 사람들에게서 활활 타오르고, 증오의 불꽃은 살생에 휩싸여 있는 사람들에게서 활활 타오르고, 무지의 불꽃은 붓다의 가르침을 모르는 사람들에게서 활활 타오르고 있다. 이 세 종류의 불꽃을 알지 못하고 중생들은 쾌락에 빠져 자신을 해치고 있다. 밤낮으로 붓다의 가르침을 수행하는 사람들은 항상 부정관(不淨觀)을 닦아 탐욕의 불꽃을 끄고, 자비심(慈悲心)을 지녀 분노의 불꽃을 끄고, 바른 지혜로 무지의 불꽃을 끈다. 세 종류의 불꽃을 소멸한 사람은 고통에서 벗어나게 된다."

삼화(三火)는 손발을 태우는 것이 아니라 마음을 태운다. 평상시에 우리는 삼화를 잘 느끼지 못한다. 삼화가 우리 마음속에 없기 때문에 뚜렷하게 느끼지 못하는 것이 아니라 너무나 삼화에 익숙해져 있기 때문에 삼화가 없는 것처럼 착각하고 있는 것이다. 마치 공기가 우리 몸속을 왕래하고 있지만 주의를 기울이지 아니하면 없는 것처럼 느끼며 생활하는 것과 같다.

탐욕의 불꽃이 활활 타오르지 못하고 숨어 있기 때문에 느끼지 못하는 것이지 탐욕의 불꽃이 없는 것이 아니다. 일단 탐욕의 불꽃이 왕성하게 타오르면 탐욕의 대상을 향하여 돌진하게 된다. 이런 모습을 부처님께선 불구덩이 속으로 뛰어드는 것과 같다고 비유하고 있다. 일상생활에서 우리는 탐욕으로 싸움이 일어나 서로 다치는 일을 자주 접한다. 분노의 불꽃에 휩싸여 자신과 주위 사람을 해치는 경우도 쉽게 볼 수 있다. 부부싸움 끝에 홧김에 집에 방화하여 가족들이 모두 참사하는 경우가 분노의 불꽃이 얼마나 위험한가를 잘 보여 주는 예이다. 무지의 불꽃은 탐욕이나 분노의 불꽃과 달리 더 은밀하여 잘 드러나 보이지 않지만 더 근본적인 것이다. 어리석은 행동은 항상 무지나 오해에 의해 이루어진다. 어리석게도 특정 이념이나 사상을 가지게 되어 수많은 생명을 해치는 경우가 여기에 속한다. 인종차별주의나 공산주의 등은 무지의 소산으로 이것에 희생된 사람은 얼마나 많은가?

  삼화로 마음의 속을 태우며 중생들은 살고 있는 것이다. 따라서 고통의 원인인 세 가지 불꽃을 없애면 고통이 사라지고 시원해지는 것이다. 마치 훨훨 타오르던 불도 그 땔감이 다하고 나면 꺼져 버리는 것과 같이 탐욕·분노·무지의 삼화가 꺼진 것을 부처님은 열반이라 하였다. 열반(팔리어 nibbana, 산스크리트어 nirvana)은 문자 그대로 '불이 꺼진 상태'를 의미한다. 번뇌의 불꽃이 완전히 꺼질 때, 거기에 나타나는 시원하고 편안한 경지, 그것이 열반임에 틀림없다. 쿨과 열반은 직접적으로 연관되어 있는 것이다.

  탐욕·증오·무지는 마치 불과 같이 사람의 심신을 태우며 고통스럽게 만든다. 삼화를 소멸시킨 사람을 아라한 또는 붓다라고 한다. 붓다야말로 진정으로 시원한 열반을 성취하였으므로 쿨한 사람인 것이다. 속(마음)이 시원한 사람이 바로 쿨한 사람이지 속에선 삼화를 간직하면서 외형적으로 멋지게 행동하는 사람이 쿨한 사람이 아니다.

| **참고 경전** Itivuttaka III, p.92.

웰빙(well-being)의 선구자

요즘 가장 많이 유행하는 단어 중의 하나가 '웰빙(well-being)'이다. 작게는 웰빙 햄버거부터 크게는 웰빙 아파트까지 온통 웰빙 열풍이다. 무엇이든 웰빙이라는 말이 붙지 않으면 무엇인가 하자가 있는 것 같고 품질이나 수준이 떨어지는 것 같다. 웰빙 청소기는 그냥 청소기보다 우수하게 여겨지고 따라서 잘 팔린다. 웰빙이 붙은 상품이라야 가격이 올라가도 불평하지 않고 고급스럽게 받아들여진다.

웰빙은 곧 고상하고 품위 있는 삶과 직결되고 있다. 웰빙은 우리나라 사람들 사이에서 인생을 풍요롭고 아름답게 영위하고자 하는 새로운 라이프스타일이나 문화코드로 받아들여지고 있다.

웰빙족은 유기농식품을 먹고, 화학조미료와 탄산음료를 꺼린다. 요가와 명상 등을 통해 몸과 마음의 건강을 추구하면서 아로마 테라피 등 심신을 안정시키는 자연요법에도 관심이 많다. 그리고 자연에서 얻은 천연성분으로 만든 친환경적인 제품을 선호한다. 천연화장품, 먹거리, 가전제품, 아파트에 이르기까지 건강을 돕는 제품을 찾고 있다.

웰빙(Well-being)의 사전적 의미는 '행복' '안녕' '복지' '복리'라는 뜻을 가지고 있다. Well-being은 well과 being이라는 두 단어가 합성하여 만들어진 말이다. 주지하듯이 well은 '건강한' '좋은' '양호한'이라는 의미이고, being은 '존재'를 의미한다. Well-being은 존재 상태가 건강하고 양호한 것을 의미한다. 육체적으로 병이 없어 건강하고, 정신적으로 근심 따위가 없어 평화로운 상태의 존재가 웰빙이다. 요컨대 심신이 건강하고 평화로운 삶을 지향하는 것이 진정한 웰빙이라고 할 수 있다.

붓다는 자기 자신을 지칭할 때 여래(如來)라는 말을 사용하였다. 여래라는 말 속에 진정한 웰빙의 의미가 내포되어 있다. 진정한 웰빙의 삶은 여래(如來)의 삶을 의미하는 것이다. 여래라는 한자어는 인도말 '타타아가타(Tathāgata)'를 의역한 번역어이다. 타타아가타라는 두 개의 단어가 합성한 말인데, 세 가지 분석방법이 있다. 첫째는 타타아(tathā)와 아가타(agata)로 나누는 것이고, 둘째는 타타아(tathā)와 가타(gata)로 분석하는 것이고, 셋째는 타타아(tathā)와

아아가타(āgata)로 나누는 방식이다. 타타아는 한역에서 여여(如如) 내지 여연(如然)으로 의역되듯이, 절대 진리와 합일되어 있는 상태를 의미하여 여법(如法)이라는 말로도 이해할 수 있다. 아가타(agata)란 가지 않았다는 의미이고, 가타(gata)란 반대로 갔다는 의미로 이해한다. 아아가타(āgata)라는 말은 오다라는 의미이다.

이 세 가지 분석 방법 중에서 대체로 한역 여래라는 역어는 세 번째 방식을 따른 것이다. 그런데 현대 산스크리트 학자에 의하면 가타라는 말은 이동을 의미하는 것이 아니라 존재 그 자체를 의미한다고 밝히고 있다. 즉 '타타아가타'란 존재 그 자체(Being itself) 진실 그 자체(Truth itself)로 보아야 한다고 주장하고 있다. 이런 해석에서 보면 붓다는 최초로 당신을 웰빙을 사는 사람이라고 부른 것이다. 붓다는 진정한 웰빙족의 선구자인 셈이다.

『아련야경(阿練若經)』에 이상적인 웰빙족에 관한 정의가 나와 있다. 부처님께서 사위국 기수급고독원에 계실 때 아주 잘생긴 어떤 천신이 새벽에 부처님께서 계신 곳으로 찾아가서 부처님께 여쭈었다.

"숲 속에 거주하는 비구는 텅 비고 한가한 곳에 머물면서 고요한 가운데 범행(梵行)을 닦고 하루 한 끼만을 먹고 있는데도 무슨 까닭으로 그 얼굴빛이 그리도 선명합니까?"

세존께서 게송으로 대답하셨다.

"지나간 일에 대해 근심이 없고
다가올 일에 대해 반겨하지 않으며
현재에는 얻는 그대로 따르고
바른 지혜로 생각을 매어 두며
먹는 것에도 생각을 거두었기에
얼굴빛이 언제나 곱고 밝다네.

다가올 일에 마음이 치달려 생각하고
지나간 일을 돌아보고 근심하고 뉘우치며
어리석음의 불로 제 자신을 태우는 것
마치 우박이 초목을 때림과 같네."

천신은, 숲 속에 머물고 있는 비구는 인적이 드문 숲 속에 머물면서 행복의 빛이 그렇게도 빛나는지 묻고 있다. 대중들과 떨어져 산 속의 굴이나 숲 속의 한가롭고 조용한 곳에서 수행하는 비구는 맛있는 음식도 먹지 못하고 재미있는 구경거리도 보지 못하고 외로울 것인데, 어떻게 부유한 마을 사람들보다 행복한지 묻고 있는 것이다. 넓은 집을 소유하고 창고에는 재물이 쌓여 있고 많은 하인들이 주인을 위해 일하고 여인들이 맛난 음식을 만들어 주인을 즐겁게 한다. 그러나 이렇게 부유한 주인의 행복은 숲에서 수행하고 있는 비구들보다 행복하지 못하다고 천신은 의아해 하고 있는 것이다. 이런 물질적인 풍요의 기준으로 행복을 가늠하려는 천신에게 부처님은 행복이란 마음이 해탈하게 될 때 이룩되는 것임을 밝히고 있다. 과거에 대한 회한이나 미래에 대한 불안 등이 마음을 괴롭히지 아니하고 마음이 현재에 머물면서 정법에 따라 탐욕 없이 만족하게 사는 것이 진정한 행복이라고 가르치고 있는 것이다.

진정한 웰빙이란 현재의 삶이 건강하고 행복한 것을 의미한다. 인스턴트식품을 배격하고 끼니때마다 유기농을 먹고, 저녁마다 요가를 하고, 주말마다 온천을 다니는 게 웰빙이 아니다. 웰빙은 무엇을 먹고, 무엇을 입고, 무엇을 쓰느냐에 관한 것이 아니다. 웰빙은 어떻게 사느냐에 관한 것이다. 웰빙은 말 그대로 존재(being)의 안녕이자 완성으로 현재의 삶에 집중하여 욕심 없이 사는 것이다.

| **참고 경전** 『잡아함경』(대정장 II, p.260下).

붓다만 섬겨야 하는가

대체로 유일신을 믿는 종교는 배타적이며 전투적이다. 나 이외에 다른 신을 섬기지 말라고 엄명하고 있는 종교에선 전투적인 성향을 지니게 된다. 오직 하나 절대신만 믿고 다른 신이나 존재를 부정하다 보니 공격적인 성격을 지니게 된다. 이런 현상은 역사 특히 서양의 역사를 보면 쉽게 알 수 있다. 십자군 전쟁과 같은 각종 전쟁이나 중세의 마녀사냥을 꼽을 수 있을 것이다.

반면에 불교는 창조주와 같은 절대유일의 신을 내세우지 않기 때문에 유일신 신봉의 종교와 달리 배타적이지 않다. 불교의 평화로운 성격은 붓다의 가르침에 기인한다. 모든 불교인이 지켜야 하는 오계 중 첫 번째가 살아 있는 생명에 대한 사랑과 배려이다. 함부로 생명을 해치지 말 것을 준수하도록 한다. 이것은 생명체에게 심리적인 압박이나 물리적인 폭력으로 괴롭히지 말라는 가르침이다. 무아(無我)의 가르침도 자타불이(自他不二)의 무애행을 지향하는 것이고 사무량심(四無量心)의 가르침도 일체중생에 대하여 자비를 베풀라고 하는 가르침이다.

이상의 붓다의 가르침 이외에도 붓다 당신이 관용적이면서도 포용적인 성격의 소유자여서 제자들도 붓다의 개방적인 성격을 본받았다. 따라서 불교가 폐쇄적이지 않아 다른 종교와 분쟁을 일으키지 않는 것이다.

생문(生聞)이라는 이름의 바라문이 부처님께 여쭈었다.

"구담이시여, 제가 듣건대 구담께서는 '오직 내게만 보시하고 다른 사람에게는 보시하지 말라. 내게 보시하면 큰 과보를 얻고 다른 사람에게 보시하면 큰 과보를 얻지 못한다. 마땅히 내 제자에게 보시하고 다른 사람의 제자에게는 보시하지 말라. 내 제자에게 보시하면 큰 과보를 얻고 다른 사람의 제자에게 보시하면 큰 과보를 얻지 못한다.'고 말씀하신다고 합니다. 어떻습니까? 구담이시여, 만일 그런 말을 하는 사람이 있다면 그 말은 사실입니까? 혹 구담을 비방하려고 하는 말은 아닙니까?"

부처님께서 바라문에게 말씀하셨다.

"그렇게 말한 그 사람은 나를 비방하려는 것일 뿐입니다. 그것은 사실대로 말한 것도 아니요, 법다운 말도 아닙니다. 바라문이여, 내가 그런 말을 한다면 두 가지를 장애하는 것이니 주는 이의 보시를 장애하고, 받는 이의 이익을 장애합니다. 바라문이여, 심지어 장부가 그릇을 씻고 남은 밥을 깨끗한 땅에 버리는 것도 거기에 있는 중생들로 하여금 큰 이익과 즐거움을 얻게 하기 때문에 나는 그 또한 복의 문에 들어간다고 말하거늘, 하물며 사람에게 보시함이겠습니까? 그러나 바라문이여, 나는 또 말하나니, 계를 지키는 사람에게 하는 보시와 계를 범한 사람에게 하는 보시는 같지 않습니다."

붓다와 그 제자에게만 보시하고 다른 사람에게 보시하지 말라고 가르친다면 보시하는 사람의 보시행을 제한하는 것이고, 아울러 보시 받을 사람의 이익을 방해하는 것이라고 지적하고 있다. 즉 붓다와 그 제자에게만 보시하면 다른 사람들은 제외되므로 보시를 하는 사람은 선택의 폭이 좁아지고 따라서 그만큼 보시의 공덕을 짓지 못하게 되고, 보시를 받는 입장에 처해 있는 사람이 불교인이 아니면 보시를 받지 못하게 되니 손해를 당하게 된다는 것이다. 결국 붓다와 그 제자에게만 보시하라고 가르치는 것은 보시행을 제한하여 손해를 초래하는 것이라고 가르치며 붓다는 결코 그렇게 가르치지 않는다고 밝히고 있다.

대신 붓다는 땅 벌레에 보시해도 과보를 얻는다고 가르치고 있다. 땅 벌레들을 위해 설거지하고 남은 물을 땅에 뿌리는 것은 보시행으로 응당 과보를 받을 것이다. 하물며 벌레가 아닌 인간에게 보시하면 그 공덕은 더 클 것이다. 보시 받는 인간이 악하지 않고 선한 사람이라면 더 큰 과보를 받는다. 계를 지키는 사람에게 보시하면 큰 과보를 얻고, 계를 범한 사람에게 보시하면 큰 과보를 얻지 못하므로 행실이 바른 사람에게 보시하는 것이 바람직하다.

계행이 뛰어난 붓다와 그 제자에게 보시하면 큰 과보를 받으므로 붓다와 그 제자에게 보시하는 것이 장려되지만, 다른 종교의 수행자에게 보시하지 말라고 하는 것은 아니다. 종교를 가지고 있든 아니든, 불교 수행자이든 아니든 상관하지 않고 보시하면 그 공덕이 있다고 가르친다. 다만 계덕(戒德)이 뛰어난 수행자에게 보시하는 것이 더 많은 과보를 낳는다고 가르치고 있다.

세존께서는 다시 게송으로 말씀하셨다.

"검거나 혹은 희고
붉거나 혹은 다른 색
얼룩무늬 혹은 황금빛
샛노랗거나 혹은 잿빛

이와 같은 색색의 암소와

잘생긴 황소와 송아지들

몸도 튼튼하고 힘도 갖추며

잘 길들여지고 빨리 달리며

무거운 짐 옮기는 일 감당할 수만 있다면

타고난 빛깔은 묻지도 않네."

농부는 색상에 따라 소에게 먹이를 적게 혹은 많이 주는 것이 아니라 일을 잘하는 소들에게 먹이를 주어 돌본다. 일을 제대로 하지 않거나 게으름을 피우는 소를 농부는 좋아하지 않고 먹이도 애써 주려고 하지 않을 것이다. 처분해 버리고 싶을 것이다. 반면에 열심히 일하는 소에게 충분한 먹이와 휴식을 주어 정성스럽게 돌볼 것이다.

마찬가지로 피부색이 다르고 출생 배경이 다르고 종교도 다르겠지만 바르게 수행하는 사람이라면 누구나 마땅히 존경을 받을 만한 자격이 있다는 것이다. 우리는 여기서 붓다의 개방적인 성격과 관용적인 자질을 느낄 수 있다.

| **참고 경전** 『잡아함경』(대정장 II, p.26上).

붓다의 낡은 수레

붓다와 같이 위대한 성인은 특별한 존재이기 때문에 육신도 보통 사람과 다를 것이라고 생각한다. 특히 대승불교에 익숙한 사람들은 붓다의 육신을 영원한 존재 내지 화신(化身)으로 여기기도 한다. 초기경전에 의거해 보면, 붓다의 육신은 여느 사람의 육신과 크게 다를 바가 없다. 붓다도 질병에 걸려 고통스러워하는 모습이나 갈증에 시달리는 장면을 경전에서 어렵지 않게 찾을 수 있다. 2,600여 년 전 그 당시로 보아 80세라는 고령의 나이에 이른 붓다는 자주 질병으로 고통 받고 있었던 것으로 경전은 전하고 있다. 마지막 입멸 직전 붓다가 겪은 질병에 대해선 『열반경』 제본이 상세히 전하고 있다. 그 이전에도 붓다는 등

병이나 두통으로 고통 받았다고 경전은 전하고 있다. 결국 붓다의 육신도 우리의 육신과 다를 바가 없다는 것을 짐작할 수 있다. 그럼 무엇이 다른 것일까?

붓다가 사위국 기수급고독원에 계실 때 일이다. 존자 아난(阿難)이 세존의 처소를 찾아가서 머리를 조아려 그 발에 예를 올리고 한쪽에 서 있었다. 조금 뒤에 다시 두 손으로 여래의 발을 어루만지면서 발등에 입을 맞추고 이렇게 아뢰었다.

"천존(天尊)의 몸이 무슨 까닭으로 이렇게 되었습니까? 몸이 너무나 느슨해지셨습니다. 여래(如來)의 몸이 이전과 많이 다르옵니다."

세존께서 말씀하셨다.

"그렇다. 아난아, 네 말과 같다. 지금 여래의 몸은 피부와 살이 다 많이 느슨해졌다. 오늘의 이 몸은 이전과 많이 다르다. 왜냐하면, 대개 몸을 받으면 질병으로 핍박(逼迫)을 받기 마련이다. 마땅히 병이 든 중생은 병으로 핍박을 받고, 죽음에 처한 중생은 죽음의 핍박을 받는 법이다. 지금 여래는 이미 늙었다. 내 나이 이미 80세가 넘었느니라."

이때 아난이 그 말을 듣고 슬피 흐느껴 울면서 어쩔 줄을 몰라했다. 그리고 이렇게 중얼거렸다.

"아! 늙음이 이르러 이 지경이 되었구나."

그때 세존께서는 때가 되어 가사를 입으시고 발우를 가지고 사밧티에 가서 걸식(乞食)하시다가 파세나디(Pasenadi)왕의 집 가까이에 이르게 되었다. 마침 그때 파세나디왕의 문 앞에는 낡아 부서진 수레 수십 대가 한쪽에 버려진 채 있었다. 존자 아난이 한쪽에 버려진 수레를 보고 세존께 아뢰었다.

"이 수레들은 파세나디왕의 수레입니다. 옛날에 새로 만들 때에는 매우 아름답더니 오늘 보니 와석(瓦石)과 똑같은 꼴이 되었습니다."

세존께서 말씀하셨다.

"그렇다. 아난아, 네가 말한 것과 같다. 지금 본 저 수레들도 옛날에는 매우 정밀하고 미묘했었다. 금과 은으로 만들어진 것이었는데, 그런데 오늘은 낡고 부서져 다시는 쓸 수가 없게 되었다. 이와 같이 바깥 물건도 오히려 낡고 부서지거늘 하물며 사람이겠느냐?"

파세나디왕은 세존을 위해 갖가지 음식을 준비하여 공양하였다. 왕은 세존께서 공양을 마치신 것을 보고 조그만 자리를 가지고 와서 세존의 앞에 앉아서 아뢰었다.

"어떠하십니까? 세존이시여. 모든 부처님의 몸은 다 금강(金剛)으로 되어 있는데, 그런 몸도 장차 늙음·병·죽음이 있습니까?"

세존께서 말씀하셨다.

"그렇습니다. 대왕이시여. 대왕의 말씀과 같습니다. 여래도 나고 늙고 병들고 죽습니다. 나도 사람의 육신을 지니고 있기 때문입니다. 아버지의 이름은 진정(眞淨)이시고, 어머니의 이름은 마야(摩耶)로서 전륜성왕(轉輪聖王)의 종족(種族)으로 태어났습니다."

보통 사람들처럼 부모로부터 인간의 육신을 지니게 되었으므로 늙고 병들고 한다는 것이다. 붓다는 육신의 죽음에서 벗어나는 길에 대해 말씀하셨다.

"지금 여래의 몸은 쇠하고 늙었다. 마땅히 이 육신은 사멸하는 과보를 받아야 한다. 그런 까닭에 모든 비구들아, 너희들은 마땅히 나지도 않고 늙지도 않으며, 병들지도 않고 죽지도 않는 영원히 고요한 열반(涅槃)을 구해야 하고, 사랑하는 이와 헤어짐에 있어서 무상(無常)한 것이고 변하는 것이라는 것을 항상 기억하도록 해야 한다. 비구들아, 꼭 이와 같이 공부해야 하느니라."

늙음과 병듦과 죽음은 사람의 젊었던 몸을 무너뜨린다. 건강하고 아름다울 땐 그렇게도 좋지만 질병과 노화에 시달리다가 결국 죽어 해체되는 것이 육신이다. 일취월장하는 의학과 생명과학의 발달 덕택에 미래에 비록 몇 백 년까지 오래 산다 하여도, 질병·노화·죽음을 피할 수 없다. 마침내는 모두 죽음으로 돌아갈 수밖에 없다. 그러나 질병·노화·죽음이 미치지 못하는 것이 있다. 열반이 그것이다. 그러므로 죽음이 없는 것을 구하려 하면 오직 이 열반의 길만 있을 뿐이다. 그것엔 출생도 없고 죽음도 없어 육신이 겪어야 하는 모든 고통이 없다는 것이다. 육신의 안녕이나 영생을 추구하는 것은 불가능하다는 것을 붓다의 육신도 그렇게 할 수 없다는 사실을 통해서 알 수 있다. 생멸하는 육신에 대한 집착에서 벗어나 생로병사가 없는 열반이 붓다의 가르침의 목표임을 확인할 수 있다.

| **참고 경전** 『증일아함경』(대정장 II, p.637上).

붓다의 최후 가르침

지난 8월 초에 신문이나 텔레비전 방송에서 지리산에서 실종된 지 40여 시간 지난 뒤에 구조된 초등학생에 관한 뉴스를 알렸다. 어린 소년은 혼자 산 속에서 지내며 평소 아버지의 말씀을 상기하며 목숨을 건졌다고 한다. 소년은 밤이 돼 무서울 때 "우리나라 산에는 사나운 짐승이 살지 않는다."는 아버지의 말씀을 떠올리며 공포에서 벗어나 바위틈에서 잘 수 있었다고 한다. 밤에 비가 내리자 "산에서 비 맞고 잠들면 체온이 떨어져 죽을 수 있다."라는 아버지의 말씀을 상기하며 침낭을 뒤집어 쓴 채 밤을 지새웠다고 한다. 고비 때마다 소년은 아버지의 말씀을 떠올려 무사히 생명을 보존하여 가족 품에 안길 수 있었다. 소년에게는 평소 산행 때마다 아버지가 해 주신 말씀이 어두운 밤의 불빛처럼 든든한 보호막이 되어 준 것이었다.

비만 오면 근심으로 운다는 청개구리의 이야기는 유언의 효력이 어떠한가를 보여 준다. 평소 엄마 개구리의 말을 듣지 않던 자식 개구리는 어미의 유언에 따라 강변에 무덤을 만들었다. 생전에 아무리 불효하더라도 마지막 당부의 말씀엔 마음이 움직여 실천하려고 하였던 것이다. 유언이나 유서는 보통의 말이나 글보다 강력한 힘을 발휘한다. 유언은 망자의 마지막 말씀으로 이 세상을 떠나기 전 최후로 남기고 싶은 말이기에 망자의 진정한 소원이 담겨 있다. 따라서 후손들은 선친의 최후 말씀을 깊이 명심하게 되고 실행하려고 노력한다. 청개구리의 우화가 이런 사실을 잘 보여 주고 있는 것이다.

붓다는 45년간 쉬지 않고 많은 사람들에게 가르침을 베풀었다. 지금 우리에게 경전을 통해 전해져 내려오는 가르침의 양은 진실로 방대하다. 따라서 붓다의 가르침 중 가장 핵심적인 것으로 한 가지만 골라 말하라고 한다면 그것은 무리한 요청임에 틀림없다. 그러나 굳이 대답해야 할 상황이라면 제각기 다른 답변을 할 수 있겠지만 붓다의 최후 가르침을 말할 수 있을 것이다. 최후의 유훈에는 붓다의 45년간의 설법이 농축되어 있으리라고 생각되기 때문이다.

붓다가 사라쌍수 밑에 누워 입멸 직전 그 제자들에게 남기신 최후의 말씀은 다음과 같이 전해 온다. 팔리어본 『열반경』에 의하면 붓다는 다음과 같은 최후의 가르침을 남긴다.

"비구들이여! 이제 나는 너희들에게 말한다. '제행(諸行)은 소멸되기 마련이다. 방일하지 않고(appamādena) 정진하라.'"

불방일의 원어는 appamāda인데 부정접두사 a와 pamāda로 이루어진 말이다. 방일(pamāda)은 어떤 자극에 의해 정신이 마비된 것을 가리키는 말로 특히 만취한 상태를 가리킨다. 자기를 잊고 자제함이 없이 온갖 욕망에 이끌려가는 것, 그것이 방일이다. 그러므로 불방일이란 그런 상태에 빠지는 일이 없는 자제(自制)와 집중과 지속을 그 특징으로 한다고 생각할 수 있을 것이다.

붓다가 설하신 대로 이해하고 그대로 실천함으로써 이미 내심의 어지러움이 없는 자유롭고 편안한 경지에 이르는 것, 그것이 불방일이다. 따라서 불방일은 마음이 깨어 있는 상태를 의미한다. 단순히 무엇인가를 게으름피우지 않고 열심히 하는 것(diligent)이 아니라 마음이 또렷이 각성(覺醒)한 상태(vigilance)이다.

불방일의 가르침은 결국 붓다(깨어있는 자, 覺者)라는 말과 상통하는 것이다. 붓다는 최후의 유교로 불방일을 남겼다는 것은 붓다 자신도 최후 순간까지 '깨어있음'을 의미하게 되는 것이다. 붓다의 최후 가르침은 무상에 대한 철저한 자각과 거기서 벗어난 세계에의 추구의 두 축으로 이루어져 있다. 붓다는 생멸에 종속되어 있는 무상한 법에서 벗어나 생멸을 초월한 세계를 추구하도록 권고하고 있다. 무상의 세계에서 벗어나는 방법으로 불방일이 제시되고 있다. 단순히 부지런히 노력한다는 것이 아니라 사념처 수행법을 의미한다고 보인다. 순간순간 자신에게서 일어나고 있는 것을 알아차리는 것이다. 방심하지 않고 관찰한다는 것이다.

방일(放逸)은 일상생활에서 음주 상태로 비유할 수 있다. 술을 마시기 전에는 보통 괜찮았던 사람도 일단 술에 취해 버리면 정상적인 행동을 하지 못한다. 술 때문에 사방을 제대로 분간하지 못하고 똑바로 걷지도 못한다. 심지어 고함을 지르거나 다른 사람에게 시비를 걸기도 한다. 즉 약간 미친 사람이 되어 버리는 것이다. 더 나아가 사람을 죽이기도 하고, 폭력을 쓰고 추행 등 갖가지 나쁜 행동을 저지르게 된다. 이 상태가 방일에 빠진 상태이다. 이렇게 방일은 남에게 큰 피해를 준다.

이와 반대로 불방일은 혼미하지 않은, 취해 있지 않은 상태를 의미한다. 술에 취한 사람은 그 마음이 혼미에 빠져 선악 판단을 바로 하지 못한다. 보통 사람들의 마음은 재물, 명성, 감각적 욕망, 집착 등과 같은 술에 의해 혼미한 상태에 빠져 있다. 만일 술에 취하지 않는다면 남에게 피해를 주거나 자신을 해치는 일은 없을 것이다.

붓다는 불방일을 다음과 같이 찬탄하고 있다.

"비구들이여, 밤하늘에서 온갖 별들은 빛난다. 그러나 그것들은 달빛의 16분의 1에도 미치지 못한다. 그러기에 달빛은 밤하늘에서 가장 위대하다고 여겨진다. 그것과 마찬가지로 세상에는 여러 선법이 있지만, 모든 선법은 불방일로 근본을 삼는다. 그러기에 온갖 착한 법 중에서 불방일이 최대가 되고 최상이 되느니라. 비구들이여, 또 가을 하늘에 한 점의 구름도 없이 깨끗할 때, 해는 하늘에 떠올라 일체의 어둠을 쓸어버리고 눈부시게 빛난다. 그러기에 가을 하늘에서 해는 가장 위대하다고 일컬어진다. 그것과 마찬가지로 이 세상에 여러 가지 선법이 있지만, 모든 선법들은 모두 불방일로 근본을 삼는다. 그러므로 온갖 착한 법 중에서 불방일이 최대가 되고 최상이 되느니라."

불방일은 어둠 속에서 가장 빛나는 달과 같고 맑은 가을 하늘에 어둠을 쓸어 없애는 태양과 같이 모든 선법 중에서 근본이 된다. 불방일은 모든 선법의 근간이 되므로 불방일을 힘써 수행하지 않으면 안 된다. 이런 이유로 붓다는 마지막 유훈으로 불방일을 말씀하셨을 것이다. 불방일의 구체적인 실천 방법은 팔정도라고 경전에서 가르치고 있다.

지리산에서 실종되었던 소년이 아버지의 말씀을 기억하여 생명을 보존할 수 있었듯이, 울리는 붓다의 말씀을 상기하여 정진해야 한다. 청개구리도 어미의 유언을 지키려고 하지 않았던가?

| 참고 경전 Digha Nikāya II, p.156; Saṃyutta Nikāya V, p.42f.

제2장

붓다의 가르침 배우기

우리는 지금 무엇을 향해 달리고 있는가

떡 세 개 먹기

우리가 흘린 피와 눈물

고통이라는 경고신호

세 종류의 밭과 물그릇

사람이 소중한 이유

바르게 충고하기와 충고에 감사하기

나라와 자신을 지키는 법

많이 아는 것이 중요한 것이 아니다

법이라는 거울보기

기울어진 나무가 넘어질 곳

구더기와 파리를 불러들이는 것

호흡 명상과 심신 치유

우리는 지금 무엇을
향해 달리고 있는가

얼마 전 한국의 문화를 이해하고 직접 체험하기 위해 미국에서 온 대학생들을 만날 기회가 있었다. 그들은 종교적인 시각에서 사회복지를 전공하는 학생들이었다. 대학의 경제적인 지원 하에 일곱 명의 학생이 3주간 한국에 머물면서 불교 등 한국 주요 종교와 문화를 체험하고 있었다. 한 여학생에게 한국에 도착했을 때 받았던 첫인상이 무엇이었는지를 물었다. 그녀는 다소 머뭇거리며 대답했다.

"한국 사람은 매우 분주하게 생활하고 있다. 밤늦게까지 일하고 있는 것을 보니 매우 부지런하다."

이런 말을 하는 그녀의 표정은 부러움이 아니라 의아하다는 것이었다.

　외국에서 생활하다가 귀국한 사람들은 그녀의 대답을 충분히 이해할 수 있을 것이다. 한국 사람들은 다른 어떤 나라 사람들보다 더 분주하게 생활하고 있다. 어린 초등학생조차도 서너 개의 학원을 전전하며 정신없이 바쁘다고 불평한다. 휴대폰과 인터넷의 대중적인 보급은 한국 사람들을 더욱더 분주하게 만들고 있다. 어디를 가나 휴대폰으로 통화하는 사람을 만날 수 있다. 인터넷을 통한 빠른 정보검색은 사람의 마음을 더 조급하게 만든다. 시간이 돈이 아니라 속도가 돈이 된 셈이다.

　우리는 지금 분주하게 달리고 있다. 제각기 어떤 곳을 향해 정신없이 달리고 있는 것이다. 내 앞에서 달리고 있는 사람들을 추월하기 위해 달린다. 내 뒤에서 다가오고 있는 사람에게 추월당하지 않기 위해서 달린다. 달리지 않으면 낙오자가 되어 인생의 패배자가 되고 만다.

　그런데 우리는 지금 어디를 향해 달리고 있는 것일까? 붓다는 우리의 모습을 다음과 같은 우화로 그리고 있다.

　토끼 한 마리가 숲 속에서 살고 있었다. 어느 날 토끼는 어린 야자수 나무 아래에 누워서 이런 저런 생각을 하고 있었다.

　'만약 이 지상이 파괴된다면 나에게 어떤 일이 일어날 것인가?'

바로 그 순간 잘 익은 벨리 나무의 열매가 떨어져 커다란 소리를 내며 야자수 나뭇잎을 때렸다. 이 요란한 소리에 깜짝 놀란 토끼는 온 힘을 다해 달리며 소리를 질렀다.

"땅이 무너지고 있다."

심지어 뒤도 돌아보지 않고 토끼는 달아나기 시작했다. 다른 토끼가 있는 힘을 다해 달리고 있는 그 토끼를 보고 무슨 일이 일어났는지 물으면서 같이 달리기 시작했다. 첫 번째 토끼는 숨을 헐떡이며 묻지 말라고 대꾸했다. 이 대답에 두 번째 토끼는 더욱더 놀라며 쏜살같이 달렸다. 두 번째 토끼는 다시 소리를 지르며 무슨 일이 일어났는지 물었다. 잠시 멈춘 첫 번째 토끼는 "땅이 갈라지고 있다."고 외쳤다. 두 마리 토끼는 함께 겁에 질린 채 달렸다. 그들의 두려움은 전염이 되어 다른 토끼들도 같이 달리기 시작했다. 마침내 숲 속의 모든 토끼들이 함께 도망을 치기 시작했다. 이런 식으로 토끼에 이어 사슴, 무소, 들소, 코뿔소, 호랑이, 코끼리도 달리기 시작했다.

사자가 무작정 달리고 있던 동물들로부터 그 이유를 듣고 침착하게 생각했다.

'땅이 결코 무너지고 있는 것이 아니다. 그들이 잘못 이해하고 있는 것이 틀림없다. 내가 만약 빨리 조치하지 않으면 그들은 모두 죽을 것이다. 마땅히 내가 그들을 구제해야 한다.'

최대한 빨리 달려 사자는 선두에서 달리고 있는 동물 앞에 가서 세 번 크게 포효했다. 사자의 웅장한 포효소리에 달리던 동물들은 멈추어 섰다. 숨을 헐떡이며 땅이 무너지고 있다고 모두 말하자 사자는 누가 그것을 보았는지 물었다. 어떤 동물은 코끼리가 그것에 관해 모두 알고 있다고 대답했다. 사자는 코끼리에게 물어 보자 코끼리들은 자신들은 모르고 호랑이가 알고 있다고 대답했다. 호랑이는 자기보다 앞서 달렸던 코뿔소가 알고 있다고 대답하였고, 코뿔소는 자기 앞에 달렸던 들소가 알고 있다고 말했다. 들소는 무소가 알고 있다고 말하고, 무소는 사슴이 알고 있다고 답하였다. 사슴은 자신은 모르고 산토끼가 알고 있다고 답했다.

먹고살기 바쁘다는 이유로 앞만 보고 달려온 삶에 대해 반성해 볼 일이다. 왜 사는지? 그리고 무엇을 위해 사는지? 진심으로 자기 자신에게 물어야 한다. 지금 열심히 하고 있는 일이 훗날에도 가치 있는 것으로 여겨질 수 있을지 물어 보자. 만약 부정적인 대답이 나오면 그만두어야 하고 확실하게 대답하지 못하다면 차분히 지금 하고 있는 일이 정말 가치 있는지 살펴보아야 한다. 세상이 빨리 움직일수록 자신의 삶을 관조하고 반성할 수 있는 기회와 여유를 더 자주 갖도록 노력해야 한다. 세상에 떠밀려 어디로 가고 있는지도 모른 채 생활하고 있는지 멈추어 서서 살펴볼 일이다.

맨 앞에 서서 달리던 토끼마저도 어디를 향해 달리고 있는지 모르고 뒤따르던 동물들도 무엇을 위해 달리고 있는지를 몰랐던 것이다. 너무 정신없이 달린 나머지 자칫 낭떠러지에 추락할 수도 있다. 생명을 잃을 수도 있다. 현대의 급격한 생활 방식은 우리를 질주하게끔 만들고 있다. 이제 조금 멈추어 서서 나는 지금 어디를 향해 달리고 있는지 생각해 볼 일이다. 자신이 달리고 있는 방향이 생명을 위협하는 것이라면 당장 멈추고 고통이 없는 안전한 방향으로 바꾸어야 할 것이다. 바른 방향을 찾기 위해서는 붓다의 가르침이 필요한 것이다.

| **참고 문헌** Jataka No 322.

떡 세 개 먹기

사람들은 누구나 각 시기마다 특정한 목표를 설정하고 그것을 성취하려고 욕망한다. 사람마다 설정한 인생의 목표가 어느 것이 더 훌륭하고 어느 것이 더 열등한가의 우위를 쉽게 판별하기 어렵다. 고등학교를 졸업할 즈음에 담임선생님이 학생들에게 졸업 후 장래 희망이 무엇인지 물었다. 어떤 학생은 교사가 되고 싶다고 하고, 어떤 학생은 운동선수가 되고 싶다고 하고, 또 어떤 학생은 사업가를 희망하였다. 제각기 학생들은 한 가지씩 자신의 소원을 말했다. 그런데 한 학생은 축구선수, 탤런트 등등 무려 10여 가지를 말했다.

원하는 일을 모두 할 수 있다면 좋겠지만 동시에 모든 것을 할 수 없는 노릇이다. 지상에 머물 수 있는 시간은 자신이 원하는 것을 모두 할 만큼 길지 않다. 한정된 시간이므로 중요한 일부터 해야 한다. 중요하지 않은 것에 시간과 에너지를 쏟다보면 그보다 더 중요한 일을 할 기회를 갖지 못하게 된다. 옛말에 본말(本末)을 분간할 줄 알아야 한다고 했다. 근본(根本)과 지말(枝末)을 분별하여 근본에 먼저 힘써야 한다는 말이다. 사소한 것에 목숨을 걸어서는 안 된다는 말이다.

소중한 인생을 하찮은 것에 낭비해서는 안 된다는 가르침은 다음의 경전에 잘 이야기되고 있다.

옛날 어떤 부부가 떡 세 개를 가지고 나누어 먹고 있었다. 각자 한 개씩 먹고 나서 하나가 남자, 서로 약속하였다.

"만일 말을 하면 이 떡을 먹을 수 없다."

이렇게 약속하고는 그 떡 하나를 먹기 위하여 입을 다물고 있었다. 잠시 후에 어떤 도적이 그 집에 들어와서 그들의 재물을 훔치기 시작했다. 그러나 그 부부는 떡 때문에 눈으로 보고도 입을 열지 않았다. 도둑은 그들이 말을 하지 않는 것을 보고, 곧 그 남편 앞에서 그 부인을 침범하려 하였다. 그런데도 그 남편은 눈으로 보고서도 아무런 말도 하지 않았다. 아내는 곧 '도둑이야' 하고 외치면서 남편에게 말하였다.

"이 어리석은 사람아, 어쩌면 떡 한 개 때문에 도둑을 보고도 소리치지 않는가?"

남편은 그때서야 손뼉을 치고 웃으면서 말했다.

"이제 떡은 내 것이오. 당신에게 나누어 주지 않겠소."

사람들은 이상의 이야기를 듣고 모두 그들의 어리석음을 비웃을 것이다. 한 입의 떡을 위해 집안의 귀중한 재물을 훔치는 것을 방치해 두는 부부의 모습에서, 그리고 아내의 몸까지 위태로움에 빠져 있는데 떡을 먹을 수 있다고 좋아하는 남편의 모습에서, 우리는 사소한 것에 정신이 팔려 소중한 것을 잃어버리는 어리석음을 읽는다. 때때로 자신이 하고자 하는 일 또는 하고 있는 일이 떡을 얻기 위한 것은 아닌지 자신에게 물어볼 필요가 있을 것이다.

범부들도 이와 같아서 조그만 명예나 이익을 위하여 거짓으로 잠자코 조용히 있지만 헛된 번뇌와 갖가지 악한 도둑의 침략을 받아 선법(善法)을 잃고 고통에 떨어지게 되면서도 도무지 벗어나는 길을 구하지 않는다는 것이다. 그리하여 바로 다섯 가지 욕망에 빠져 놀면서 아무리 큰 괴로움을 당하더라도 걱정하지 않는 것이 마치 저 어리석은 사람과 다름이 없게 된다.

어떤 목적을 설정하고 그 목적을 달성하려는 사람은 그 목적을 성취하기 위해서 다른 것들을 무시하는 경향이 있다. 한 대상에 집중하기 위해서는 다른 것들을 무시해야 하기 때문이다. 어떤 대상에 집중하면서 동시에 다른 모든 것에 집중할 수 없는 것이다.

설령 그가 추구하는 목적이 해로운 것이라고 듣더라도 그것을 단념하지 못한다. 어떤 대상에 대한 지나친 집착 때문에 다른 이야기를 들으려고 하지 않는다.

대체로 권력, 재산, 명예 등은 많은 사람들이 추구하는 대상이 되며, 그러한 것을 성취한 다른 사람들은 부러워하고 자신도 그렇게 되기를 바란다. 그러나 우리는 역사 속에서 권력, 재력, 명예를 가진 자들이 그것에 대한 지나친 집착으로 인해 사람들의 원망의 대상이 되었던 것을 기억하고 있다. 권력에 오른 자는 자신의 권력을 지키기 위해 노심초사 불안하여 무력으로 탄압한다. 재력을 모은 자는 그것을 유지하기 위하여 온갖 방법을 동원한다.

어떤 재벌의 회고록에서 "재산을 모으는 것보다 유지하기가 더 힘들다."라고 하는 자신의 경험을 쓴 것을 본 일이 있다. 근래 우리나라의 경제계에서 큰 기업들이 무너지고 있는 것을 볼 수 있다. 기업가들이 감옥에 가는 일도 간혹 목격한다. 사람들은 누구나 남이 알아주기를 바란다. 사람들의 인기를 얻기 위해서 부단히 노력하는 사람들이 대표적으로 연예인일 것이다. 사람들로부터 인기를 얻고 유지하기 위해 고투하는 연예인들이 많다. 그러나 인기라는 것은 일시적인 것으로 그들은 곧 잊혀지고 만다.

결국 많은 사람들이 바라는 재산, 권력, 인기 등은 진정으로 자신의 인생 목표로 삼기에는 어딘가 부족한 점이 있지 않나 싶다. 붓다는 이렇게 가르치고 있다.

"길가에 맑고 시원한 샘이 있는데, 그 샘물에는 독이 들어 있다고 하자. 길 가던 사람이 피곤에 지치고 갈증이 나서 그 물을 마시려고 할 때, 한 사람이 '그 물이 맑고 시원해 보이지만 독이 들어 있으니 마시지 마시오. 만일 마시면 병고에 시달리거나 심지어는 죽을 수 있을 것이오.'라고 말렸다. 그러나 그 충고를 받아들이지 않고 물을 마신다면 잠시는 시원하고 기갈을 면하겠지만 그 샘물의 독으로 인해 죽을지도 모른다."

우리들이 추구하는 것들이 독이 들어 있는 샘물은 아닌지 생각해 볼 일이다. 자신이 추구하고 있는 것이 독이 든 샘물인지 아닌지를 구분하기 어려울 때는 붓다의 가르침을 참고해야 할 것이다. 나에게 유익한 샘물이라고 확신이 설 때 마시는 조심성이 필요하며, 일시적으로 즐거움을 주는 것에 대해서는 독이 든 샘물이 아닌지 분간할 수 있는 지혜가 필요하다.

| 참고 경전 『백유경』(대정장 IV, p.553下); Saṃyutta Nikāya III, pp.107ff; 『잡아함경』(대정장 II, p.82中).

우리가 흘린 피와 눈물

우리가 살고 있는 이 세상은 언제나 평화로울 때가 없다. 이런저런 사건으로 사람들은 고통 받는다. 지진이나 태풍 등의 자연재해 한 순간에 수많은 인명이 죽거나 다치게 된다. 2003년 말 이란 남동부 케르만주(州)의 고대 유적도시 밤시(市)에서 발생한 지진으로 사망자는 41,000명이며 부상자는 2만 명에 이르렀다. 20만 명 규모의 밤시 일대가 지진으로 거의 완전히 파괴됐다고 한다. 이런 자연재해 앞에 인간은 속수무책이다.

자연의 재앙보다도 더 파괴적인 것은 인재이다. 러시아 인질극은 참사로 끝이 나고 말았다. 죽어 가는 아이를 안고 황급히 뛰어가는 아버지의 모습, 아이들이 팔과 다리가 절단된 채 숨져 있는 모습, 체육관 바닥에 낭자한 핏자국은 고통의 현장을 잘 보여 주고 있다. 아직도 이라크에선 미군과 테러리스트들이 서로 폭탄을 터뜨리며 죽이고 있다.

이런 인간의 증오로 인한 살생 이외에도 실수로 수많은 생명이 고통 받는다. 북한의 용천역 폭발사고 현장은 처참했다. 신의주 병원엔 고통에 몸부림치며 신음하는 어린 환자들로 넘쳐났다. 아이들은 의료장비와 의약품 부족으로 큰 고통을 겪어야만 했다. 보다 못한 엄마들이 침대에 함께 누워 아이를 안아 달래고 있었고, 침대 머리에 앉아 흐느끼며 아이들을 달래려고 애쓰는 엄마들도 있었다. 암과 같은 질병으로 고생하는 사람도 있다. 생활고에 시달리는 사람도 있다. 이런저런 고통으로 세계적으로 40초마다 한 명꼴로 자살하고 있다는 통계가 있다. 주위를 살펴보면 정말 행복하게 사는 사람을 찾아보기 힘들다.

우리가 사는 이 세계를 고통의 바다라고 비유한다. 고해(苦海)의 세계에서 고통은 물체의 그림자와 같고 소리의 메아리와 같이 사람들을 따른다. 붓다는 괴로움을 크게 네 가지와 여덟 가지로 분류한다. 생로병사(生老病死)를 4고(四苦)라고 한다. 이 4고에 넷을 더하여 8고라고 한다. 다섯 번째는 애별리고(愛別離苦)로 사랑하는 사람과 이별하는 괴로움이고, 여섯 번째는 서로 미워하는 사람끼리 함께 살아야 하는 원증회고(怨憎會苦)이며, 일곱 번째는 구부득고(求不得苦)라고 해서 구하는 것을 얻지 못할 때 생기는 괴로움이고, 여덟 번째는 오음성고(五陰盛苦)라고 해서 정신과 육체에 집착해서 생기는 괴로움이다. 사성제 중 고성제(苦聖諦)에서 붓다가 우리 중생의 삶이 고통이라고 진단한 이유를 알 수 있다.

붓다는 다음과 같이 중생의 고통에 관해 말하고 있다.

"너희들이 과거 오랜 세월 동안 나고 죽음에 윤회하면서 몸에서 흘린 피는 매우 많아서, 저 항하 강물이나 사방 넓은 바닷물보다 훨씬 더 많을 것이다. 너희들은 과거 오랜 세월 동안 일찍이 코끼리로 태어났을 적에 혹은 귀·코·머리·꼬리·네 발을 잘렸었나니, 그 피는 헤아릴 수 없이 많다. 혹은 말의 몸·낙타·나귀·소·개와 그 밖에 여러 짐승들의 몸을 받아 귀·코·머리·발과 온몸을 베였으니, 그 피는 헤아릴 수 없이 많다.

또 너희들은 과거 오랜 세월 동안 혹은 도적에게 혹은 남에게 해침을 당해 머리·발·귀·코를 베이고 온몸이 잘렸으니, 그 피는 헤아릴 수 없이 많다. 너희들은 과거 오랜 세월 동안 몸이 허물어지고 목숨이 끝나 묘지에 버려졌으니 그때 흘린 고름과 피가 헤아릴 수 없이 많다. 혹은 지옥·축생·아귀에 떨어져 몸이 허물어지고 목숨이 끝나면서 흘린 피도 또한 헤아릴 수 없이 많기 때문이니라."

불교의 윤회사상에 의하면 우리는 나고 죽기를 반복한다. 전생에 지은 업에 의거하여 현생의 몸을 받고, 현생의 업에 따라 내생의 몸을 받는다. 육신을 보존하기 위해 모든 생명체는 고투하고 있다. 크게는 국가 간의 전쟁으로 피바다를 만들고 작게는 서로 싸워 피를 뿌리기도 한다. 붓다는 우리 중생의 삶이 고통이라고 진단하고 있다. 붓다는 이러한 고통으로 가득 찬 윤회의 실상을 넓고 깊은 대양에 비유하고 있는 것이다. 생사윤회 속에서 한 개인이 흘린 피의 양은 대양의 물보다 비할 바 없이 많을 정도로 윤회는 고통으로 가득 차 있다는 것이다.

붓다는 이번에는 다음과 같이 인생의 고통에 대하여 말씀하고 있다.

"그대들이 과거 오랜 세월 동안 나고 죽음에 윤회하면서 흘린 눈물이 훨씬 더 많아서 저 항하 강물과 사방 넓은 바닷물과는 비교도 되지 않느니라. 그대들이 과거 오랜 세월 동안 부모·형제·자매·친척·친구들을 잃고, 또 재물을 잃음으로 인해서 흘린 눈물이 너무도 많아서 헤아릴 수 없기 때문이다. 또 너희들은 과거 오랜 세월 동안 묘지에 버려졌을 때와, 지옥·축생·아귀 세계에 태어났을 때 고름과 피를 흘려왔기 때문이다. 비구들아, 너희들이 시작이 없는 나고 죽음으로부터 과거 오랜 세월 동안 윤회하면서, 그 몸에서 흘린 피눈물은 너무도 많아 헤아릴 수 없느니라."

우리들은 길고 긴 전생 속에서 수없이 많은 부모의 죽음을 겪었다. 그때마다 얼마나 많은 눈물을 흘렸는지 모른다. 또 우리는 생사윤회의 반복 속에서 수없이 많은 자식의 죽음을 겪었다. 그때마다 얼마나 많은 눈물을 흘렸는지 모른다. 절친한 친구의 죽음도 있었을 것이고 친척의 죽음도 있었을 것이다. 그때 우리가 사랑하는 사람과 이별하면서 흘린 눈물은 오대양의 물과는 비교가 되지 않는다는 것이다. 전쟁으로 서로 남한과 북한에서 흩어져 살던 이산가족들이 상봉할 때 그리고 다시 헤어지게 될 때 우리는 눈물의 바다를 보게 된다.

특별히 무수한 세월을 통하여 맺은 부모자식 간의 인연에 관한 비유도 여기에서 소개하면 적절할 것이다. 이 세상의 흙으로 대추씨만한 크기로 환(丸)을 만들어서 과거 세상의 부모를 센다고 하여도, 그 환(丸)이 모자랄 정도로 우리는 헤아리기 어려운 과거로부터 부모인연 자식인연을 맺어서, 서로서로 사별할 때마다 우리는 숱한 고통의 눈물을 흘린 것이다. 현재 우리는 전생을 기억하지 못하여 현생에서만의 고통을 경험한다. 지금 우리가 겪고 있는 고통은 전생에서 겪은 고통의 양에 비하면 아무것도 아닌 셈이다. 지금과 같이 계속 살아간다면 우리는 앞으로 계속 더 많은 고통의 피와 눈물을 흘릴 것이므로 생사윤회에서 벗어나 열반을 성취할 것을 가르치고 있는 것이다.

| 참고 경전 Saṃyutta Nikāya II, pp.179ff; 『잡아함경』(대정장 II, p.240下).

고통이라는 경고신호

고통의 감정은 불쾌하므로 사람들이 모두 피하려고 한다. 고통을 맞이할 수밖에 없는 상황이라면 고통의 기간이 짧아지기를 바라며 빨리 제거하려고 한다. 인생은 이렇듯 고통을 피하고 행복을 추구하려는 삶을 지향한다고 할 수 있다.

그렇지만 한편 고통의 본질을 주의 깊게 살펴보면 긍정적인 측면도 있다. 사람은 어떤 시련을 겪게 되는 과정에서 그만큼 인격적으로 성숙해지는 것을 볼 수 있다. 우리 부모님들은 흔히 "아이들은 아프면서 자란다."고 말한다. 질병을 이기고 난 후 아이들은 더욱 또렷해지고 더 탄탄해 보인다. 바로 질병이나 아픔은 더욱 정신을 단련시키고 굳건한 육체를 만들어 가기 위한 과정일 수 있다. 물론 격심한 고통을 이기지 못하고 정신적으로 황폐화되는 사람도 있다. 따라서 고통은 두 얼굴을 지니고 있는 것이다. 고통은 파괴적일 수도 있고 동시에 생산적일 수도 있는 것이다.

붓다는 45년간 많은 사람을 상대로 설법하였다. 가르침을 받아들이는 중생의 종류에 대하여 말씀하고 있다. 먼저 네 종류의 좋은 말에 대해 말씀하고 있다.

"세상에는 네 가지 좋은 말이 있다. 첫 번째 부류의 좋은 말은 채찍 그림자만 보아도 곧 빠르게 달린다. 마부의 형세를 잘 관찰하여 느리게 가고 빠르게 가며 왼쪽으로 가고 오른쪽으로 가되 마부의 의도대로 따라 행한다. 두 번째 부류의 좋은 말은 채찍 그림자를 보면 스스로 놀라 살필 줄 아는 능력은 없지만, 그러나 채찍이 그 털끝을 스치기만 하면 곧 놀라서 마부의 마음을 살펴 움직인다. 세 번째 부류의 좋은 말은 채찍 그림자를 돌아보거나 털끝에 스쳐도 사람의 마음을 따르는 능력은 없으나, 그러나 채찍으로 살갗을 조금 때리면 곧 놀라서 마부의 마음을 살피고 움직인다. 네 번째 부류의 좋은 말은 채찍 그림자를 돌아보거나 털을 스치고 지나가거나 살갗을 조금 맞는 정도로는 움직일 줄 모르고, 송곳에 몸을 찔려 뼈를 다친 뒤에야 비로소 놀라 수레를 끌고 길에 나선다."

물론 제일 좋은 말은 당연히 첫 번째 부류의 말이다. 주인의 의

도를 재빨리 알아 실행하는 것이다. 따라서 채찍을 맞을 일이 없다. 반면에 네 번째 부류의 말은 주인의 심한 채찍에도 불구하고 제대로 따르지 않기 때문에 네 부류 중 최악의 말이다. 이런 부류의 말은 앞의 세 부류의 말에 비해 심한 채찍의 고통을 받아 움직인다. 그렇지만 아예 주인의 채찍에도 아랑곳하지 않고 전혀 움직이지 않는 말보다는 낫다. 그래서 붓다는 이런 고집불통의 말에 비해 네 번째 부류의 말도 양마(良馬)라고 부르고 있다. 이 네 가지 부류에 속하지 않는 말은 모두 양마가 아니다.

붓다가 위와 같이 네 종류의 양마를 분류하고 나서 네 종류의 선남자(善男子)에 관해 이야기하고 있다.

"첫 번째 부류의 선남자는 다른 마을의 어떤 사람이 질병이 들어 고통을 받거나 심지어는 죽기까지 했다는 말을 듣고 나서는 곧 무섭고 두려워서 바른 사유에 의지한다. 마치 저 좋은 말이 채찍의 그림자만 보고도 곧 길들여진 것과 같다. 두 번째 부류의 선남자는 다른 마을의 어떤 사람이 늙고 병들고 죽는 고통을 받는다는 말을 듣는 것만으로는 두려워하여 바른 사유에 의지하지는 못하지만, 다른 마을의 어떤 사람이 늙고 병들고 죽는 고통을 겪는 것을 보고는 곧 무서워하여 바른 사유에 의지한다. 비유하면 마치 저 좋은 말이 털끝을 스치기만 해도 어느새 길들여져서 마부의 마음을 따르는 것과 같다.

세 번째 부류의 선남자는 다른 마을에서 어떤 사람이 늙고 병들고 죽는 고통을 보거나 듣는 것으로는 두려워하는 마음을 내어 바른 사유에 의지하지는 못하지만, 어떤 선지식(善知識)이나 친한 사람이 늙고 병들고 죽는 고통을 당하는 것을 보고는 곧 두려워하여 바른 사유에 의지한다. 비유하면 마치 저 좋은 말이 살갗을 조금 맞고 나서 비로소 길들여져서 마부의 마음을 따르는 것과 같다. 네 번째 부류의 선남자는 다른 마을에서 어떤 남자나 여자나 친한 사람이 늙고 병들고 죽는 고통을 받는 것을 듣거나 보는 것으로는 두려워하는 마음을 내어 바른 사유에 의지하지는 못하지만, 제 자신이 늙고 병들고 죽는 고통을 당하는 일에 대해서는 싫어하고 두려워하는 마음을 내어 바른 사유에 의지한다. 비유하면 마치 저 좋은 말이 살을 찔리고 뼈까지 다치고 나서야 비로소 길들여져서 말을 모는 이의 마음을 따르는 것과 같다."

고통을 당하고서도 붓다의 가르침을 찾지 않는 사람은 선남자가 아니다. 마치 채찍에도 불구하고 전혀 움직이지 않는 말이 네 종류의 양마에 속하지 않는 것과 같다. 말의 입장에선 채찍을 맞지 아니하고 편안하게 사는 것이 최상의 삶이 될 것이다. 인간의 입장에서도 고통이 오기 전에 피해 사는 것이 최상의 삶일 것이다. 첫 번째와 두 번째 부류가 여기에 속한다. 붓다의 경우 두 번째 부류에 속한다. 사문유관에서 다른 사람의 노병사를 지켜보면서 고통에서 벗어나는 길을 추구하고자 하였다.

첫 번째와 두 번째가 불가능하다면 차선으로 자신에게 다가오는 고통을 계기로 붓다의 가르침에 의거하여 고통에서 벗어나는 것이다. 최악의 경우는 고통을 받고서도 자신의 삶을 반성하거나 붓다의 가르침을 찾지 않는 것이다. 부모형제나 아주 가까운 사람의 죽음으로 인해 일어난 충격과 고통을 해결하기 위해 붓다의 가르침을 찾는 경우는 세 번째에 속한다. 자기 자신의 질병이나 불행에 깊이 반성하여 불법을 찾는 것은 네 번째에 속한다.

고통과 관련하여 우리가 자주 쓰는 말 즉 '아픈 만큼 성장한다'는 말은 고통의 긍정적인 측면을 말하고 있다. 이렇듯 아픔은 정신적인 내지 영적인 성장에 긴요한 요소가 될 수 있다. 고통 그 자체는 불쾌한 것이지만 그것을 계기로 자신의 일상적인 삶을 반성하고 바른 삶을 살 수 있다면 고통은 훌륭한 교사가 된다. 고통이 다가오면 그릇된 길로 가고 있다는 경고신호로 받아들이고 재빨리 바른길을 찾아 들어서도록 해야 할 것이다. 고통의 경고신호에 불평하거나 없애려고만 하고 바른길을 찾지 않는다면 더 심한 고통의 길에 들어가 벗어나지 못하고 말 것이다.

| **참고 경전** 『잡아함경』(대정장 II, p.234上).

세 종류의 밭과 물그릇

학교에서 가르쳐 보면 선생님의 가르침에 학생들이 보이는 다양한 반응과 태도를 뚜렷이 목격할 수 있다. 많은 학생을 한 강의실에 두고 한 학기 강의를 하다 보면 세 종류의 학생들을 볼 수 있다. 첫 번째 부류의 학생은 대체로 강의실 맨 앞자리에 앉아 열심히 노트를 하며 강의를 듣는다. 여기에 속하는 학생들은 여간해선 지각이나 결석을 하지 않는다. 과제물도 충실히 작성하여 제출한다. 두 번째 부류에 속하는 학생은 첫 번째 부류의 학생들만큼 열성적이지 않지만 수업에 충실한 편이다. 지각이나 결석도 가끔 하고 과제물도 충실하지 않지만 제출한다. 세 번째 부류의 학생들은 틈만 나면 다른 짓을 하려고 한다. 휴대폰을 들여다보거나 옆에 앉은 친구와 이야기를 하기도 한다. 지각이나 결석도 예사로 한다. 과제물도 제출하지 않거나 베껴서 낸다.

가르치는 사람들로선 수업에 충실한 학생에게 더 관심을 쏟고 도와주고 싶다. 반면에 딴짓을 하며 가르치는 내용에 집중하지 않는 학생에게는 관심이 덜 가게 마련이다. 게으른 학생에게 들이는 시간과 정성을 열심히 듣는 사람에게 쏟아 붓는 것이 효율적이다. 모든 학생에게 관심과 정성을 보일 수 있다면 이상적이겠지만 현실은 그렇지 않다. 가르치는 사람의 역량은 제한되어 있다. 그리고 무엇보다도 나태한 사람은 배울 자세가 되어 있지 않기 때문에 그런 시간과 정력을 투자할 수 없다. 등한시할 수밖에 없는 것이다. 교육의 이상에 맞지 않고 잔인하게 들릴지 모르겠지만 엄연한 현실이다. 다음에 소개하는 경전도 이런 맥락에서 이해할 수 있을 것이다.

도사씨라는 촌장이 세존께 아뢰었다.

"여래께서는 무슨 이유로 어떤 사람을 위해서는 설법을 해 주고 또 어떤 사람을 위해서는 설법해 주지 않습니까?"

세존께서 촌장에게 말씀하셨다.

"내가 너에게 물을 터이니 마음대로 나에게 대답하라. 촌장이여, 비유하면 세 가지 밭이 있는데, 첫 번째 밭은 비옥하고 기름진 밭이고, 두 번째 밭은 중간쯤 되며, 세 번째 밭은 척박한 밭이다.

어떤가? 촌장이여, 그 밭의 주인이 맨 먼저 어떤 밭부터 갈고 씨를 뿌리겠는가?"

촌장이 대답하였다.

"구담이시여, 가장 비옥하고 기름진 밭부터 먼저 갈고 씨를 뿌릴 것입니다."

다시 세존이 촌장에게 물었다.

"촌장이여, 다음에는 어떤 밭을 갈고 씨를 뿌리겠는가?"

촌장이 대답하였다.

"구담이시여, 당연히 다음에는 중간 밭을 갈고 씨를 뿌릴 것입니다."

세존께서 촌장에게 말씀하셨다.

"다음에는 어떤 밭을 갈고 씨를 뿌리겠는가?"

촌장이 대답하였다.

"다음에는 가장 못된 척박한 밭을 갈고 씨를 뿌릴 것입니다."

세존께서 촌장에게 말씀하셨다.

"나도 또한 그와 같다. 저 비옥하고 기름진 밭과 같은 이는 비구와 비구니들이다. 나는 항상 그들을 위해서 바른 법을 연설한다. 그 설법은 처음도 좋고 중간도 좋으며 마지막도 좋다. 뜻도 좋고 맛도 좋은 것이어서, 원만하고 깨끗한 범행을 열어 보이고 나타낸 것이다. 촌장이여, 저 중간쯤 되는 밭과 같은 이는 우바새(優婆塞)와 우바이(優婆夷)이다. 나는 또한 그들을 위하여 바른 법을 연설한다. 촌장이여, 저 농부의 가장 못된 척박한 밭과 같은 이는 외도들이다. 나는 또한 니건자의 무리들을 위해서도 또한 설법한다.

그리하여 나는 저들에 대하여 설법을 듣는 이가 적어도 그들을 위해 연설하고, 설법을 듣는 이가 많아도 그들을 위해 연설한다. 그래서 그저 대중들이 내가 연설하는 훌륭한 법에서, 단 한 구절의 법이라도 들어 그 이치를 깨달으면, 그도 오랜 세월 동안 그 이치로 인해 요익하게 되고 편안해지며 즐겁게 머무르게 될 것이니라."

붓다에겐 출가한 비구와 비구니가 가장 좋은 양질의 밭이다. 그들은 결혼을 하지 않고 오로지 붓다의 가르침에 전념하기 때문이다. 그 다음 양질의 밭은 재가신자인 우바이와 우바새이다. 이들은 가정을 갖고 생업에 종사해야 하기 때문에 24시간 365일 붓다의 가르침에 전념할 수 없지만, 붓다의 가르침을 배우려고 한다. 최하의 밭은 붓다의 가르침에 무관심하거나 비방하는 무리들이다. 붓다는 이들에게도 법을 설한다고 하지만 우선순위에서 맨 끝이다.

세존은 촌장에게 다시 세 종류의 물그릇으로 말씀하셨다.

"비유하면 어느 사내가 세 가지 물그릇을 가진 것과 같다. 첫 번째 그릇은 구멍이 뚫리지도 않았고 금이 가지 않은 것이고 또 물이 새지도 않는 것이며, 두 번째 그릇은 구멍이 뚫리지도 않았고 깨지지도 않았지만 물이 새는 것이며, 세 번째 그릇은 구멍이 뚫어지고 깨진 데다 또 물까지 새는 것이다. 어떤가? 촌장이여, 저 사내는 이 세 가지 그릇 중에 항상 깨끗한 물을 가지기 위하여 어느 그릇에 물을 담아두겠는가?"

당연히 가장 온전한 그릇에 물을 먼저 담아두고 그리고 나서 다음 온전한 그릇에 물을 담는 것이 순리이다. 그리고 최후에 그래도 남은 물이 있으면 깨어진 그릇에라도 담을 수 있을 것이다. 잠깐 동안이지만 그래도 조금은 쓸 수 있기 때문이다. 물을 붓는 사람이 불공평한 것이 아니라 그릇의 품질에 따라 물을 부었을 뿐이다. 그릇을 차별한 것이 아니라 그릇이 제각기 받아들일 수 있는 여건에 맞춘 것이다. 현명하게 그릇에 물을 부은 것이다.

붓다가 많은 대중을 상대로 가르칠 때도 이런 원리가 있다는 것이다. 가르침을 받아들일 자세가 되어 있는 사람에게 먼저 가르치고 나서 그렇지 못한 사람에게 가르친다는 것은 차별하는 것이 아니다. 오히려 현실을 직시하고 대중의 근기에 맞춘 설법 방법이라고 보아야 옳을 것이다.

이제 나 자신에게 물어 보자. 나는 지금 어디에 속하는지. 하전(下田)이나 깨어진 그릇은 아닌지 살펴보자. 만약 그렇다면 붓다의 말씀의 씨앗이 자라도록 마음의 밭을 갈자. 잡초와 돌무지를 빼내고 거름과 물을 주어 기름진 상전으로 만들어야 할 것이다. 마음의 그릇이 깨어져 있다면 빨리 보수하여 물이 새지 않도록 하여 불법의 감로수를 온전히 담아 둘 수 있도록 하여야 한다.

| 참고 경전 『잡아함경』(대정장 Ⅱ, p.230下).

사람이 소중한 이유

우리 주위에는 수많은 생명체들이 살고 있다. 지구상의 생물이 모두 몇 종류인지 알 수 없지만 우리가 상상할 수 없을 정도의 수치임에 틀림없다. 어떤 통계에 의하면 150만 여 종류라고 한다. 이 수치를 받아들인다면 우리는 150만 분의 1의 확률을 돌파하여 인간으로 태어난 것이다. 우리는 엄청난 행운을 누리고 있는 것이다. 정자와 난자가 만날 확률은 1조 분의 1이다. 인간은 그렇게 어려운 관문을 통과한 행운을 안고 이 세상에 태어난 것이다. 이렇게 통계와 확률만 보아도 인간의 몸으로 태어난 것은 행운이 아닐 수 없다.

그러나 사람들 중에는 이런 소중한 자신의 가치를 깊이 이해하지 못하고 짐승처럼 사는 인간도 있다. 사람 죽이는 것을 재미로 생각하는 연쇄살인범도 있을 정도이다.

불교의 윤회사상에 의하면 다섯 종류의 중생이 있다. 지옥에 사는 중생, 아귀, 축생, 인간, 천상에 사는 신. 여기 다섯 종의 중생에 아수라를 더하여 육도중생으로 분류하기도 한다. 중생은 자신이 지은 업에 따라 후생을 받기 때문에 고정되어 있지 않다. 축생이 죽어 인간으로 태어나기도 하고, 인간이 죽어 아귀의 몸을 받기도 한다. 이렇듯 자신의 업에 따라 생사를 반복하면서 여러 종류의 몸을 받는다. 물론 이런 생사윤회에서 벗어난 것을 열반이라고 한다.

여러 중생 중에서 윤회에서 벗어나 열반을 성취할 수 있는 최적의 중생은 인간이라고 한다. 지옥 중생, 아귀, 축생은 너무 괴로워 열반을 성취할 마음을 내지 못하고, 천상의 신은 너무 풍족하고 즐거워 깨달음의 마음을 내지 못하는데, 인간은 고락이 격심하지 않으므로 가장 적절하다는 것이다.

중생이 윤회하면서 인간의 몸을 받는 것이 얼마나 어려운가를 보여 주는 것이 눈먼 거북이의 널빤지 만나기 비유이다. 붓다는 이렇게 비유하고 있다.

"비유하면, 이 큰 대지가 모두 큰 바다로 변할 때, 한량없는 겁을 살아온 어떤 눈먼 거북이 있는데, 그 거북이는 백 년에 한 번씩 머리를 바닷물 밖으로 내민다. 그런데 바다 가운데에 구멍이 하나 뿐인 나무가 떠다니고 있는데, 파도에 밀려 표류하고 바람을 따라 동서로 오락가락한다고 할 때, 저 눈먼 거북이 백 년에 한 번씩 머리를 수면 위로 내밀어 그 구멍 속으로 머리를 넣을 수 있겠느냐?"

아난이 세존께 아뢰었다.

"불가능합니다. 세존이시여, 왜냐하면 이 눈먼 거북이 혹 바다 동쪽으로 가면 뜬 나무는 바람을 따라 바다 서쪽에 가 있을 것이고, 혹은 남쪽이나 북쪽, 4유(維)를 두루 떠도는 것도 또한 그와 같을 것이기 때문입니다. 반드시 서로 만나지는 못할 것입니다."

세존께서는 아난에게 말씀하셨다.

"눈먼 거북과 뜬 나무는 비록 서로 어긋나다가도 혹 서로 만나기도 할 가능성이 전혀 없는 것은 아니다. 그러나 어리석고 미련한 범부가 5도 윤회에 표류하다가 잠깐이나마 사람의 몸을 받는 것은 그것보다 더 어려우니라. 왜냐하면 저 모든 중생들은 그 이치를 행하지 않고 법을 행하지 않으며, 선(善)을 행하지 않고 진실을 행하지 않으며, 서로서로 죽이고 해치며, 강한 자는 약한 자를 업신여기며 한량없는 악(惡)을 짓기 때문이다."

이 비유를 들으면 인간으로 태어난 지금 우리의 삶의 기회가 얼마나 소중한가를 되새기게 된다. 거북이가 살고 있는 물밑은 삼악도(지옥, 아귀, 축생)를 가리키고 있다. 삼악도에서 벗어나 인간이 되는 것이 얼마나 힘든가를 염두에 두면 설령 더 나은 삶은 살지 못하더라도 악도에 다시 떨어지지 않기 위해 선한 삶을 살도록 노력해야겠다는 생각이 든다. 물론 악도에서 벗어나는 길은 불법을 실천하는 것이다.

인간으로 출생하기가 얼마나 어려운가를 말하는 비유를 또 하나 살펴보자. 붓다는 한때 손톱 끝으로 약간의 흙을 집어 들고서 제자들에게 물었다. 손톱 끝으로 집어든 흙과 땅 위의 흙 중 어느 것이 더 많으냐고 묻는다. 제자들이 땅 위의 흙이 비교할 수 없을 정도로 많다고 대답하자 붓다는 "마찬가지로 인간으로 태어난 중생의 수는 매우 적고 인간이 아닌 중생으로 태어난 중생의 수는 훨씬 많다."며 인간으로 태어나기가 얼마나 힘든가를 말하고 있다. 물론 비유의 요지는 인간으로 태어날 때 열심히 수행하여 고통에서 벗어나라는 것이다.

많은 생명체 중에서 유독 인간은 독특한 지위를 차지하고 있다. 인간이 여러 가지 결함을 가지고 있으면서도 다른 생명체와 경쟁하여 우위를 차지할 수 있었던 이유에 대해 다양한 이론들이 있다. 불교에선 다음과 같은 이유로 인간이 다른 생물보다 소중하다고 가르치고 있다. 무엇보다도 인간은 열반(완전한 행복)을 성취할 수 있는 가장 좋은 조건과 능력을 소유하고 있기 때문이라고 한다. 적당히 고통스럽고 적당히 행복을 느끼게 되므로 열반을 추구할 수 있는 보리심을 발원할 수 있다는 것이다. 그리고 인간은 동물과 달리 부끄러워하는 양심(良心)이 있다고 한다. 그리고 마지막으로 인간은 다른 존재들에 비교하여 학습능력이 뛰어나기 때문에 열반의 성취에 더 적합한 존재라고 여겨진다.

요컨대 이상을 추구하려는 의지와 그리고 그 이상을 성취할 수 있는 능력을 인간은 갖추고 있기 때문에 다른 생명체보다 존귀하다는 것이다. 이런 능력을 계발하지 아니하고 세월만 허송한다면 다른 동물과 다를 바가 없게 된다. 인간으로 태어나는 것이 얼마나 소중한가를 되새겨 볼 일이다. 설령 인간으로 태어나더라도 붓다의 가르침과 인연이 없는 곳에 태어나거나 들으려고 하지 않는 사람은 인간으로 태어났지만 인간으로 태어나지 않은 것과 마찬가지가 된다. 인간으로의 출생과 불법의 만남의 중요성을 감사히 여기고 현재를 소중히 하며 한 순간 한 순간 헛되이 보내지 않고 열반의 증득에 힘써야 할 것이다.

| **참고 경전** Saṃyutta Nikāya V, pp.456ff; Saṃyutta Nikāya II, p.263; 『잡아함경』(대정장 II, p.108下).

바르게 충고하기와
충고에 감사하기

　　　　　　　　사람들의 습성 중 하나는 다른 사람의 충고나 비판을 듣기 싫어하고 반대로 남에게 충고하고 비판하기를 즐긴다는 것이다. 자신의 허물이 지적 받을 땐 바늘에 찔린 것과 같은 고통을 느끼므로 남의 지적을 싫어한다. 지적한 사람에 대해서 반감을 품거나 미워하게 된다. 이런 사정이다 보니 사람들이 다른 사람의 허물을 지적하기가 무척 힘들다.

　가까운 친구나 가족, 부부 사이에서 서로 충고하기가 힘든 것이다. 특히 아랫사람이 윗사람에게 잘못을 지적하는 것은 더욱 힘들다. 자식이 부모에게 충고하거나 후배가 선배에게 직언하거나 충고하는 것은 보통 용기를 가지고선 가능하지 않다. 자칫하면 서로 감정만 상하고 불편한 관계가 상당 기간 지속되기도 한다.

타인의 허물을 바로 당사자에게 직언하는 것은 여간 힘든 일이 아니지만 붓다는 다음과 같이 조언하고 있다.

"만일 다섯 가지 법(法)으로써 편안히 머무르게 하면 남의 죄를 들추어낼 수 있느니라. 어떤 것이 그 다섯 가지인가? 거짓이 아닌 진실, 적당치 않은 때가 아닌 적당한 때, 잘못된 이치로 유익하게 하려는 것이 아닌 이치로 유익하게 함, 거칠거나 난삽하지 않은 부드러움, 성내지 않는 자애로운 마음이니라. 사리불아, 죄를 들추어내는 비구가 이 다섯 가지 법을 갖추면 남의 죄를 들추어낼 수 있느니라."

남의 죄를 들추어내기 위해 우선 무엇보다도 그 지적하는 내용이 진실해야 한다는 것이다. 사실이 아닌 것을 가지고 지적한다면 그것은 모함이거나 비방일 뿐이다. 상대방이 스스로 저지른 잘못을 이야기해야지 하지도 않은 일을 가지고 지적해서는 안 된다는 것이다. 둘째는 적당할 때 충고해야 하는 것이다. 아무리 좋은 의도를 가지고 지적하더라도 시기가 적절하지 못하면 부작용이 초래될 수 있다. 상대방이 극도로 불안해하거나 의기소침해 있을 때 자신의 잘못을 지적 받으면 제대로 그 지적을 받아들일 수 없다. 이런 경우 아무리 유익한 충고일지라도 그 사람에겐 약이 아니라 독이 될 수 있다. 셋째는 바른 이치로 유익되게 하도록 도모해야지 감언이설로 속여서 유익되게 해서는 안 된다는 것이다.

넷째는 거친 말을 사용해서는 안 된다는 것이다. 상대방에게 모욕감을 유발하는 말이나 공포심을 일으키는 협박성 발언은 삼가해야 한다는 것이다. 부드럽고 상냥스러운 말로써 지적해야 한다는 것이다. 다섯째는 상대방을 사랑하는 마음을 지녀야 한다는 것이다. 상대방을 증오하는 마음을 가지고 지적하거나 충고하는 것하고, 상대방에 대한 애정을 가지고 말하는 것하고는 비록 똑같은 내용일지라도 커다란 차이가 있다. 나를 위해 충고한다는 느낌을 가지게 되면 충고하는 사람에게 고마움을 느끼고 자신의 잘못을 고치려고 할 것이다. 반대로 상대방의 충고가 자신을 해치려는 의도라고 생각한다면 충고하는 사람에게 적대감을 느끼며 그의 말을 무시해 버릴 것이다.

이렇게 다섯 가지를 갖추어 충고하였는데도 상대방이 분노를 터뜨리고 욕설을 한다면 어떻게 해야 할까? 상대방을 위한 충정에서 충고했는데 오히려 상대방으로부터 고맙다는 말은커녕 욕설을 듣게 되면 충고한 사람도 상대방에 대하여 원망하는 마음을 지니게 된다. 사리불은 세존의 자비심에 관한 가르침을 인용하며 충고하는 사람이 가져야 하는 태도를 밝히고 있다.

"만일 어떤 도적이 와서 너를 붙잡아 톱으로 네 몸을 켤 때, 너희들이 도적에게 나쁜 생각을 일으키고 나쁜 말을 한다면 저절로 장애가 생길 것이다. 그러므로 비구들아, 설사 톱으로 네 몸을 켠다 하더라도 너희들은 그에게 나쁜 마음을 일으키거나 또는 나쁜 말을 하여 스스로 장애를 만들지 말라. 그 사람에게 마땅히 자애로운 마음을 내어 원한도 유감도 품지 말며, 사방을 향해 자애로운 마음을 갖추도록 배워야 한다고 세존은 가르쳤습니다. 그러므로 세존이시여, 저는 마땅히 이와 같이 하겠습니다. 세존께서 말씀하신 바와 같은 몸을 켜는 고통도 스스로 편안히 참아야 하겠거늘, 하물며 조그만 고통과 조그만 비방을 편안히 참지 못하겠습니까?"

사리불은 세존께 자신의 충고를 잘 받아들이는 사람에 관해 말하고 있다.

"비유하면 양가의 소녀가 깨끗이 목욕한 뒤에 예쁘고 아름다운 꽃을 얻으면 사랑하고 즐거워하며 공손히 받아 그 머리에 꽂는 것처럼, 그와 같이 아첨하지 않고 거짓되지 않으며, 제 부끄러워 할 줄 알며, 부지런히 닦아 스스로 살피며, 열반을 구하는 비구, 그와 같은 비구는 제가 죄를 들추어내면 기뻐하며 정중히 수용하기를 마치 감로를 마시듯 하였습니다."

얼굴에 묻은 오물을 없애기 위해 먼저 필요한 것은 거울을 찾아보는 자세이다. 다행히 남이 보기 전에 스스로 발견하여 얼굴의 때를 제거하는 것이 좋겠지만 자신도 모르게 오물에 더럽혀져 있을 수 있다. 자신이 발견하지 못하면 주위 사람이 나의 얼굴에 묻은 오물을 지적해 주면 오물을 제거할 수 있을 것이다. 나 스스로 나의 오물을 발견하는 것보다 남이 발견하는 것이 훨씬 많다. 그런데 남이 나의 허물을 지적해 주면 고마운 마음으로 받아들이고 허물을 없애려고 하지 않고, 오히려 화를 내는 것이 범부의 삶이다. 지적한 허물을 없다고 하거나 대수롭지 않은 것이라고 하며 상대방의 지적에 불쾌해 한다. 또한 마지못해 인정해 놓고서도 이런저런 핑계를 대며 빨리 없애지 않기도 한다. 다른 사람의 충고를 제대로 받아들이지 않으면 자신의 허물을 신속하게 제거하기가 더욱더 힘들어질 것이다.

| **참고 경전** 『잡아함경』(대정장 II, p.129上).

나라와 자신을 지키는 법

인류 역사상 가장 오랫동안 번영을 누리고 가장 넓은 영토를 다스렸던 나라는 로마제국이다. 라티움(Latium) 지방의 작은 공동체였던 로마(Rome)는 일찍이 귀족과 평민 간의 계급투쟁을 종결짓고, 그 힘으로 이태리(Italy)를 통일하고 지중해의 제해권을 장악한 뒤, 세계 제국으로 성장하였다.

로마제국의 영토는 당시 문명을 이룩하고 있던 지역의 절반을 차지하고 있었으며, 그 영토를 유지하기 위한 로마의 관료제와 잘 훈련된 군대, 법, 교통망은 근세 이후에야 유럽 국가들이 달성할 수 있었던 것이었다. 로마의 상업 활동은 멀리 중국에까지 진출할 정도로 활발했다. 그리스(Greece)문화나 기독교도 로마제국이 없었다면 오늘날까지 영향력을 행사하지 못했을지도 모른다. 영원히 번영할 것처럼 보였던 로마였다. 로마제국은 무너지고 말았다. 왜 사라졌던가?

거대한 로마대제국이 붕괴한 원인에 대해 다양한 의견이 제시되고 있지만 로마 자체 내부의 부패와 무능력이 먼저 언급되고 있다. 이 분야에 정통한 한 학자는 로마제국의 멸망 원인에 대하여 게르만족의 침입이 로마제국을 멸망시킨 것이 아니라고 주장한다. 로마제국은 이미 게르만족이 침입하기 이전에 썩은 고목이 쓰러지듯이 내부에서 이미 무너져 가고 있었다는 것이다. 게르만족의 침입은 쓰러져 가는 고목을 한 번 밀어주어 더 빨리 무너지게 했을 뿐이라는 것이다.

결국 거대한 로마제국이 무너진 것은 내부적으로는 사치와 향락으로 부패하고, 밖으로는 적국의 동태를 제대로 살피지 않는데서 기인한 것이다. 반대로 내부적으로 단결하고 외부의 적에 대해 항상 대비하고 있으면 외적에 의해 점령당하는 일은 일어나지 않을 것이다.

세존께서 모든 비구들에게 말씀하셨다.

"여러 리차(離車, Licchavi) 종족들이 늘 목침(木枕)을 베고 손발이 거북이 등처럼 다 터지도록 열심히 살아가며 적이 쳐들어올까 경계하기 때문에, 마갈타국(摩竭陀國, Magadha)의 왕인 아사세

(Ajatasattu)로 하여금 조금도 틈을 엿보지 못하게 한다. 그러므로 늘 스스로 경책하고 방일하게 살지 않아야 한다. 그는 방일하게 살지 않았기 때문에 마갈타국의 왕인 아사세가 공격할 기회를 갖지 못하였다. 그러나 멀지 않은 미래에 모든 리차 종족들이 제멋대로 즐기고, 일도 하지 않아 손과 발이 부드러우며, 비단 베개를 베고, 온몸을 펴고 편안하게 누워 해가 중천에 떠도 일어나지 않고 방일하게 살 것이다. 그렇게 방일하게 살기 때문에 마갈타국의 왕인 아사세가 그 틈을 얻어 공격하게 될 것이다."

리차 종족들은 비록 작은 부족공화국이었지만 서로 화합하고 방심하지 않았기 때문에 거대한 마갈타국에게 침략받지 않았었다. 붓다가 예견하였듯이 붓다의 만년에 리차 종족들은 마갈타국에 의해 점령당하고 말았다. 그 원인은 내부 분열에 있었다. 적의 위협엔 방심하고 내부적으로 서로 다투는 사이에 마갈타국왕은 피 한 방울 흘리지 않고 리차 종족을 점령할 수 있었다고 한다. 붓다는 방일한 나라는 패망한다는 이야기를 이어 수행자도 방일하면 패하게 된다고 경고하고 있다.

"이와 같이 수행자들도 부지런히 정진하고 방편을 써서 굳건하게 잘 감내하면서 훌륭한 법을 버리지 말아야 할 것이다. 살이 빠지고 여위어 힘줄이 드러나고 뼈가 튀어나오는 한이 있더라도 부지런히 정진하고 방편을 써서 훌륭한 법을 버리지 말아야 한다. 얻어야 할 것을 아직 얻지 못하였거든 정진하는 것을 버리지 말고 항상 마음을 거두어 방일하게 살지 않아야 한다. 방일하게 살지 않으면 악마왕 파순(波旬)도 전혀 틈을 엿보지 못할 것이다."

수행은 번뇌라는 적과 맞붙어 싸우는 전쟁과 같다. 마치 최전선에서 적과 마주보고 싸우는 병사의 경우와 같다. 적을 눈앞에 둔 병사는 방심하거나 나태해서는 안 된다. 적군에게 침략의 기회를 주지 말아야 한다. 적군과 맞서 싸우려는 강한 용기와 필승 의지를 기르고 적의 공격을 막아 낼 수 있도록 준비해야 한다. 이렇게 준비하고 있으면 싸움에서 패하여 죽지 않을 것이다. 탐욕, 분노, 무지의 군사를 거느리는 악마의 대장인 파순에게 패하여 점령당하지 않기 위해선 무엇보다도 방심하지 말아야 한다는 것이다. 적이 침입하였는데도 알지 못하고 안이하게 지내고 있으면 악마의 손아귀에서 벗어나기 힘들게 된다.

붓다는 방일한 수행자의 모습과 그 운명에 대해 말하고 있다.

"미래 세상의 수행자들은 마음대로 즐기고 일을 하지 않아서 손과 발이 부드러우며, 비단 베개를 베고 온몸을 죽 펴고 편하게 누워서 해가 중천에 떠도 일어나지 않고 방일하게 살아갈 것이다. 방일하게 살아가기 때문에 악마 파순이 그 틈을 얻게 될 것이다. 그러므로 부지런히 정진하고 방편을 써서 틈을 얻지 못하게 하고 얻지 못한 것이 있으면 방편을 버리지 말고 노력해야 하느니라."

번뇌와의 싸움에서 이 번뇌들과 맞붙어 싸우겠다는 용기와 기필코 번뇌를 물리치고 말겠다는 굳은 결의를 지니고 노력을 기울여야 한다. 붓다의 가르침에 따라 탐욕, 분노, 무지 등의 번뇌와 싸워 이겨 나가야 한다. 하지만 도중에 싸우기를 포기하고 노력을 놓아 버리면 바로 번뇌에 지고 마는 것이다. 이것은 방일에 빠져 버린 상태이다. 교활한 번뇌라는 적과 싸울 생각은 하지 않고 마음껏 자고 마시고 흥청대면 싸움에서 지는 것은 분명하다. 전방에 배치되어 있는 병사가 적의 동태를 살피지 않게 되면 자신의 생명도 잃게 되고 나라의 안전도 위협 당하게 되듯이 수행자들도 한눈 팔지 말고 번뇌라는 적을 항상 경계하여야 한다는 것이다.

| 참고 경전 『잡아함경』(대정장 II, p.344中).

많이 아는 것이
중요한 것이 아니다

　　　　　　세계적으로 유명한 학자들 중엔 주위 사람으로부터 존경을 받지 못하고 비난을 받는 경우가 있다. 자신의 학식을 무기로 상대방의 실수나 허점을 파고들어 맹렬하게 공격하는 것을 학회에서 보게 된다. 그의 학식은 너무나 심오하여 부러움의 대상이 되지만, 그의 행동은 탐욕에 얼룩져 사람들이 존경하지 않는 것이다. 단지 그의 해박한 학식 때문에 머리를 숙일 뿐이지 결코 마음으로 그의 인격을 존경하고 있는 것은 아니다.

　많이 배우지 않더라도 다른 사람을 위하여 친절한 언행을 하면 사람들이 사랑하고 존경한다. 시골 마을에서 농사짓고 사는 할아버지와 할머니를 보면 마음이 평온해진다. 남을 지배하려거나 이

기려고 하는 공격적인 태도를 보이지 않는다. 자연의 순행에 충실하며 순박하고 정직하다. 친절한 동작과 자상한 말은 사람들에게 잔잔한 감명을 준다.

지식이 많다고 존경받는 것이 아니라 욕심 없는 언행이 사람들을 감복시키는 것이다. 아무리 많이 알고 있더라도 바른 실천이 없는 사람은 마치 수만 권의 책을 입력하고 있는 컴퓨터의 디스크에 불과하다. 인터넷을 이용하면 온갖 종류의 정보를 찾아낼 수 있다. 이런 정보 기계는 편리하지만 결코 사람의 마음을 감동시킬 수 없다. 바르게 알고 바르게 실천하는 지행합일(知行合一)이 중요하다.

『법구비유경』의 「술천품」에 나오는 이야기이다. 붓다의 제자 중 반특(般特)이라는 비구가 있었는데 머리가 좋지 않았다. 세존께서 많은 아라한들을 시켜 날마다 가르쳤으나 1년 동안에 게송 하나도 제대로 외우지 못하였다. 그의 머리 나쁨은 사부대중들 사이에서 널리 알려지게 되었다. 세존은 그를 가엾게 여겨 몸소 한 구의 게송을 가르쳐 주셨다.

"말을 조심하고 마음을 다스리고 몸으로 나쁜 일을 하지 말라. 이와 같이 실천하는 자는 이 세상을 잘 지낼 수 있다."

그때 반특은 붓다의 보살핌에 감동되어 그 게송을 그대로 외웠다. 세존께서 말씀하셨다.

"너는 지금 나이 늙어서야 겨우 게송 하나를 외웠을 뿐이다. 남들은 다 알고 있는 것이니 그리 신기한 일이 되지 못할 것이다. 나는 지금 너를 위해 그 이치를 해설할 것이니 주의해서 잘 들어라."

반특은 분부대로 경청하였고, 세존께서는 그를 위해 몸으로 짓는 세 가지 행위(살생, 투도, 사음)와 입으로 짓는 네 가지 행위(악구, 양설, 기어, 망어)와 마음으로 짓는 세 가지 행위(탐욕, 분노, 사견)에 대한 것과 그것이 일어나고 사라지는 이유를 관찰할 것을 말씀하셨다. 그러자 반특은 그 마음이 밝아져서 곧 아라한도를 증득하였다.

뒷날 파세나디왕은 세존과 대중을 왕궁에 초청하였다. 문지기가 반특을 알아보고 막아서서 말하였다.

"그대는 사문으로서 한 구의 게송도 알지 못하면서 어떻게 초청에 응하려고 하는가? 나는 속인인데도 오히려 게송을 아는데, 아무런 지혜도 없는 그대에게는 보시한다 해도 아무런 이익이 없을 것이다. 이 문 안에 들어오지 말라."

그리하여 반특은 문 밖에 서 있었다. 세존께서 이 일을 알고 왕에게 반특이 아라한임을 말했다. 왕은 곧 반특을 청해들이고 나서 왕이 세존께 아뢰었다.

"반특은 본래 성품이 우둔하여 겨우 게송 하나를 외운다는 말을 들었는데, 무슨 인연으로 도를 얻었습니까?"

세존께서 말씀하셨다.

"반드시 많이 배워야만 하는 것이 아닙니다. 실천하는 것이 우선입니다. 반특은 겨우 한 게송의 이치를 알고 있지만 정확하게 이해하여 몸과 입과 마음으로 짓는 행위는 고요해지고 깨끗해져서 마치 순금과 같습니다. 사람이 아무리 많이 알아도 그 뜻을 체득하지 못하고 또 실천하지 못하면 한낱 정신만 해치는 것이니 무슨 이익이 있겠습니까?"

많이 알고 기억하는 것이 중요한 것이 아니라 하나라도 정확하게 알고 실천하는 것이 중요하다는 것이다. 행동이 착하지 아니하면 팔만대장경을 다 외운들 무슨 소용이 있겠는가?

아난다(Ananda)는 붓다의 시자로 항상 세존 곁에 있었기 때문에 세존의 설법을 모두 듣고 암기하였다. 그렇지만 세존이 살아 계실 때 아라한이 되지 못하였다. 붓다의 입멸 직후에 아라한들이 모여 붓다의 말씀을 정리하고자 하였다. 처음에 아난다는 이 경전 편찬 모임에 참석할 수가 없었다. 왜냐하면 스승의 설법을 가장 많이 알고 기억할 수 있었지만 아라한이 되지 못했기 때문이었다. 아난다는 불법을 머리로만 알고 있는 자신을 반성하고 몸소 실천 수행하여 아라한이 되어 겨우 결집회의에 참석할 수 있었다.

『법구경』에서 세존은 이렇게 말하고 있다.

"비록 천 마디 말을 외우더라도 그 말귀의 뜻을 바르게 알지 못하면 단 한 마디의 법을 듣고서 온갖 악한 생각 멸함만 못하다. 비록 천 마디 말을 외우더라도 그 의미를 모르면 무슨 이익이 있으리. 단 하나의 이치라도 듣고 실천하여 해탈하느니만 못하느니라. 아무리 많은 경전을 외우더라도 깨닫지 못하면 무슨 이익이 있으리. 단 한 구의 법 구절이라도 깨달아 그대로 실천하여 도를 얻음만 못하느니라."

팔만대장경을 다 외우더라도 방종하여 실천하지 않는다면 자신에게 어떠한 이익도 없다. 마치 목동이 다른 사람의 소를 헤아리는 것과 같다. 남의 집에 소가 몇 마리 있는지 아는 것이 목동에겐 아무런 이익이 되지 아니한다. 그러나 하나의 경전을 외울지라도 탐욕, 분노, 사견을 없앨 수 있다면 그 사람이 진정으로 해탈한 아라한이다. 따라서 우리는 쇼핑하듯이 이 경전 저 경전을 대하지 말고 자신의 근기에 가장 잘 맞는 붓다의 말씀을 새겨 몸과 마음이 나쁜 행위에 빠지지 않도록 주의해야 할 것이다. 머리 나쁘다고 핑계 삼을 일이 아닌 것이다.

| 참고 경전 『법구비유경』(대정장 IV, p.588中).

법이라는 거울보기

아마도 대부분의 사람은 하루에 한 번 이상 거울을 보는 것이 관례로 되어 있을 것이다. 거울은 왜 볼까? 모든 물건은 자기의 눈으로 직접 살펴볼 수 있으나 자신의 모습은 거울에 비춰보지 않으면 볼 수가 없다. 대부분의 여성들이 자기를 가꾸고 그것을 거울 속에서 확인한다. 오늘 나의 피부상태는 어떠한지? 이마의 뾰루지는 얼마나 들어갔는지를 살핀다.

그러고 보면 거울은 우리에게 처음으로 자신의 겉모습을 볼 수 있게 하는 도구이다. 거울은 자신감을 얻기 위해서, 외모를 가다듬기 위해서만 존재하는 것은 아니다. 거울은 자신의 모습을 가장 솔직하게 보여 주는 것으로 이는 외형에만 그치는 것은 아닐 것이다. 자신의 정신세계를 비춰 주는 거울을 보며 반성을 할 수 있다. 얼굴에 묻은 오물을 보고 제거할 수 있듯이 마음에 붙어 있는 때를 씻어 낼 수 있다. 우리의 행실과 마음을 비추어 볼 수 있다. 이런 속성에서 거울 상징은 자기반성, 자아의 각성, 충고자 등을 의미한다.

미국의 한 대학에서 어린아이를 대상으로 거울이 윤리 행위에 얼마나 영향을 줄 수 있는지를 실험하였다고 한다. 초등학생들에게 방 안에 들어가 자신이 좋아하는 사탕을 하나씩만 집어가라고 부탁했다. 방 안에는 어느 누구도 없었으며 학생 한 명씩 방에 들어가게끔 했으므로 본인 이외엔 아무도 알 수 없는 상황이었다. 자신이 원하기만 한다면 사탕을 두 개, 세 개를 집어가도 다른 사람은 알 수 없게 만들었다. 그런데 한 방에는 커다란 거울이 사탕 상자 뒤에 놓여 있었고, 다른 나머지 한 방에는 사탕 상자만 놓여 있고 거울은 없었다.

거울이 있는 방을 들어간 학생들은 지시를 대체로 잘 따랐지만 거울이 없는 방에 들어간 학생들은 지시를 어기며 사탕을 두 개 이상 가지고 가는 경우가 많았다는 실험결과가 나왔다. 이런 차이는 자신이 하고 있는 행위를 자각했는가의 여부에 기인한 것이다. 거울이 있는 방 안에 들어간 학생들은 커다란 거울 앞에서 자신이 하고 있는 행위를 보면서 속이고 싶은 욕망을 억제할 수 있었던 것이다. 거울이 감시자의 역할을 해 준 것이다. 이런 양심의 거울은 악한 일을 하지 못하도록 돕고 있는 것이다.

　지금 소개하는 경전은 거울은 업을 비추는 도구로 삼아 업을 깨끗이 하라고 가르치고 있다. 『중아함경』의 라운경에 나오는 이야기이다. 부처님께서 라운에게 물으셨다.
　"네 생각은 어떠하냐? 사람이 무엇 때문에 거울을 쓰는가?"
　존자 라운이 대답하였다.
　"세존이시여, 얼굴이 깨끗한지 깨끗하지 않은지를 살펴보기 위해서입니다."
　붓다는 자신의 행위(업)를 비추어 보라고 부연하고 있다.
　"그렇다. 라운아, 만일 네가 장차 신업(身業)을 짓고자 하거든 곧 그 몸으로 지을 업을 관찰해 보되, '내가 장차 몸으로 업을 짓는다면 이 몸으로 짓는 업이 깨끗한가, 깨끗하지 않은가. 자기도 위하고 남도 위한 일인가?' 하고 살펴보도록 하라. 라운아, 만일 그것을 관찰해 보았을 때 곧 '내가 장차 몸으로 업을 짓는다면 저 몸으로 지을 업은 깨끗할 것이다. 그러나 혹 자기를 위해서나 남을 위해서나, 그 일이 선(善)하지 않아 괴로움의 과보를 받게 할 것이다.'라고 생각되거든, 라운아, 너는 마땅히 장차 지으려고 하는 몸의 업을 짓지 말아야 한다. 라운아, 만일 그것을 관찰해 보았을 때 곧 '내가 장차 몸으로 업을 짓는다면 저 몸으로 짓는 업은 깨끗하지 않을 것이다. 그러나 혹 자기를 위해서나 남을 위해서나, 그 일이 선하여 즐거움의 결과를 주고 즐거움의 과보를 받게 할 것이다.'라고 생각되거든, 라운아, 너는 마땅히 장차 지으려고 하는 신업을 지어도 좋을 것이다."

장차 지으려고 하는 업이 자신에게도 유익하고 다른 사람에게도 유익하다고 예견이 되면 업을 지어도 좋다는 말이다. 이렇게 장차 하려고 하는 행위가 가져올 결과에 대해 충분히 생각해 본 연후에 행동을 하는 것을, 거울에 업을 비추어 보는 것으로 부처님은 연결하여 말씀하고 있다. 이렇게 업을 거울에 비추어 보면 악업을 그만큼 줄일 수 있을 것이다. 그리고 지금 하고 있는 행위(업)에 대해서도 자신을 위해서나 주위 사람에게 고통을 야기하는 것이라고 보게 되면 즉각 그만두어야 한다고 부처님은 계속해서 말씀하고 있다. 또한 과거에 해놓은 업에 대해서도 거울로 비추어 보아야 한다고 당부하고 있다. 과거에 만든 업의 과보가 자신에게나 다른 사람에게 고통을 야기한 것을 알게 되면 숨기지 말고 훌륭한 스승에게 나아가 참회해야 한다고 조언하고 있다.

"이 몸(身)과 입(口)과 뜻(意)으로 짓는 업을 관찰하고 또 관찰하여 깨끗이 하고 또 깨끗이 해야 한다."

삼세(과거, 현재, 미래)에 걸쳐 자신의 행위(업)를 거울에 비추어 보라는 것이다. 비추어 보아 자신에게도 주위 사람에게도 불행을 가져오는 것이라고 보게 되면 그만두어야 하는 것이다.

붓다의 가르침 내지 경전은 자신의 허물을 스스로 보게 해 주는 거울이다. 붓다의 말씀이라는 거울로 자신을 비추고 얼굴이나 언행에 붙어 있는 오물을 발견하고 제거하는 작업이 불교 공부의 요체이다. 경전을 읽거나 붓다의 가르침에 관한 법문을 들으면서 자신의 허물을 발견할 수 있어야 한다. 그렇지 아니하고 자신의 행위를 정당화하고 남에게 보이기 위해 지식을 더 증가시키는 것은 무의미한 일이다. 자기가 읽고 싶은 부분만 읽고 자기 방식으로 왜곡해서 읽는다면 자신의 향상은 이루어지지 않을 것이다. 설령 팔만대장경을 모두 외우고 설명할 수 있더라도 신업(身業), 구업(口業), 의업(意業)에 더러움이 붙어 있으면 무슨 소용이 있겠는가? 경전이라는 거울을 통해 자신의 허물을 발견하고 제거할 때 바른 불교 공부라고 할 수 있다.

불구의 하나로 업경륜(業鏡輪) 혹은 업경(業鏡)이라는 것이 있다. 업을 나타내는 거울이라는 뜻으로 명도(冥途)에서 죄인의 업을 비쳐 나타낸다고 하는 거울이다. 일 년에 세 번 명계(冥界)의 업경륜이 인간계를 비치는데, 선악업이 모두 거울에 나타난다고 한다. 업경대(業鏡臺)는 염라대왕이 저승세계에 온 중생이 이 세상에서 지은 모든 업을 비춰본다는 거울이다. 업경대 앞에 서게 되면, 자기가 지은 업을 하나도 빠짐없이 돌이켜 볼 수 있다고 한다.

사찰 안에 설치된 업경대는 예로부터 대중에게 권선징악의 표본이 되어 왔다. 매일 얼굴을 거울에 비추어 보면서 자신의 행위를 외면해서야 어찌 아름다운 모습을 간직할 수 있겠는가? 일반적인 거울은 얼굴의 외양을 보기 위한 것이지만, 붓다의 말씀으로 만들어진 법의 거울(法鏡)은 내면의 마음상태와 언행을 보여 주는 것이다. 법경을 자주 들여다보아 번뇌의 때를 제거하여 깨끗한 사람이 되라고 가르치고 있는 것이다.

| **참고 경전** 『중아함경』(대정장 Ⅰ, p.436上).

기울어진 나무가 넘어질 곳

흔히 불교를 자력종교(自力宗敎)라고 부르기도 한다. 자력이라는 말 속엔 신앙, 의존, 기도 따위의 신앙행위가 내포되어 있다. 붓다를 믿는다고 해서 구원을 얻을 수 있는 것이 아니고 그의 가르침을 스스로 실천해야 한다는 점에서 불교를 자력종교라고 부를 수 있을 것이다. 그렇지만 불교가 믿음 자체를 부정하고 있는 것은 결코 아니다. 불교에 입문하기 위해선 믿음이 전제되어야 한다. 그렇지만 확인될 수 없는 것이거나 비합리적인 것을 신앙하라고 강요하지 않는다.

불교도가 되기 위해서는 먼저 붓다의 가르침에 대한 믿음이 전제되어야 한다. 붓다의 가르침은 고통으로부터의 해탈에 관한 것이다. 그리고 고통의 소멸에 이르는 길은 지혜에 의해 자기 자신의 모든 것을 완전하게 보는 것이다. 고통을 야기하는 원인을 바르게 보는 정견(正見)이 중요한 것이지 신앙행위 자체가 고통을 해결해 주지 않는다. 그러나 붓다의 가르침에 대해 처음부터 의심하거나 무시한다면 불교와 무관하게 될 것이다.

실제로 초기경전에서 이러한 사건을 기록하고 있다. 붓다가 정각(正覺)을 성취한 직후 한 브라흐민을 만난다. 그 브라흐민은 붓다가 범상한 인물이 아님을 직감하고 붓다에게 다가가 당신은 누구냐고 묻는다.

붓다는 자신은 '깨달은 자(正覺者)'라고 대답한다. 그렇지만 그 브라흐민은 그러느냐고 비아냥거림하며 붓다를 지나쳐 버린다. 붓다의 말을 믿지 않았기 때문에 그 오만한 브라흐민은 붓다의 가르침에 입문할 기회가 없었던 것이다. 불교에 있어 믿음은 붓다의 가르침에 대한 최소한의 신뢰로 불교도가 되기 첫 번째 요건인 것이다.

붓다의 가르침을 배우고 실천하는 일은 쉬운 것이 아니다. 생계를 위해서 일을 해야 하기 때문에 불교 공부에만 집중할 수 없다. 원숭이처럼 우리 마음은 이 생각 저 생각으로 바쁘다. 특히 여러 일을 한꺼번에 해야 할 때에는 매우 분주하다. 결혼을 하면 새로운 가족이 생기는 만큼, 가족사가 두 배로 늘어나게 되고, 자식이 생기게 되면 그 분주함은 점점 더해진다. 현대와 같이 생활 속도가 엄청나게 빠를 경우, 여기저기에 따라가며 적응하기가 더 급박해져 붓다나 붓다의 가르침을 생각하는 것조차 힘들어진다. 나 자신이나 인생의 근본을 성찰할 기회가 없어진다.

마하남이라는 석가족의 한 재가신자가 붓다에게 아뢰었다.

"세존이시여, 이 가비라위국은 안온하고 풍요롭고 살기가 좋아서 백성들이 많습니다. 제가 매번 출입할 때마다 많은 대중들이 좌우에 죽 늘어서서 뒤를 따르고 미친 코끼리·미친 사람·미친 수레도 항상 우리를 따르고 있습니다. 그래서 저는 이 미친 것들과 살고 죽음을 함께 하다 보면 부처님을 생각하고 법을 생각하고 비구스님들을 생각하는 것을 잊게 될까 두려워하고 있습니다. 또 저는 '내가 죽은 뒤에는 장차 어디에 가서 태어날 것인가?' 하고 스스로 생각해 보기도 합니다."

부처님께서 마하남에게 말씀하셨다.

"두려워하지도 말고 무서워하지도 말라. 너는 목숨을 마친 뒤에 나쁜 곳에 태어나지 않을 것이요, 끝끝내 나쁜 일이 없을 것이다. 비유하면 마치 큰 나무가 밑으로 가지를 내려뜨리고 있으며 어느 한쪽으로 쏠리는 곳과 기우는 곳이 있다고 하자, 만일 그 뿌리 부분을 베면 어디로 넘어지겠느냐?"

마하남이 부처님께 아뢰었다.

"그 나무는 본래 향하고 있던 곳이든지, 아니면 쏠리는 곳이나 기울고 있던 곳으로 넘어질 것입니다."

부처님께서 마하남에게 말씀하셨다.

"너도 그와 같아서, 목숨을 마친 뒤에도 나쁜 곳에 태어나지 않을 것이요, 끝끝내 나쁜 일이 없을 것이다. 왜냐하면 너는 오랫동안 붓다를 생각하고 법을 생각하고 청정한 수행자들을 생각하고 익혀왔기 때문이다. 가령 목숨을 마치고 나서 그 몸이 불에 태워지거나 묘지에 버려져서 오랫동안 바람에 불리고 햇볕에 쪼여 마침내 가루가 된다 하더라도 심(心)·의(意)·식(識)이 오랜 세월 동안 바른 믿음에 훈습(薰習)되었고, 계·보시·들음·지혜에 훈습되었기 때문에, 그 신식(神識)은 위로 올라가 안락한 곳으로 향해 갈 것이요, 미래에는 천상(天上)에 태어나게 될 것이다."

많은 사람들이 밀집하여 생활하는 도시의 삶은 복잡하고 분주하다. 어디를 가나 사람들로 붐비고 자동차 등이 질주하고 있다. 밤늦게까지 상점들은 불을 밝히며 손님을 기다린다. 심지어 어떤 상점은 24시간 영업을 하며 고객을 유치하고자 한다. 이렇게 복잡하고 분주한 사회 속에서 살다보면 부처님이나 붓다의 가르침은 잊어버리고 지내기도 한다. 이런 식으로 살다가 죽으면 어떻게 될까 우리 불자는 걱정이 된다.

이런 걱정에 세존이 대답했다. 한쪽으로 기운 나무를 베면 기울었던 쪽으로 넘어지듯이, 항상 불법승 삼보를 생각하고 닦고 익혔다면 몸은 죽어 없어지더라도 마음은 오랫동안 바른 믿음을 향하고 있었고, 계와 보시 그리고 설법을 들어 지혜를 닦았으니 천상에 태어날 것이라고 위로하고 있다. 현대를 살아가고 있는 불교인들에게 크나큰 위로의 말씀이 아닐 수 없다. 시간 나는 대로 자신이 처한 곳에서 부처님과 그의 가르침, 그리고 그의 가르침을 따르는 수행자를 생각하는 마음을 닦는 것이 중요할 것이다. 틈틈이 삼귀의를 해보는 것이 곧 공덕을 쌓는 좋은 방법일 것이다. 삼귀의는 불법승 삼보에 귀의하는 것이다.

구체적으로 부처님을 생각한다는 것은 여래십호를 기억하고 기리는 것이다. 여래십호는 붓다의 별칭으로 다음과 같다.

"여래(如來, 진리의 세계에서 오신 분), 응공(應供, 존경 받을 자격이 있는 분), 정변지(正遍知, 온전하게 아시는 분), 명행족(明行足, 지혜와 실천을 겸비한 분), 선서(善逝, 열반에 잘 이른 분), 세간해(世間解, 세상을 잘 아시는 분), 무상사(無上士, 최상의 스승), 조어장부(調御丈夫, 교화를 훌륭히 수행하시는 분), 천인사(天人師, 천신과 인간의 스승), 불세존(佛世尊, 깨달아 세상에서 존귀한 분)."

이들 열 가지 호칭은 붓다의 성품을 드러내고 있는 것이다.

| **참고 경전** 『잡아함경』(대정장 II, p.237中).

구더기와 파리를
불러들이는 것

사람들은 더러운 것을 싫어한다. 더럽다는 것은 먼저 환경미화라는 측면에서 보면 아름다운 환경을 파괴한다. 심리적인 측면에서 보면 불쾌한 감정을 불러일으킨다. 더러운 쓰레기를 보고 유쾌한 감정을 가지는 사람은 없을 것이다. 환경을 해치거나 불쾌한 감정을 일으키기 때문에 더러운 것을 싫어하지만 이런 이유보다 더 중요한 이유는 위생적인 데 있다. 더러운 것은 질병을 발생시키는 병균의 서식지가 되기 때문이다.

더운 여름 날 골목에 버려진 쓰레기를 생각해 보면 쉽게 알 수 있다. 쓰레기를 방치해 두면 악취를 풍기며 부패하기 시작한다. 오물이 흘러내려 주위를 더럽힌다. 썩어 가는 쓰레기 더미에서 병균이 발생하고 파리나 벌레가 모여들기 시작한다. 눈에는 보이지 않지만 미세한 병균들이 바람이나 파리에 의해 가축이나 사람들에게 전염된다. 병균에 전염된 사람은 병에 걸려 고통을 당하게 된다. 그래서 사람들은 더러운 쓰레기가 집안에 있으면 재빨리 치워버린다.

몸에 더러운 때가 있으면 목욕하여 씻어낸다. 얼굴에 더러운 것이 묻어 있으면 발견하는 즉시 깨끗하게 없앤다. 다른 사람들이 보고 비웃을 것을 염려하기 때문이다. 그런데 마음에 붙어 있는 때는 씻으려고 하지 않는다. 전생을 놓아두고라도 이번 생애에 모아 놓은 때만 하여도 그 양은 엄청나다. 그러나 사람들은 치우려고 하지 않는다. 자신의 마음에 때가 있다는 사실을 보지 않으려 하고 있기 때문이다. 얼굴에 묻은 오물은 거울로 볼 수 있고 다른 사람이 지적해 주기 때문에 쉽게 받아들이게 된다. 그런데 마음의 때는 거울로 볼 수도 없어 사람들이 지적하기도 어렵다. 설령 지적해 주는 사람이 있어도 받아들이려 하지 않는다.

마음에 더러운 오물을 방치해 두면 어떤 결과를 초래하는지 붓다는 『잡아함경』에서 경고하고 있다.
어떤 비구가 마을로 걸식하러 가는 도중 길 옆 나무 밑에 앉아 탐욕심으로 인해 나쁜 생각을 하고 있었다. 붓다는 이것을 알고 훈계하였다.

"고통의 씨앗을 심어 키워서 썩는 냄새를 피우고 더러운 액을 흘러나오게 하지 마라. 만약 고통의 씨앗을 심어 키워서 썩는 냄새를 피우고 더러운 액을 흘러나오게 하면 구더기나 파리 떼가 다투어 모여드는 것을 막을 수 없다."

붓다는 다음과 같이 설명하고 있다.

"분해하고 성내며 번민하고 원망하는 것을 괴로움의 종자라고 하고, 다섯 가지 욕망을 냄새를 피운다고 하였으며, 여섯 가지 감관을 계율에 따라 제대로 단속하지 못한 것을 액체가 흘러내린다고 하였고, 감관을 단속하지 못함으로써 탐욕과 근심과 온갖 악하고 착하지 않은 마음이 다투어 생기는 것을 구더기와 파리 떼라고 비유하여 말했느니라."

고통의 씨앗이란 분노, 욕망, 번민 등을 가리키는 것으로 이런 쓰레기를 마음에 품고 있으면 구더기나 파리 떼를 불러들인다는 것이다. 고통을 야기하는 원인을 키운다. 재난이라든가, 불행한 일들도 처음엔 마음의 세계에서 만들어지는 것이라고 유추할 수 있다. 물질세계에 나타나기 전에 마음의 세계에서 이미 심겨져 있었기 때문이다. 따라서 아직 사건의 원형으로 있을 때에 수정해 두면 재난도 재난으로 화하지 않게 되고, 불행도 불행으로 화하지 않고, 병도 병으로 화하지 않게 되는 것이다.

모든 것은 마음에 의해 만들어진 것이라는 가르침은 현실 세계에 일어나는 모든 일은, 최초엔 마음이라는 창고에 불행을 불러오는 요소가 있었다는 해석을 도출할 수 있다. 병의 경우에도 병을 불러들일 만한 조건이 있었기 때문에 병에 걸린다는 것이다. 감기가 유행할 때 어떤 사람은 감기에 걸리고 또 어떤 사람은 감기에 걸리지 않는다. 어느 누구나 감기 바이러스에 노출되지만 감기에 걸리는지의 여부는 개인의 건강 상태에 달려 있는 것이다. 감기 바이러스를 불러오고 머물게 하는 조건을 갖추고 있기 때문에 감기에 걸려 고생하게 된다.

불행한 일을 당한다고 하는 경우에도 그 재난도 자기가 불러오게 한 것이다. 불행을 외부의 탓으로 돌릴 것이 아니라 자기 자신의 마음을 들여다보아야 하는 것이다. 마음의 때를 먼저 분명하게 자각하고 제거하지 않으면 불행한 일을 피할 수 없게 되는 것이다. 정신적인 질병은 모두 마음의 때에서 비롯된 것이다.

화병은 분노나 증오에서 비롯된 것이다. 조울증도 욕망, 미움 등 마음의 때에서 비롯된 것이다. 이런 마음의 오물을 제거하지 않으면 고통은 결코 사라지지 않는다. 파리가 악취를 풍기는 쓰레기 더미를 그냥 지나칠 수 없듯이, 마음의 때가 가득 쌓여 있으면 불행의 구더기와 파리 떼가 다투어 모여들 것이다. 쓰레기는 치우지 아니하고 파리나 구더기를 없애는 것은 일시적으로 가능할 것이다. 그러나 다시 기회를 엿보고 있던 파리나 구더기는 몰려올 것이다.

누구도 자신의 마음으로 부르지 않은 불행은 만나지 않는다는 것이다. 불행한 사건을 당하는 사람들은 누구를 원망할 것도 없이 자기의 마음속에 그 불행을 끌어들이는 불행의 씨앗을 가지고 있었기 때문이다. 행복도 마찬가지로 자신의 마음속에 행복을 불러들이는 씨앗이 있었기 때문에 행복한 일을 맞이하는 것이다. 자신의 인생이 행복한가 불행한가 하는 것은 마음의 때를 제거했느냐 하지 않았느냐에 달려 있는 것이다. 하나님께 기도할 필요도 없고 무속인을 찾아가도 소용없다. 오로지 마음의 때를 제거하면 불행은 오지 못하고 행복한 일만 다가오는 것이다. 결국 자기의 마음이 자기의 인생을 지배한다.

| **참고 경전** 『잡아함경』(대정장 II, p.283上).

호흡 명상과 심신 치유

사람은 출생하자마자 호흡을 시작하여 죽을 때까지 쉬지 않고 호흡한다. 태어난 순간 숨을 들이쉬고 죽는 순간 숨을 내쉰다. 인간은 출생과 사망 사이에 잠시도 중단 없이 호흡한다. 비단 인간뿐만 아니라 다른 동물이나 식물도 호흡을 통하여 살고 있는 것이다. 호흡의 중단은 곧 생명의 종식을 의미하게 된다. 그래서 고대 사상가들은 생명의 본질을 호흡과 관련하여 규정지으려고 하였다. 그러나 우리는 호흡의 중요성에 대해 그렇게 깊게 느끼지 못하고 있다. 자신이 의도를 하지 않아도 자율적으로 호흡은 진행된다. 1분에도 몇 십 번 들숨과 날숨이 반복되지만 우리는 대체로 호흡을 의식하지 못한다. 호흡 장애가 일어날 때 비로소 호흡이 곧 생명이라는 것을 실감하게 된다.

호흡이 육체의 신진대사를 원활하게 하는 가장 기본적인 요소라고 하는 생물학적인 중요성 이외에도 호흡은 마음의 상태와도 밀접한 관계를 가지고 있다. 자신은 분명히 의식하고 있지 않지만 호흡은 동일하지 않다. 거칠고 세밀한 호흡, 소리가 나거나 고른 호흡, 얕고 깊은 호흡, 가늘거나 굵고 고르거나 끊임이 있는 호흡 등 이런 호흡들에 따라 마음의 상태도 달라진다. 거칠거나 조급한 호흡, 소리가 나거나 얕고 짧은 호흡은 불안하고 평정을 잃은 마음상태를 나타낸다. 긴장하거나 불안할 때 깊게 호흡을 하면 마음이 침착해진다. 성격이 급한 사람은 호흡의 길이가 짧고, 반대로 느긋한 성격의 소유자는 호흡이 완만하다고 한다. 이렇듯 감정이나 성격은 호흡과 밀접한 관계가 있는 것이다.

호흡은 또한 생각과 밀접한 관계가 있다고 가르치고 있다. 인간의 마음이 이 나뭇가지 저 나뭇가지로 분주히 옮겨다니는 원숭이에 비유되듯이, 우리 마음은 끊임없이 이 생각 저 생각으로 분주하다. 생각은 꼬리에 꼬리를 물고 계속 이어지지만 대별해 보면 과거와 미래에 관한 것이다. 지나간 일에 대해 후회하거나 미래의 일에 대해 근심하고 있다. 마음은 시계추처럼 과거와 미래의 양 지점을 오가며 움직이고 있어 결코 현재에 머물러 살지 못하고 있다. 호흡을 느리게 하면 생각의 일어남과 사라짐이 느려지는 것을 알 수 있다.

붓다는 번뇌 망상을 다스리는 방법으로 호흡을 관찰할 것을 가르치고 있다. 불교에는 여러 종류의 수행법이 있지만 가장 기본적인 수행법이 호흡을 관찰하는 안나반나념(安那般那念, ānāpānasati)이다. 안나반나념은 호흡에 주의하여 관찰하는 것이다. 때때로 붓다는 숲 속에 홀로 들어가 두 달 내지 석 달 동안 호흡관을 하였다. 이 기간 동안엔 다만 음식을 가져오는 비구와 포살(布薩)할 때를 제외하고는 모든 비구들의 왕래를 금지하였다. 이 정도로 붓다는 호흡 관찰을 중시하였다.

"안나반나념을 닦고 익혀라. 만일 비구가 안나반나념을 닦아 익히되 많이 닦아 익힌 사람은 몸과 마음이 그쳐 쉬게 되고 거친 생각도 세밀한 생각도 사라지게 된다. 순일하여 분명한 생각을 닦아 익혀 만족하게 되느니라. 안나반나념을 많이 닦아 익히고 나면 4념처(念處)를 얻을 수 있고, 4념처를 만족하게 하고 나면 7각분(覺分)을 만족하게 되며, 7각분을 만족하게 하고 나면 명지(明智)와 해탈(解脫)을 만족하게 되느니라."

안나(āna)는 들숨을 의미하고 반나(apāna)는 날숨을 의미한다. 념(sati)은 주의(注意)를 의미한다. 념은 한 대상에 주의를 두고 다른 대상에 방황하지 않는 관찰이다. 안나반나념(ānāpānasati)은 들숨과 날숨에 의식을 두어 마음이 여기저기로 동요하지 않는 것이다. 들숨과 날숨에 의식을 두어 관찰한다는 것은 이런저런 생각들을 그치게 한다는 목적이 있다고 밝히고 있다. 수식관은 마음에 더 이상 분별하는 마음이 없어지는 단계를 최고의 경지로 삼는 수행법이다. 이렇게 분별 망상이 제어가 되면 4념처 수행을 완성하게 되고, 7각지를 이루어 해탈하게 된다고 가르치고 있는 것이다. 수식관은 모든 수행법의 기초가 되는 것을 알 수 있다. 이렇게 호흡을 관찰하여 망상이 사라지게 되면 이보다 더 나은 수행의 공덕을 이룬다는 것이다.

경전에서는 호흡관을 어떻게 수행하는지에 대해 이렇게 설명하고 있다.

"먼저 조용한 장소를 택한다. 그리고 결가부좌한다. 그리고는 호흡에 의식을 집중한다. 긴 숨이 나가면 숨이 길다고 알고, 짧은 숨이 나가면 숨이 짧다고 알고, 나가는 숨이 차면 숨이 차다고 알며, 들어오는 숨이 따뜻하면 들어오는 숨이 따뜻하다고 안다. 몸을 모두 관찰하여 들숨 날숨이 모두 이와 같음을 안다. 숨이 조급하면 숨이 조급하다고 알고 숨이 완만하면 숨이 완만하다고 안다."

호흡은 지금 진행 중이다. 따라서 현재 진행 중인 호흡을 관찰한다는 것은 의식이 현재에 머물고 있다는 것을 의미한다. 지나간 과거에 대해 생각하거나 미래의 일에 대해 상상하는 것이 아니라 바로 지금 코에서 진행 중인 호흡에 의식이 고정되어 있는 것이다. 오로지 호흡에 의식이 집중되어 여기저기 산만하게 움직이게 되지 아니하면 현실과 격리된 망념이 일어나지 않게 되는 것이다. 의식이 흐트러져 집중이 안 되면 호흡을 잊어버리거나 망상이 들어오게 된다. 따라서 철저하게 들숨과 날숨을 관찰하여 의식이 호흡을 떠나지 않게 하여야 한다. 이렇게 수식관이 순조롭게 진행된다면 쓸데없는 생각을 제어하게 될 수 있는 것이다. 그래서 붓다는 생각을 다스리기 위해선 수식관을 수행해야 한다고 가르치고 있는 것이다.

처음에는 집중이 되지 않고 잡념이 끊임없이 떠오르기 때문에, 들숨이나 날숨을 하나부터 10까지 숫자를 센다. 이러한 방법을 호흡을 센다는 의미에서 수식관(數息觀)이라고 부른다. 일설에는 붓다가 창안하였다고도 하고 붓다가 이것을 통해서 깨달았다고도 한다. 호흡관은 언제 어디서나 할 수 있는 비교적 쉬운 행법 같지만 실제 해 보면 결코 쉽지 않다. 아침 기상 직후나 취침 직전 조용한 방에 앉아서 조용히 숨이 들어오고 나가는 것을 응시하는 습관을 들이면 유익하리라고 생각된다.

| 참고 경전 『잡아함경』(대정장 II, p.206上).

제3장
붓다의 행복 가르침

고통의 해결을 위한 가르침
행복을 가져오는 주문
윤회의 증명
짠맛을 덜 느끼게 하는 법
욕망이 고통의 원인이 되는 이유
기도로 고칠 수 없는 질병
결국 누구 책임인가
두 번째 화살 맞지 않기
나의 것이 아니면 모두 버려라
새고 있지 않나요
목숨은 들숨과 날숨 사이에
마음의 성(城) 지키기
허공이 바람을 대하듯이

고통의 해결을 위한 가르침

붓다의 가르침은 고통의 해결에 있다. 지금 여기 중생들이 경험하고 있는 고통을 어떻게 해결할 것인가에 초점이 맞추어져 있는 것이다. 강조해서 말하면 중생의 고통 해결에 해로운 것은 언급할 필요도 없고, 유익하지 못하거나 무관한 것도 붓다의 본의에서 벗어난 것이라고 말할 수 있다. 붓다의 가르침을 처세술로 이용하거나 현대 학문의 순수한 이론과 연결시키는 것도 불교의 근본정신을 잊고 있는 것이다.

특히 현대 학문 중 물리학과 같은 자연과학에서 불교의 교리를 해석하는 방식은 고통의 해결이라는 붓다의 가르침과 직접 연관이 되지 않는 것 같다. 물론 불교와 학문을 연결하고 상호 이해를 넓힐 수 있다는 장점이 있지만 거기에 집중하는 대신 고통의 해결이라는 붓다의 본의를 우리 불자는 잊어서는 안 될 것이다. 다음 소개하는 두 경전은 붓다의 가르침이 어디에 집중되어 있는지 잘 보여 주고 있다.

먼저 『잡아함경』에 있는 경전을 살펴보자. 붓다는 제자들과 함께 신서림(申恕林)에 도착해 나무 아래에 앉았다. 붓다는 손에 나뭇잎을 움켜쥐고 제자들에게 유도 질문을 하였다.

"이 손 안의 나뭇잎이 많은가, 저 큰 숲의 나뭇잎이 많은가?"

제자들이 아뢰었다.

"손 안의 나뭇잎은 매우 적습니다. 저 숲의 나뭇잎은 한량이 없어 백천억만 배나 되며, 나아가 숫자로도 비유로도 비교할 수가 없습니다."

붓다는 유도 질문의 목적을 밝히고 있다.

"이와 같이 내가 등정각(等正覺)을 이루고 스스로 본 법을 사람들에게 설한 것은 이 손 안의 나뭇잎과 같이 적다. 내가 설한 법은 청정한 수행에 도움이 되고, 열반으로 향하는 것이기 때문이다. 내가 등정각을 이루어 스스로 바른 법을 알고도 말하지 않은 것은 저 큰 숲의 나뭇잎과 같이 무수하다. 왜냐하면 내가 알면서도 설하지 않은 법은 청정한 수행에 도움이 되고, 열반으로 향하는 것이 아니기 때문이다. 그러므로 내가 설한 네 가지 성스러운 진리

(사성제)에 대하여 힘써 방편을 쓰고 왕성한 의욕을 일으켜 빈틈없이 배워야 한다."

붓다는 정각을 이루면서 여섯 가지 신통한 능력(6신통)을 획득하였다. 전생을 알 수 있는 숙명통, 내생을 미리 볼 수 있는 천안통, 다른 중생의 마음을 읽을 수 있는 타심통, 아주 멀리 떨어진 장소에서 나는 소리를 들을 수 있는 천이통, 몸을 자유자재로 변화할 수 있는 신족통, 번뇌의 소멸을 볼 수 있는 누진통을 아울러 6신통이라고 한다. 이런 능력을 붓다는 갖추고 있었으므로 얼마나 많은 것을 알고 있었던가를 헤아릴 수 있다. 우리 중생이 상상조차 할 수 없을 정도로 많이 알고 있었음에 틀림없다. 그래서 불자들은 붓다를 전지자(全知者)라고도 부른다. 이렇듯 붓다는 전지하지만 중생들에게 오로지 고통의 해결에 직접 도움이 되는 것만 가르치고 있다고 숲의 나뭇잎 수량과 손 안의 나뭇잎 수량을 비교해서 분명히 하고 있는 것이다.

지금 소개하려는 경전도 널리 알려진 경전으로 붓다의 가르침이 고통의 해소에 있다는 것을 보여 주고 있다. 우리는 종종 우주의 기원이나 종말 또는 죽고 난 이후의 존재 여부에 대하여 의문을 가지고 사색하기도 한다. 현대의 발달된 과학에서는 우주의 기원을 설명하기 위하여 여러 가지 이론을 제시하고 있지만 어느 것 하나 정설로 받아들여지고 있지는 않는 것 같다. 인간의 사후 존재나 사후 세계에 대하여 다양한 믿음이나 이론이 있지만 여전히 모든 이가 한결같이 받아들이는 것은 없다. 한 마디로 이러한 문제에 대한 논의는 공허하고 결론이 나지 않을 것처럼 보인다. 분명한 것은 이런 문제들에 대한 논의가 지금 여기서 우리가 당면하고 있는 고통의 문제와 직접적으로 무관하게 보인다는 사실이다. 이것이 독화살의 비유가 전하려고 하는 교훈이다.

말룬키야풋타(Mālunkyāputta)라는 수행자가 이상과 같은 문제에 골몰하고 있었다. 그런데 이러한 문제에 대하여 붓다가 확실하게 대답하지 않았기 때문에 불만이었다. 그래서 어느 날 그는 붓다를 찾아가 붓다가 이런 문제에 관하여 답을 주지 아니한다면 붓다를 떠날 것이라고 말했다. 붓다는 상념에 젖어 있는 제자를 조용히 바라보다가 독화살에 맞은 사람의 비유를 말했다.

"말룬키야풋타여! 여기 독화살에 맞은 사람이 있다고 가정하자. 그때 그의 친구들은 그를 위해 급히 의사를 데리고 왔다. 그러자 그는 '나를 쏜 자는 누구인가? 나를 쏜 화살은 어떤 활인가? 화살은 어느 쪽에서 날아왔는가? 화살의 재료는 무엇인가?' 등의 질문이 해결되기까지는 의사가 독화살을 뽑아서는 안 된다고 고집하고 있었다. 말룬키야풋타여! 그는 그런 것들을 알기 전에 죽지 않겠느냐? 말룬키야풋타여! 세계는 유한인가 무한인가? 정신과 육체는 동일한 것인가 별개인가? 인간은 사후에도 존재하는가 존재하지 않는가? 등의 문제에 대답한다고 해서 우리들의 인생고가 해결되지 않는다. 우리들은 현재 여기서 고(苦)를 우선 해결해야 한다."

말룬키야풋타가 알고자 했던 질문들은 누구나 한 번씩 의문을 가져보았을 것이다. 붓다는 이러한 문제에 정신을 집중하지 말고 지금 발등에 떨어진 불부터 끄라고 가르치고 있다. 불행하게도 우리는 우리 발등의 불을 보지 못하고 있기 때문에 온갖 논의에 정신을 팔며 살아가고 있다. 사성제(四聖諦)의 가르침에 따라 먼저 고통의 문제를 해결해야 한다는 것이 이 비유의 가르침이다.

| 참고 경전 『잡아함경』(대정장 II, p.108上); Majjhima Nikāya I, pp.427ff; 『중아함경』(대정장 I, p.804上).

행복을 가져오는 주문

주문을 외우면 초능력이 생기거나 소원을 성취할 수 있다고 믿는 사람들이 있다. 특정한 말을 외워 되풀이하면 소원이 이루어지고, 병이 낫고, 자식들이 일류대학에 가고, 좋은 직장에 취업할 수 있다면 누구든지 주문을 외우려고 할 것이다. 주문을 외우는 것은 결코 어려운 일이 아니다. 모 신흥종교에서는 아직도 주문의 효능을 믿으며 자신들의 교주가 하늘로부터 들은 주문을 외우면 소원이 이루어진다고 가르치고 있다.

주문은 일상 언어와 달리 이해되지도 않아 신비로운 느낌을 주며 특별한 힘을 지니고 있는 것처럼 느껴진다. 주문의 효과를 믿는 사람들은 소리 그 자체가 파워를 지니고 있다고 말한다. 어떤 소리는 특별히 다른 소리보다 강력한 힘을 지니고 있다고 믿는다. 강한 힘을 지닌 말을 반복해서 암송하면 그 힘이 모이게 되고 더 강력해져 원하는 것을 성취하게 된다고 설명하고 있다. 주문은 또한 그 주문에 감응하는 신들이 있기 때문에 그 신이 주문을 외우는 사람에게 힘을 가져다 준다고 믿기도 한다.

붓다 당시에도 브라흐만교는 주문을 암송하면 행복을 얻고, 죽어서도 천상에 태어날 수 있다고 믿고 있었다. 이러한 대중적인 주문의 신앙에 대항해 붓다도 제자들에게 주문을 가르쳤다. 그러나 붓다가 가르친 주문은 주술적인 주문과 달랐다. 말소리 자체가 어떤 특수한 힘을 지니고 있거나 힘을 만들어내는 것이 아니라, 말의 소리 이면에 담겨 있는 의미에서 특별한 힘이 발생한다고 가르쳤다. 다른 종교들의 주문이 이성적으로 이해될 수 없는 무의미한 말들의 조합에 지나지 않지만 붓다의 주문은 의미가 담겨 있는 것이다.

『숫타니파타』의 자애경은 자신을 보호하는 호신주(護身呪, paritta)로 동남아시아 불교에서 널리 애송되고 있다. 자애경은 능히 자신의 안녕을 지켜주고 모든 질병으로부터 자신을 보호해 주며 사고와 불행으로부터 자신을 구제해 줄 수 있는 신비한 문구로 독송되고 있다.

"어떠한 생명체일지라도, 즉 강하든 약하든 모두 행복하라. 눈에 보이는 것이나 보이지 않는 것이나, 멀리 있거나 가까이 살고 있는 것이나, 이미 태어난 것이나 앞으로 태어날 것이거나, 모든 살아 있는 것은 다 행복하라. 마치 어머니가 목숨을 걸고 외아들을 아끼듯이, 모든 살아 있는 것에 대해서 한량없는 자비심을 내라. 또한 온 세계에 대해서 한량없는 자비를 행하라. 위로 아래로, 또는 옆으로 장애와 원한과 적의가 없는 자비를 행하라. 서 있을 때나 걸을 때나 앉아 있을 때나 누워서 잠들지 않는 한, 이 자비심을 굳게 가지라."

붓다가 제시한 주문은 한 마디로 어머니가 자식을 사랑하는 마음과 같이 일체중생에 대하여 자비심을 가지라고 하는 것이다. 자신이 행복하게 살고 싶듯이 모든 생명체도 행복하게 살고 싶어 한다. 따라서 모두가 행복하기를 바라는 마음을 가져야 한다.

부처님이 자애경을 설하시게 된 동기는 붓다고사(Buddhaghosa)가 쓴 주석서에 설명되어 있다. 부처님의 가르침을 받은 비구들은 적당한 거처를 찾아다니다 히말라야 산록에 이르렀다. 주야로 명상하기에 알맞은 나무 그늘을 골랐다. 그런데 이 거대한 나무들에는 신들이 살고 있었다. 이 나무신들은 정진하는 비구들을 존경하여 기꺼이 그 자리를 비켜주었다. 처음에 나무신들은 비구들이 기껏해야 하루나 이틀 묵어가리라 생각하고 기꺼이 불편을 참았다. 그러나 여러 날이 가도 계속 비구들이 나무 아래 자리를 차지하고 있자, 그들은 비구들을 빨리 떠나게 하고 싶어졌다. 신들이 마침내 수행자들에게 무시무시한 모습을 나타내 보이고 끔찍한 소리를 내어 괴롭히자 수행자들은 겁에 질려 더 이상 수행할 수가 없게 되어 떠나게 되었다. 이윽고 그들은 사밧티에 도착하여 세존께 자신들의 끔찍한 체험을 말씀드렸다.

부처님은 그들에게 이르셨다.

"비구들이여, 다시 그곳으로 돌아가라. 두려워하지 말라. 신들의 괴롭힘에서 벗어나고 싶거든 이 자비경을 외우고 닦아라. 이는 명상의 주제일 뿐 아니라 호신주도 되느니라."

그리고는 세존께서 자애경을 읊으시자, 비구들도 세존 앞에서 따라 외운 다음 다시 온 곳으로 되돌아갔다. 비구들이 자애경을 암송하며 그 깊은 의미를 음미하고 명상하면서 다가가자, 신들은 비구들을 깊은 공경심으로 맞아들였다. 신들은 3개월의 우기 동안 비구들을 여러 모로 돌봐주었을 뿐만 아니라 조금도 소음이 생기지 않도록 만전을 기해 주었다. 덕분에 우기가 끝났을 때엔 모든 비구들이 아라한과를 성취하게 되었다고 한다.

자비의 주문을 암송하면 자신을 해치려는 독사조차도 물리칠 수 있다고 가르치고 있다. 한 비구가 독사에 물려 죽은 사고가 부처님께 알려지자 부처님은 제자들에게 자비심을 가지고 자비의 주문을 외우라고 하였다. 온전한 사랑의 마음을 담고 있는 자비의 주문은 자신을 보호할 수 있을 뿐만 아니라 적도 온화하게 만들 수 있는 힘을 지니고 있는 것이다. 광폭한 코끼리가 부처님과 그 제자를 향해 돌진하고 있을 때 부처님은 피하지 아니하고 자비심을 코끼리에게 보내 날뛰던 코끼리를 유순하게 한 이야기는 자비의 주문의 효력을 보이는 것이다. 미운 사람에게 행복하라고 염원하는 자비의 주문을 외워보도록 노력해 볼 일이다.

붓다는 제자들에게 매우 날카로운 창을 상상하라고 제안한 뒤, 이 날카로운 창을 맨손으로 구부리거나 토막 내는 것이 가능하겠는가 묻는다. 제자들이 가능하지 않을뿐더러 그리할 자가 있다면 헛되이 고생만 할 것이라고 대답한다. 이에 붓다는 설하고 있다.

"마찬가지로 수행자가 자비심으로 마음을 해탈시키면, 어떠한 귀신도 그 수행자를 해치려고 하여도 헛된 수고만 하는 셈이 될 것이다."

일체중생에 대하여 자비심을 갖추고 있는 자에게는 어떠한 마귀도 그를 해칠 수 없음을 가르치고 있다. 사랑이 칼보다도 더 강하다는 말이 이것을 잘 나타내고 있다. 자비심을 갖추고 있으면 어떠한 해를 입지 않는다는 가르침이 다른 경전에서는 도적의 비유로 나타나고 있다.

"남자가 적고 여자가 많은 집을 도적은 공격하듯이, 자비심을 갖추고 있지 않은 수행자를 귀신들이 공격하기 쉽다. 그러나 남자가 많고 여자가 적은 집을 도적은 공격하기 어렵듯이, 자비심으로 마음을 해탈하려는 수행자를 귀신들이 공격하기는 어렵다."

아침, 점심, 저녁으로 300개의 솥에다가 밥을 지어 중생들에게 음식을 공양하는 것보다, 소젖을 짜는 정도의 짧은 시간일지라도 일체중생에 대하여 행복하라고 기도하는 것이 훨씬 더 많은 공덕을 가져온다고 자비심의 효능에 대해서 이야기하고 있다.

| **참고 경전** Suttanipata, pp. 25-26; Saṃyutta Nikāya II, pp. 264ff; 『잡아함경』(대정장 II, p. 344下).

윤회의 증명

윤회의 가르침을 의심 없이 받아들이는 사람이 있는가 하면 그렇지 않고 부정하는 사람도 있다. 불교경전에서 인과응보의 이야기를 많이 접할 수 있다. 즉 자신이 지은 행위에 대하여 반드시 자신이 그 결과를 받는다. 자작자수(自作自受)의 원리는 불자들로 하여금 착한 행위를 하고 나쁜 행위를 하지 못하게 한다. 지은 행위에 대하여 바로 그 과보를 받지 않는 경우가 많아 사람들 중에는 인과응보의 가르침을 믿지 않는 자들도 있다. 최근에 서양에서 과학적으로 윤회의 세계가 실재한다는 것을 밝히려는 움직임이 있지만 여전히 믿지 않는 사람들에겐 소용이 없다.

흥미롭게도 『장아함경』에 속하는 『폐숙경(弊宿經)』에 윤회를 증명하는 내용이 자세히 실려 있다. 이 경전에서 붓다의 입멸 직후 가섭이라는 붓다의 제자와 윤회를 믿지 않는 이교도가 윤회를 둘러싸고 대론하고 있다. 붓다의 제자는 전생·현생·미래생이 있다는 것을 합리적으로 이교도에게 설득시키고 있다. 다양한 측면에서 논의가 되어 내용이 상당히 길다. 주요한 내용만 선별하여 소개하기로 한다.

가섭이 물었다.
"어떤 연유로 내생이 없다고 하는가?"
바라문이 말했다.
"가섭이여, 저에겐 병을 앓아 매우 고생하는 친족이 있었습니다. 저는 그에게 가서 부탁했습니다. '지금 그대는 나와 친족이고 또 십악업도 갖추고 있다. 만일 윤회의 가르침에 의하면 그대는 죽어 반드시 고통스런 지옥에 들어갈 것이다. 분명히 지옥이 있다면 너는 마땅히 돌아와서 내게 말해 알려 달라. 그런 뒤에야 믿을 것이다.' 가섭이여, 그는 벌써 죽었지만 아직까지 오지 않았습니다. 그는 제 친족이라서 당연히 저를 속일 리가 없는데 오지 않는 것을 보면 반드시 내생은 없는 것입니다."
가섭이 비유를 들어 대답했다.
"국법을 어겨 사형 집행관에게 끌려간 죄인이 부드러운 말로 간수에게 말했다. '당신은 나를 놓아주시오. 고향의 모든 친족들을 만나 작별의 인사를 마친 뒤에 반드시 돌아오겠소.' 바라문이여, 어떠한가? 저 수위는 기꺼이 그를 놓아주겠는가?"

바라문이 말했다.

"안 될 것입니다."

가섭은 또 말했다.

"죄인이나 간수나 모두 같은 사람으로서 현세에 함께 살고 있는데도 오히려 놓아주지 않는데, 더구나 그대의 친족은 십악업을 갖추었으니 몸이 죽어 수명이 끝난 다음 틀림없이 지옥에 들어갔을 것이다. 지옥의 귀신은 자비심도 없고 또 사람도 아니며 죽은 사람과 산 사람은 세상을 달리하고 있다. 그가 아무리 부드러운 말로 지옥의 귀신에게 요구하기를 '너는 잠시만 나를 놓아다오. 내가 세간으로 돌아가 친족들을 만나 작별인사를 한 뒤에 반드시 돌아올 것이다.'라고 한들 석방될 수 있겠는가?"

바라문이 대답했다.

"안 될 것입니다."

그래도 내생이 없다는 생각을 한다고 주장하는 바라문에게 또 어떤 다른 이유가 있어 내생이 없다고 하는지 물었다. 그는 대답했다.

"가섭이여, 저에겐 병을 앓아 위독한 친족이 있었습니다. 저는 그에게 가서 부탁했습니다. '지금 그대는 나와 친하고 또 십선업도 구족하고 있다. 만일 윤회의 가르침에 의하면 그대는 이제 목숨을 마치면 반드시 천상에 태어날 것이다. 만일 분명히 하늘의 과보가 있거든 너는 마땅히 와서 내게 말해 알려 달라. 그런 뒤에야 나는 믿을 것이다.' 가섭이여, 그는 벌써 죽었지만 아직까지 오지 않았습니다. 그는 내 친족이라서 당연히 저를 속일 리가 없는데 오지 않는 것을 보면 반드시 다른 세상이란 없는 것입니다."

가섭은 비유를 들어 말하였다.

"어떤 사람이 더러운 똥구덩이에 떨어져 머리까지 빠졌다고 하자. 그 사람을 끌어내어 대나무로 긁개를 만들어 세 번 그 몸을 긁고 가루비누와 깨끗한 재로 여러 번 씻긴다. 다음에는 향탕(香湯)에 목욕시켜 여러 가지 고운 가루향을 그 몸에 뿌리고 이발사를 시켜 그 수염과 머리를 깨끗이 깎게 하고 거듭 씻긴다. 이렇게 세 번을 되풀이하고 향탕에 목욕시키고 가루향을 몸에 뿌리며 좋은 옷으로 그 몸을 꾸미고 온갖 맛있고 감미로운 음식으로 그 입을 만족시키며 다시 높은 집에 올라가 오욕(欲)으로써 즐긴다고 하자. 그 사람이 다시 더러운 똥구덩이로 들어가려고 하겠는가?"

그는 대답했다.

"그곳은 냄새나고 나쁜 곳인데 다시는 그곳에 들어가려 하지 않을 것입니다."

가섭이 말했다.

"모든 천상도 또한 그렇다. 이 염부리(閻浮利)의 땅은 냄새나고 더러워 깨끗하지 못하다. 모든 하늘은 여기서부터 거리가 백 유순

(由旬)이나 떨어진 위에서 멀리 사람들의 냄새를 맡지만 뒷간 냄새보다 더 심하게 여긴다. 바라문이여, 그대의 친족과 벗들은 십선(善)을 갖추었으므로 틀림없이 하늘에 태어나 오욕을 스스로 즐기며 쾌락이 끝이 없을 텐데 무엇 하러 다시 기꺼이 이 염부리의 땅으로 돌아오려고 하겠는가?"

죽지 않고서는 내생의 존재를 확인할 수 없다. 그래서 자기와 알고 지내던 사람이 죽었다가 이 세상에 돌아와 지옥이나 천상에 대해 이야기한다면 사람들은 내생을 믿게 될 것이다. 죽어서 이 세상에 돌아오지 않기 때문에 내생이 없다고 주장하는 외도의 주장에 가섭은 그렇지 않은 이유를 비유로 설명한다. 아무리 이렇게 설명하여도 내생을 받아들이지 못하는 사람들이 많다.

내생이 없다고 믿고 방종하게 살다가 죽을 때 만약 내생이 있으면 지옥에서 고생할 것이다. 내생이 있다고 믿고 착하게 살다가 죽을 때 설령 천상이 없다고 해도 손해 볼 것은 없다. 그러므로 내생이 있다고 믿고 착하게 사는 것이 더 낫지 않을까?

| **참고 경전** 『장아함경』(대정장 Ⅰ, p.43上).

짠맛을 덜 느끼게 하는 법

인과응보의 사상은 너무나 널리 알려져 있지만 오해되고 있는 부분이 적지 않다. 그 중에서도 가장 심한 오류는 자유의지를 부정하는 결정론이다. 모든 것이 과거의 업에 의해 결정되었다고 생각하며 체념하는 것이다. 자신이 지은 업의 결과를 다른 사람에게 이전시키거나 다른 사람이 지은 업의 과보를 자기가 대신 받을 수는 없다. 그래서 업의 원리를 '자신이 짓고 자신이 받는 원리' 즉 자작자수(自作自受)의 원리, 또는 자업자득(自業自得)의 원리라고 한다. 그러나 업을 운명론이나 결정론으로 이해하여서는 안 된다. 현재 감수하고 있는 고통이 모두 과거의 업에 기인한다고 믿고 현재 자신이 스스로 주체적으로 행동하는 것을 포기한다면 그것은 운명론이나 결정론에 빠져 있는 것이다.

업이 일단 형성된 뒤에는 과보를 초래할 수밖에 없다고 했지만, 그러나 업을 지은 사람의 노력에 따라 예상되는 결과를 다소 변화시킬 수 있다. 업을 지은 뒤에 다시 어떤 업을 짓느냐에 따라 이미 결정된 업에 영향을 미칠 수 있다는 것이다. 그렇다고 해서 과보를 나타나지 않게 할 수 있다거나 완전히 다른 것으로 되게 할 수 있다는 의미는 아니다. 경전에서는 이것을 소금물의 비유로 설명하고 있다.

세존께서 여러 비구들에게 말씀하셨다.

"사람은 그 지은 바 업(業)에 따라 그 과보를 받는다. 어떤 사람은 몸을 닦지 않고, 계율을 지키지 않으며, 마음을 닦지 않고, 지혜를 닦지 않아서 그 수명이 아주 짧아진다. 사람이 착하지 않은 업을 지으면 반드시 괴로움의 결과를 받되 지옥의 과보를 받는다고 하는 것이다. 비유하면 마치 어떤 사람이 소금 한 스푼을 작은 컵의 물에 집어넣어 그 물을 짜게 만들어 사람들이 마실 수 없게 하려고 하는 것과 같다.

또 어떤 사람이 선하지 않은 업을 지으면 반드시 괴로움의 결과를 받되 현재 세계에서 과보를 받는다. 어떤 사람이 착하지 않은 업을 지으면 반드시 괴로움의 결과를 받되, 현재 세계에서 과보를 받는다고 하는 것은 무엇인가? 어떤 사람은 몸을 닦고, 계율을 지키며, 마음을 닦고, 지혜를 닦아서 수명이 매우 길어지기도 하는데, 이것을 어떤 사람이 선하지 않은 업을 지으면 반드시 괴로움의 결과를 받되, 현재 세계에서 과보를 받는다고 하는 것이니라. 비유하면 마치 어떤 사람이 소금 한 스푼을 항하강에 던져 그 강물을 짜게 만들어 사람들이 마시지 못하게 하려고 하는 것과 같다."

  한 조각의 소금 덩어리가 작은 그릇의 물 속에 들어가면 그 물은 짜게 될 것이다. 같은 양의 소금이 갠지스 강에 녹는다면, 그것은 강물을 짜게 만들 수는 없을 것이다. 한 움큼의 소금을 한 잔의 물 속에 넣으면 그 물은 짜서 마실 수 없게 되지만 그것을 큰 그릇의 물 속에 넣으면 마실 수 있는 물이 된다. 한 잔 속의 물에 넣은 소금의 양과 큰 그릇의 물에 넣은 소금의 양은 동일하지만 물의 양에 따라 소금물의 농도가 다르게 되므로 마실 수 있는 물이 되기도 하고 그렇지 못한 물이 되기도 한다.

  이처럼 이미 결정된 업도 우리의 노력에 의해 그 결과를 어느 정도까지 변화시킬 수 있다는 것이다. 즉 나쁜 업을 지었어도 그 뒤에 좋은 업을 많이 지으면 이미 지은 나쁜 업에 대한 과보는 고통스럽게 느껴지지 않을 수도 있다. 그러나 나쁜 업을 짓고 나서도 계속 나쁜 업을 짓는다면 소금을 자꾸 조그마한 컵의 물에 집어넣는 것과 같다. 아주 짠맛을 느끼게 될 것이다. 이와 같은 원리 때문에 업 이론은 기계론적인 이론이 아니게 된다. 그래서 사람은 자신의 운명을 자신의 의지와 노력에 의해 변화시킬 수 있는 것이다.

전생에, 개로 태어날 같은 악업을 짓고 나서 한 사람은 선업을 많이 짓고, 또 다른 한 사람은 악업을 많이 지었다고 한다면 이번 생애에 그 둘은 다르게 살아간다. 개로 태어날 악업을 지었기 때문에 둘은 모두 개로 태어나게 된다. 그러나 개로서의 생활은 각각 다르다. 선업을 많이 지은 사람은 애완견으로 태어나 주인의 지극한 보살핌을 받아 각종 물질적인 혜택을 누릴 수 있다. 반면에 악업을 계속 자행한 사람은 똥개로 태어나 주인에게 푸대접받다가 결국 여름날 보신탕 음식점의 음식으로 바쳐질 것이다.

똑같은 업을 지었다 해도 그 결과는 반드시 동일하지는 않다. 상황에 따라 그 결과는 다르게 나타난다. 이와 같은 원리는 붓다가 코살라국의 프라세나짓왕에게 한 설명을 보면 더 잘 이해할 수 있다.

"마치 저 농부가 땅을 잘 다루고 잡초를 없앤 뒤에 좋은 종자를 좋은 밭에 뿌리면 거기에서 나오는 수확은 한량이 없지만, 그 농부가 땅을 잘 다루지 않고 잡초들을 없애지 않고서 종자를 뿌리면 그 수확은 말할 것도 못되는 것과 같소."

즉 같은 넓이의 밭에 같은 양의 종자를 심는다고 해도 밭의 상태에 따라 수확의 양도 다르게 나타나는 것처럼 업의 과보가 나타나는 것도 다르다.

인과응보의 구체적인 작용과정을 이해한다는 것은 용이하지 않다. 과거의 행위가 현재나 미래에 그 결과를 낳는 과정은 보통의 머리로 이해하는 것은 불가능하다. 그래서 붓다는 업보의 구체적인 작용과정은 붓다만 알 수 있는 것이라고 하였다. 그렇지만 분명한 것은 인과응보의 가르침은 자유의지를 부정하는 것이 아니다. 오히려 자유의지가 제대로 사용될 수 있도록 업보의 가르침은 안내한다.

| **참고 경전** Aṅguttara Nikāya III, p.99; 『염경』(대정장 Ⅰ, p.433上).

욕망이 고통의 원인이 되는 이유

붓다는 욕망이 고통의 근원이라고 사성제에서 가르치고 있다. 사람들이 욕망하는 대상은 비슷비슷하다. 인간은 사회적 동물이기 때문에 서로 어울리며 살아야 한다. 서로의 교류를 통하여 일종의 가치체계가 형성된다. 이러한 가치체계는 사회 구성원이 공유하는 것이다. 대부분의 사람들은 물질적인 가치관을 지니며 명예, 권력, 재력 등을 중시한다. 이러한 것들은 대부분의 사람들이 모두 바라는 대상이다.

그런데 이런 대상들은 제한되어 있는 데 비해 이들을 추구하는 사람들은 많다. 따라서 이런 세속적인 대상을 추구하는 사람들 사이에는 경쟁과 갈등이 존재하게 된다. 권력을 먼저 쥔 자는 그것을 놓지 않으려고 하고 그 권력을 추구하는 사람은 그것을 갖고자 한다. 법을 어겨가면서라도 권좌에 앉은 사람은 계속 유지하고 싶어 하고 경쟁자는 그 권좌를 빼앗으려고 한다. 이런 투쟁 관계 속에서 숱한 권모술수가 존재하게 된다.

붓다는 이런 상황을 간단하게 다음과 같이 비유하고 있다. 『중아함경』의 포리다경에서 붓다는 욕망의 위험을 몇 가지 비유로 설명하고 있는데 두 가지만 살펴보자.

"마을에서 멀지 않은 곳에 자그마한 고깃덩어리가 땅에 떨어져 있을 때 까마귀나 솔개가 그것을 물고 달아나면 나머지 다른 까마귀나 솔개들은 앞다투어 그 뒤를 쫓는다. 그들도 먹어야 하기 때문에 쫓는다. 만일 이 까마귀나 솔개가 그 조그마한 고깃덩이를 재빠르게 버리지 않는다면 다른 까마귀나 솔개들이 앞다투어 계속 쫓아오지 않겠느냐?"

고깃덩어리는 한정되어 있고 모든 까마귀와 솔개들은 한결같이 고기를 먹고 싶어 한다. 공급되는 물량은 제한되어 있는데 그것을 원하는 자가 많으면 당연히 경쟁이 있게 마련이다. 누군가 먼저 포기하지 않으면 결국 싸움으로 발전할 수밖에 없다. 먹이를 위한 싸움은 생명의 위협으로, 살생이라는 악행으로 끝날 것이다. 그래서 붓다는 제자들에게 욕심은 고깃덩이를 차지하려는 것과 같아 즐거움은 적고 괴로움만 많아서 많은 고통이 따른다고 경계하고 있다. 배가 고파 음식을 요구하는 것은 당연하다. 그러나 배를 채우고 난 뒤에도 음식의 맛에 탐착해 있으면 문제가 있는 것이다. 욕망을 채우기 위해 겪게 되는 치열한 경쟁으로 목숨이 위험에 빠진다는 교훈은 다음의 비유에서도 발견된다.

"마을에서 멀지 않은 곳에 탐스럽게 과일이 많이 달려 있는 과일 나무가 있다. 만일 어떤 사람이 와서 굶주리고 지쳐 그 과일을 먹고자 한다. 그는 이렇게 생각한다. '이 나무에는 맛있는 과일이 많이 달려 있다. 나는 배고프고 기력이 떨어져 저 과일을 먹고 싶다. 그러나 이 나무 밑에는 저절로 떨어진 과일이 없어 먹을 것도 없으며 그리고 가지고 돌아갈 것도 없다. 나는 이제 이 나무에 올라가리라.' 그는 이렇게 생각한 뒤에 나무에 올라가 과실을 딴다. 그때 다시 어떤 사람이 굶주리고 지쳐 나무에 달려 있는 과일을 먹고자 하여 아주 날카로운 도끼를 가지고 왔다. 그는 생각했다. '이 나무에는 과일이 탐스럽게 많이 달려 있다. 그런데 이 나무 밑 주위에는 저절로 떨어진 과일이 없어 배불리 먹을 수도 없고 또 가지고 돌아갈 수도 없다. 또한 나는 나무에 오르지도 못한다. 나는 이제 이 나무를 베어 넘어뜨려 과일을 따서 먹어야 하겠다.' 이렇게 생각한 그는 곧 그 나무를 찍어 넘어뜨렸다. 그대는 어떻게 생각하는가? 만일 나무 위에 있던 사람이 빨리 내려오지 않는다면 나무가 땅에 쓰러질 때에 과연 그 팔이나 몸뚱이 중 다른 부분이 부러지지 않겠느냐?"

몹시 굶주린 사람이 나무에 올라가 과일을 따먹는 것은 어쩔 수 없다. 굶주린 배를 채워야 한다. 문제는 배를 채우고 나서도 내려오지 않고 더 많은 과일을 따먹는 데 있다. 자신의 생존에 필요한 것만큼만 취하고 더 이상 탐욕심을 내지 말아야 한다는 것이다. 그렇지 아니하면 탐욕심으로 인해 고통을 초래하게 된다는 것이다.

한정된 대상을 두고 경쟁하게 되므로 사람들은 살인적인 경쟁에 몰두하게 된다. 재산, 권력, 명예를 차지하기 위해 서로 다투다가 목숨을 잃는 경우를 자주 접하게 된다. 돈 문제로 자식이 부모를 살해하고 보험금을 타내기 위해 아내를 죽이는 일도 일어난다. 선거에 이기기 위해 지저분한 흑색 비방이 난무한다. 우리는 여기서 과연 이런 대상들이 자신의 삶을 바칠 만큼 가치 있는 것인가 물을 수밖에 없다. 붓다는 그렇지 않다고 가르치고 있다. 왜냐하면 이런 것들은 무상(無常)한 것으로 결국 고통을 야기하기 때문이라고 한다. 무상한 것을 영원히 자신의 것으로 붙잡아 두려고 하기 때문에 고통이 야기된다.

그럼에도 불구하고 우리는 왜 이러한 세속적인 대상을 추구하려고 안간힘을 쓰는 것일까? 일단 이런 대상을 확보하게 되면 다른 사람들로부터 부러움과 선망의 대상이 된다. 한편 이런 대상들을 획득하게 되면 자기 자신이 위대해졌다는 느낌을 갖게 된다. 이런 대상을 자신의 일부 내지 전부로 여기게 되어 획득한 만큼 자신이 중요한 인물로 여기게 된다. 자신의 피와 살이 될 만큼 동일시하게 되어 세속적인 대상의 상실은 곧 자신의 상실로 여겨진다. 그럼 과연 이런 세속적인 것들을 획득한다고 자기 자신이 더 위대해지는 것일까?

| 참고 경전 『중아함경』(대정장 Ⅰ, p.774上).

기도로 고칠 수 없는 질병

수많은 종류의 질병이 있지만 크게 두 가지로 나누어 보면 육체적인 질병과 정신적인 질병이 있다. 현대 의학의 비약적인 발전으로 육체의 질병은 과거보다 훨씬 잘 치료되고 있다. 첨단 장비를 이용한 시술은 환자에게 커다란 고통을 야기하지 않으면서 질병의 근원을 없앤다. 이런 의료 장비와 기술의 발달로 사람들의 평균 수명은 늘어나고 있다. 그렇지만 여전히 현대 의학으로도 쉽게 고칠 수 없는 질병들이 있다. 그리고 숱한 종류의 새로운 질병이 발생한다. 과거에는 들어보지도 못한 이상한 정신질환을 앓고 있는 사람을 주위에서 보게 된다. 병원에서 잘 치유되지 않는 병에 걸린 환자나 그 가족들은 무엇이든지 시도하려고 한다. 무당을 찾아가 굿을 부탁하기도 하고 산 속 수도원에 들어가기도 하고 희귀한 동식물을 구해 먹기도 한다.

붓다를 의사로 비유하는 경전이 있다. 육체를 돌보는 의사와 달리 붓다는 생로병사라는 인생고를 앓고 있는 중생을 치유한다는 의미에서 의사라고 불린다. 물론 붓다의 전문 분야는 마음의 병을 고치는 것이지 부러진 다리를 이어주고 심장을 이식시키는 따위의 일은 아니다. 사람들 중에는 모든 질병을 신앙의 힘으로 고칠 수 있다고 믿는 사람들이 있다. 어떤 종교를 믿으면 낫기 어려운 병이 치유된다는 말을 믿고 그 신앙자가 되는 것을 주위에서 흔히 볼 수 있다. 교주가 발을 씻고 난 물을 마시면 병에 걸리지 않으며 병도 낫는다는 것을 믿는 사람이 아직 현대에도 있다.

붓다 당시에는 이런 종류의 사람이 더 많았을 것이다. 『법구비유경』의 다문품에 어리석은 사람에 관한 이야기가 나오고 있다.

옛날 사위국에 수달(須達)이라는 부유한 장자가 있었는데 그는 독실한 불자였다. 그에게는 호시(好施) 장자라는 친구가 있었는데 그는 불법을 믿지 않았다. 마침 그때 그가 중병에 걸려 자리에 몸져 누웠다. 친척들과 벗들이 문병하러 와서는 의사를 부를 것을 권하였으나 그는 의술(醫術)을 믿지 않았기 때문에 말하였다.

"나는 해와 달을 섬길 뿐이다. 내가 여기서 목숨을 마치더라도 끝내 의술을 받지 않을 것이다."

수달이 그에게 말하였다.

"내가 섬기는 부처님은 신덕(神德)을 널리 가피(加被)하시므로 그 분을 친견한 사람은 복을 받는다네. 시험 삼아 그 분을 청해서 법을 설하게 하고 그 말씀을 들어 보게."

그러자 호시가 자신을 대신해 부처님을 초청해 줄 것을 부탁했다. 수달은 곧 부처님과 스님들을 청하였다.

부처님께서 자리에 앉으셔서 장자를 위로하며 물었다.

"병은 좀 어떤가? 예전부터 어떤 신(神)을 섬겼는가? 어떤 치료를 하였는가?"

장자가 부처님께 아뢰었다.

"해와 달을 받들어 섬겼고 임금과 조상들을 공경하면서 갖가지로 제사하고 기도하였습니다. 그러나 병을 앓은 지 오래지만 아직 그 은덕을 입지 못하였습니다. 약은 문안에 들이지도 못하게 하였습니다. 이것은 선조 때부터 지켜온 것이므로 이 법을 지키다가 죽고자 합니다."

부처님께서 장자에게 말씀하셨다.

"사람이 세상에 태어나서 그릇되게 죽는 것에는 세 가지가 있다. 첫 번째는 병이 있어도 치료하지 않는 것이고, 두 번째는 치료하되 조심하지 않는 것이고, 세 번째는 교만하고 방자함으로써 순리를 깨닫지 못하는 것이다. 그대와 같은 병자는 해와 달·천지·조상·임금·부모가 고쳐 줄 수 있는 것이 아니고, 마땅히 밝은

도(道)로써 고쳐야 하는 것이다. 즉 첫째 사대(四大)에 추위와 더위로 생긴 병은 의약으로써 고쳐야 하고, 둘째 온갖 삿된 것과 나쁜 귀신으로 생긴 병은 경전과 계율로 고쳐야 하며, 셋째 현성(賢聖)을 받들어 섬김으로써 빈궁과 재앙을 구제하고, 중생을 복되게 하며, 지혜로 번뇌를 소멸시키는 것이다."

붓다는 먼저 세 종류의 질병을 분명히 하고 그 다음 각각에 맞는 처방전을 내렸다. 지(地)·수(水)·화(火)·풍(風) 네 가지 요소가 결합하여 만들어진 것이 육체이다. 육체의 질병은 이 네 가지 요소의 부조화에서 기인한다. 따라서 추위나 더위 등 여러 요인에 일어난 4대의 부조화는 의사의 도움을 받아야 한다. 두 번째, 마음의 병은 붓다의 말씀(경전)을 공부하면 치유된다. 과거의 심리적인 상처나 충격에 의해 고통 받는 사람이 있다. 죄의식, 자책감, 증오, 원한 등으로 고통 받고 있는 질병은 경전 공부로 고쳐져야 한다는 것이다. 세 번째, 가난이라는 질병은 진실을 추구하고 있는 종교 수행자를 비롯해 많은 사람들에게 보시함으로써 구제된다는 것이다.

자신의 심신이 건강한 데서 머물지 않고 더 나아가 성인을 존경하고 그의 가르침을 받으면 자신과 주위 사람을 건강하게 할 수 있다고 가르치고 있는 것이다. 육체의 질병은 병원을 찾아가는 것이 현명하며 정신적인 질병은 붓다의 가르침을 배우면 낫는다. 정신병은 대형 병원에서도 잘 치유되지 않는 점을 고려할 때 붓다의 가르침이 더욱더 소중한 것이다. 각종 스트레스로 인한 정신질환에 걸리기 쉬운 현대인에겐 불교 경전을 공부하는 것보다 더 나은 예방 내지 치유 방법은 없다는 것이다.

| **참고 경전** 『법구비유경』(대정장 IV, p.579上).

결국 누구 책임인가

　　　　　　유대교, 기독교, 이슬람교는 유일한 창조신을 신봉한다. 인간과 세계의 만물을 창조하고 다스리는 절대적인 창조신이 있다고 주장한다. 인간 자신이 갖고 있는 능력의 한계를 고려할 때 인간보다 훨씬 뛰어난 능력을 가진 절대신과 같은 존재나 세력이 있다고 믿게 된다. 어린아이가 부모에게 절대적으로 의존하듯이 인간도 전능한 신에게 의존하게 되는 경향이 있다. 이런 종류의 믿음에 의하면 인간은 창조주 하나님께 모든 것을 맡기고 기도하면 구원을 얻을 수 있다고 한다.

　우주의 발생 기원과 신비로운 질서를 생각할 때 전지전능한 창조신에 대한 믿음을 쉽게 가지게 되기 때문에 창조주 신앙은 많은 사람들이 받아들이고 있는 것 같다. 붓다 당시에도 브라흐마라는 창조신을 믿는 사람들이 많았다. 그들은 브라흐마 신이 인간을 위시한 세계를 창조하였으므로 그에게 기도하는 것이 행복에 이르는 길이라고 믿고 각종 제사를 지내고 있었다. 붓다는 이런 창조주 신앙에 대해 비판하였다.

붓다 당시 브라흐마 신은 창조신으로 스스로 존재하며 중생의 행복과 불행을 좌우하는 신으로 신앙되고 있었다. 이러한 브라흐민의 신앙에 대해 붓다는 어떻게 브라흐민들이 이런 신앙을 가지게 되었는지 설명하면서 그들의 오류를 지적한다. 『브라흐마잘라』 경전에 있는 내용을 요약하면 다음과 같다.

우주가 수축할 때 중생들은 거의 모두 극광천이라는 천상에 태어났다. 그곳에서 그들은 즐거움을 음식으로 삼아 지냈다. 이렇게 오랜 시간이 지난 후 우주가 팽창하게 되었다. 팽창하는 우주에 텅 빈 브라흐마(Brahmā) 궁전이 나타나게 되었다. 한 중생이 극광천(極光天)에서 죽어 이 텅 빈 브라흐마 천계에 태어나게 되었다. 이곳에서 그는 오랫동안 홀로 지내다가 다른 중생들이 이곳에 태어나 함께 지내기를 소원했다. 그때 마침 다른 중생들이 브라흐마 천계에 태어나서 처음 태어난 중생과 함께 지냈다.

맨 처음 브라흐마 천계에 태어난 중생은 다음과 같이 생각했다. '나는 위대한 브라흐마이며, 이미 존재하는 모든 것과 미래에 존재하게 될 모든 것의 아버지이다. 이러한 것들은 모두 나에 의해 창조된 것들이다. 왜냐하면 다른 중생들이 이곳에 태어나라고 하는 나의 소원에 따라 이들 중생들은 태어나게 된 것이다.'

뒤에 태어난 중생들도 이미 이곳에 존재하고 있었던 중생을 그의 주장처럼 생각했다. 어떤 중생이 브라흐마 천계에서 인간계로 태어나게 되었다. 그는 성장하여 출가 수행하였다. 선정 수행의 결과로 그는 자신의 전생을 볼 수 있는 능력을 가지게 되었다. 브라흐마 천계에서의 생애만 볼 수 있었고 그 이전의 생애는 알 수 없었다. 그는 생각했다.

'저 브라흐마가 우리를 만들었고, 그는 불변하며 영원히 존재한다. 그러나 그에 의해 창조된 우리는 무상하며, 수명이 짧아 이 세상에 오게 되었다.'

브라흐민들이 어떻게 브라흐마를 창조신으로 믿게 되었는지를 설명하고 있다. 브라흐마 천계에 존재하는 중생들은 브라흐마 천계에 제일 먼저 온 자를 창조자로 그릇되게 여기게 되었다는 것이다. 결정적인 오해의 발생은 제일 먼저 태어난 자가 홀로 오랫동안 지내다가 다른 중생들의 출생을 바라고 있을 때, 마침 극광천에서 수명과 복을 다한 중생이 태어나게 됨으로써 자신이 다른 중생들을 창조했다고 믿게 된 것이다. 만약 브라흐마 천계에 태어난 중생이나 인간계에 태어난 중생이 만약 극광천을 기억할 수 있었다면 브라흐마를 창조자로 여기는 실수를 범하지 않게 될 것이다.

전생을 기억할 수 있는 능력이 충분히 개발되었다면 브라흐마가 우주의 창조자로 여기는 일은 일어나지 않았을 것이다.

붓다는 인격신의 전능(全能)이라는 속성을 부정한다. 전능이란 일어난 일, 현재 일어나고 있는 일, 일어날 일을 제어하고 지배할 수 있는 능력을 말한다. 따라서 세상에 일어나는 모든 일은 신의 손에 달려있는 것이다. 브라흐마의 전능을 받아들이면 인간의 자유의지와 도덕적 책임을 전면 부정하는 것이다. 붓다는 창조주의 전능에 대한 믿음을 다음과 같이 비판한다.

"살인자들은 살인을 하도록 신에 의해 창조되었다. 마찬가지로 도둑놈도, 음탕한 자도, 사기꾼도, 험담자도, 꾸짖는 자도, 어리석게 말하는 자도, 악의를 품고 있는 자도, 미워하는 자도, 사견을 가진 자도, 누구든지 그들은 그렇게 하도록 창조되어진 것이다."

만약 모든 것이 신에 의해 계획되고 창조되었다면 인간의 행위에 대한 상벌은 가능하지 않게 될 것이다. 악인은 항상 자신의 악행을 신의 의지로 돌리고 자신에겐 책임이 없다며 처벌을 외면할 수 있을 것이다. 인간은 악한 일을 하도록 신에 의해 만들어진 것이므로 그에게 책임을 물을 수 없고, 만약 묻는다면 신에게 물어야 할 것이다.

이렇게 신의 창조 능력에 그 책임을 돌리면 종교적 노력이나 수행은 무의미하게 되고 말 것이다. 붓다는 지금 감수하는 행복과 불행이 모두 과거의 업에 기인한다는 숙명론이나 모든 것은 원인

없이 우연히 발생한다는 무인론(無因論)과 마찬가지로 창조론도 인간의 자유의지와 노력을 부정한다고 비판하고 있는 것이다.

| **참고 경전** Digha Nikāya Ⅰ, pp.17ff.

두 번째 화살 맞지 않기

우리는 종교 수행자를 특별한 존재로 여기고 보통 사람과 전혀 다르다고 생각하는 경향이 있다. 많은 사람들이 걷고 있는 길을 가지 않은 종교인들을 우리는 존경하며 동경하기도 한다. 보통 사람들과 다른 어떤 면이 있다고 생각한다. 붓다와 같은 성인은 목석처럼 고통의 감정도 즐거운 감정도 느끼지 않는다고 생각하기 일쑤이다. 붓다의 가르침을 수행하는 것을 궁극적인 목표로 출가한 수행자도 불법을 듣지 못한 보통 사람처럼 즐거워하고 괴로워한다.

아름다운 꽃을 보고 종교 수행자나 보통 사람이나 즐거움을 느끼고, 고통스러운 장면을 접하면 모두 괴로워한다. 어떤 물체나 대상을 접하여 느끼는 감정은 크게 다를 바가 없다는 점에서 수행자나 그렇지 않은 사람이나 크게 다르지 않다. 그럼 어디에서 차이가 나는 것일까?

고통의 감수와 관련하여 범부와 성인은 어떤 차별이 있는지 부처님께서 말씀하셨다.

"어리석은 범부들은 몸의 접촉으로 여러 가지 느낌이 생겨 온갖 고통이 증가하고 목숨을 잃을 지경이 되면, 원망하고 울부짖으며 마음이 미친 듯 혼란스러워진다. 그때 두 가지 느낌을 더하고 자라나게 하나니, 몸의 느낌〔身受〕이거나 혹은 마음의 느낌〔心受〕이다.

비유하면 몸에 두 개의 독화살을 맞고 아주 고통스러워하는 것과 같다. 몸의 느낌과 마음의 느낌, 이 두 가지 느낌을 더하고 자라게 하여 아주 고통스러워한다. 왜냐하면 저 어리석은 범부는 분명하게 알지 못하기 때문에 모든 오욕에 대하여 즐겁다는 느낌과의 접촉을 일으키고 오욕의 즐거움을 누리며, 오욕의 즐거움을 누리기 때문에 탐욕이라는 번뇌의 부림을 당한다. 괴롭다는 느낌과 접촉하기 때문에 곧 성내게 되고, 성내기 때문에 성냄이라는 번뇌의 부림을 당한다. 이 두 가지 느낌에 대하여 사실 그대로 알지 못하기 때문에 괴롭지도 않고 즐겁지도 않은 느낌이 생겨 어리석음이란 번뇌의 부림을 당한다. 그리하여 즐겁다는 느낌에 얽매여 끝내 벗어나지 못하고, 괴롭다는 느낌에 얽매여 끝내 벗어나지 못하며, 괴롭지도 않고 즐겁지도 않다는 느낌에 묶여 끝내 벗어나지 못한다."

피부병에 걸린 어린아이가 얼굴이나 몸을 긁는 것과 같다. 가려워 긁게 되면 보기 좋지 않은 흉터가 발생하고 남게 된다. 괴롭더라도 참고 긁지 않으면 상처는 아물게 되고 딱지가 생기고 저절로 떨어지게 된다. 아무런 흉터도 남지 않게 된다. 괴로움이 일어날 때 그것에 대해 불평하거나 원망하게 되면 마치 어린아이가 피부에 난 수두를 자꾸 긁는 것과 같다. 마음에 고통의 상처를 깊게 남기게 되는 것이다.

붓다는 현명한 제자는 고통에 대해 불평하지 않아 고통을 더 야기하지 않는다고 가르치고 있다.

"많이 들어 아는 현명한 제자는 몸의 접촉으로 괴로운 느낌이 생겨 큰 고통이 들이닥치고 목숨을 잃을 지경이 되더라도 원망하거나 울부짖거나 마음이 혼란스러워져 발광하지 않는다. 그런 때를 당해서는 오직 한 가지 느낌만 일으키나니, 이른바 몸의 느낌만 일으키고 마음의 느낌은 일으키지 않는다.

비유하면 하나의 독화살만 맞고 두 번째 독화살은 맞지 않는 것과 같다. 오직 한 가지 느낌, 이른바 몸의 느낌만 일으키고 마음의 느낌은 일으키지 않는다. 즐겁다는 느낌과 접촉하더라도 탐욕의 즐거움에 물들지 않고, 탐욕의 즐거움에 물들지 않기 때문에 그 즐겁다는 느낌에 대해서 탐욕의 번뇌에 부림을 당하지 않는다. 괴로움과 접촉한 느낌에 대하여도 성내지 않고, 성내지 않기 때문에 성냄이라는 번뇌에 부림을 당하지 않는다. 그 두 가지 번뇌에 대해 사실 그대로 알기 때문에 괴롭지도 않고 즐겁지도 않은 느낌에서 어리석음이란 번뇌에 부림을 당하지 않느니라. 그리하여 즐겁다는 느낌에서 해탈하여 묶이지 않고, 괴롭다는 느낌과 괴롭지도 않고 즐겁지도 않다는 느낌에서 해탈하여 묶이지 않는다."

고통에는 두 종류가 있다. 정신적인 고통과 물리적인 고통이다. 정신적인 고통은 심리적인 고통으로 마음이 관여된 것임에 비해 물리적인 고통은 육체가 느끼는 고통이다. 육체의 고통은 대개 육체에 이상이 생겨 발생한 것으로 병원에 가서 치료를 받는다. 정신적인 고통은 수술이나 약물로 치유될 수 있는 것이 아니다. 보통 우리가 느끼는 고통은 심리적인 것들이다. 육체적인 고통은 치료와 함께 끝난다.

그러나 심리적인 고통은 두고두고 지속된다. 더 이상 문제가 되지 않는다고 생각했는데 어느 날 갑자기 문득 다시 나타나 괴롭힌다. 이것이 이른바 두 번째, 세 번째 화살인 것이다. 종교 수행자는 괴로운 상황을 접하고 그리고 그 괴로움을 느끼는 순간 거기서 해방되어 버리는 반면에, 우리 보통 사람들은 그 일과 그 일에서 일어난 감정들을 두고두고 기억하면서 괴로워하게 된다. 제2, 제3

의 화살을 맞는 것이다.

세존께서 곧 게송으로 두 번째 화살을 맞지 않는 방법에 대해 말씀하셨다.

"많이 들어 아는 이라 해서 괴로움과 즐거움을
느끼고 지각하지 못하는 것 아니네.
그들은 차라리 저 범부들보다
사실은 더 많이 지각하느니라.

즐겁다는 느낌에 방일(放逸)하지 않고
괴로움과 접촉해도 근심 더하지 않으며
괴로움과 즐거움 둘을 함께 버려
따르지도 않고 어기지도 않느니라."

어떻게 하면 두 번째 화살을 맞지 않을 수 있을까? 괴로운 감정이 일어날 때 그것을 피하려 하지 말고, 그렇다고 억누르려고도 하지 말고, 그 괴로운 감정을 거리를 두고 있는 그대로 관찰하라고 한다. 그러한 경지에 이르게 되면 괴로운 감정의 실상을 알게 되어 다시는 제2의 화살을 맞지 않는다고 한다. 성인도 즐거움이나 괴로움을 느끼며 오히려 범부보다 더 많이 감수하지만 태도가 다르다는 것이다. 범부와 달리 성인은 즐거운 감정에 집착하여 그것을 더 느끼려고 추구하지 않고, 괴로운 감정을 회피하거나 없애려고 안달하지 않는다. 즐거운 감정에 탐닉하지 않고 괴로운 감정에 근심하지 않으며 평정한 마음으로 대한다. 쾌락이나 고통의 감정에 얽매이지 않고 바른 지혜로 여실히 관찰하여 감정에 구속되지 않는다는 것이다.

| **참고 경전** Saṃyutta Nikāya IV, pp.207ff; 『잡아함경』(대정장 II, p.119下).

나의 것이 아니면
모두 버려라

　　　　　　자기 자신과 자신의 소유물에 대한 애착은 보통 사람들에게 뿌리 깊게 박혀 있다. 더 많은 부를 축적하고, 더 많은 것을 소유하고 싶어 한다. 그러나 무엇보다도 자신에 대한 애착보다 더 강한 것은 없을 것이다. 아무리 돈이 많더라도 건강하지 못하거나 생명의 위협을 받고 있다면 돈이 무슨 소용이 있겠는가? 그래서 경제적으로 어느 정도 안정이 되면 육신의 건강을 위해 온갖 보약을 구한다. 육신에 병이 생기거나 소유물을 잃으면 고통에 빠진다. 이런 고통은 근본적으로 자신이나 소유물에 대한 애착에서 비롯된 것이다.

　　만약 자기의 소유물이 아닌 것이 파괴되거나 사라진다고 해도 아무렇지도 않을 것이다. 도로에서 교통사고로 생명을 잃은 사람이 나의 남편이나 자식이 아닌, 전혀 모르는 사람일 경우 절실한 고통은 없다. 나와 무관한 사람들이기 때문이다. 국보로 지정된 문화재가 도난당했다는 뉴스를 접해도 상관없지만 자기 집에 있는 꽃병이 떨어져 깨어지면 마음은 아프다. 그 꽃병에 어떤 아름다운 추억이나 의미가 깃들어 있으면 그 고통은 더 깊어질 것이다. '나'라는 의식과 소유의식이 있는 한 고통은 불가피하다. 그러나 자아의식이나 소유의식이 없으면 사람에겐 진정한 행복이 있을 것이다.

붓다는 이렇게 가르치고 있다.

"나(我)와 나의 것(我所)이라는 잘못된 소견이 일어날 수 있는 다섯 가지 경우가 있다. 그것은 육체(色蘊), 감정(受蘊), 인식(想蘊), 의지(行蘊), 의식(識蘊)이다. 무지해서 어진 사람을 가까이 하지 않고 가르침을 모르는 사람은 이 다섯 가지 경우에 대해서 '이것은 나의 것이다' '이것은 나이다' '이것은 나의 나이다'라고 생각하며 그것에 집착한다. 그러나 많이 배우고 어진 사람을 가까이 하며 가르침을 받은 사람은 그 다섯 가지에 대해서 그와 같이 생각하거나 집착하지 않는다. 따라서 그것이 없어졌다고 하여 바른 생각을 잃거나 두려움에 떨지 않는다."

자아가 존재한다고 집착하는 아견(我見)이나 나의 것이라고 집착하는 아소견(我所見)이 일어나는 이유는 다섯 가지를 애착하기 때문이라고 붓다는 먼저 밝히고 있다. 육체(色蘊), 감정(受蘊), 인식(想蘊), 의지(行蘊), 의식(識蘊)은 인간을 구성하는 요소로 오온이라고 한다. 오온을 분석해 보면 색온은 육체를, 수·상·행·식은 정신작용을 세분한 것이다. 오온은 결국 현대인에게 익숙한 심신(心身) 분류법이다. 단지 육체와 정신 중 정신 부분에 대해 더 자세히 분석해 놓은 것이다. 붓다는 사람들이 육체와 정신에 대해 나 또는 나의 것이라는 집착을 낸다고 밝힌 뒤 이런 집착이 어떤 결과를 야기하는지 설명하고 있다.

"어떤 사람이 이렇게 생각한다고 하자. '이것이 전에는 나의 것이었는데 이제는 나의 것이 아니다. 다시 나의 소유로 만들 수는 없을까?' 그래서 그는 슬퍼하고 탄식하며 가슴을 치고 운다. 이것이 외계의 사물로 인해 바른 생각을 잃거나 두려움에 떠는 일이다. 이 세상에 영원히 존재하는 것은 없다. 그러므로 실체도 없는 '나'에 집착하면 항상 근심과 고통이 생기는 법이다. 내가 있다면 나의 것이 있을 것이고, 나의 것이 있다면 내가 있을 것이다. 그러나 나와 나의 것은 어디서도 찾을 수 없다."

'나'라는 생각이나 '나의 것'이라는 생각은 반드시 고통을 초래한다는 것을 가르치고 있다. '나의 것'이라고 애착되는 사람이나 사물은 결코 변함없이 계속 유지되지 않는다. 우정도 돈도 사랑도

한 사람에게만 계속 유지되지 않는다. 변화하는 대상을 자신의 것으로 붙잡아 두려고 한다면 결국 고통을 감수하게 된다. 그래서 이런 집착에서 오는 고통의 발생을 방지하기 위해 붓다는 다음과 같이 처방전을 내리고 있다.

"그러므로 너희들은 너희 것이 아닌 것은 모두 버려라. 그것을 버리면 영원한 평안을 누릴 것이다. 너의 것이 아니란 것은 무엇인가. 물질은 너의 것이 아니다. 그 물질을 버려라. 감각은 너의 것이 아니다. 그 감각을 버려라. 생각은 너의 것이 아니다. 그 생각을 버려라. 의지작용은 너의 것이 아니다. 그 의지작용을 버려라. 의식은 너의 것이 아니다. 그 의식을 버려라. 어떤 사람이 이 숲 속에 와서 풀과 나뭇가지를 가져다 불사른다고 하자. 너희들은 이때 그는 우리 물건을 가져다 마음대로 불사른다고 생각하겠느냐."

나의 것이 아닌 것을 태운다고 해도 그것이 고통이 되지 않는 것처럼 내가 지금 집착하고 있는 모든 것을 자기 아닌 것으로 보라고 가르치고 있다. 자기 아닌 것을 버리면 고통에서 벗어날 수 있다는 것이다. 따라서 육체나 정신은 나도 아니고 나의 것도 아니므로 이런 것에 집착하지 말라는 것이다. 실천하기 어려운 가르침으로 들린다. 전혀 말이 되지 않는 것처럼 들리기도 한다. 그렇게 들리는 것은 우리가 너무나 지나치게 육체와 정신을 나 또는 나의 것으로 여기고 있기 때문에 붓다의 말씀이 귀에 들어오지 못하는 것이다. 틈틈이 자신의 본질이 무엇인지 생각해 본다면 붓다의 말씀이 스며들 것이리라 생각된다.

| **참고 경전** Saṃyutta Nikāya IV, p.81.

새고 있지 않나요

장마가 시작되고 얼마 되지 않아 옆집에선 성가신 일이 생겼다. 어디에선가 빗물이 집안으로 스며들어 벽에는 곰팡이가 피어나고 옷, 이불 등이 젖고 말았다. 비가 내리지 않을 때마다 옷이나 이불 등을 햇볕에 말리고 있다. 장마가 완전히 끝나지 않았으니 보수도 할 수 없는 상황이다. 이웃집의 주인은 화가 많이 나 있다. 왜냐하면 이 집은 작년에 지은 새집이기 때문이다. 작년 가을에 완성을 하고 이주하였기 때문에 장맛비를 경험하지 못했다가 이번에 이렇게 시련을 겪고 있는 것이다. 작년에 지붕을 만들 때 제대로 치밀하게 공사를 하지 않았던 것이다. 그래서 오랫동안 내리는 비에 그 허점을 드러내고 만 것이다.

아주 조그마한 틈이나 구멍일지라도 빗물은 지나치지 않는다. 반드시 틈 사이로 혹은 구멍 속으로 흘러 들어가기 마련이다. 이런 피해를 당하지 않기 위해선 집을 지을 때 지붕이 새지 않도록 잘 지어야 한다. 대충 짓는 것이 아니라 튼튼하고도 정밀하게 지어서 빗물이 새지 않도록 해야 한다. 지붕에 틈이나 구멍이 없으면 아무리 비가 쏟아져도 비는 집안으로 새어 들어오지 못한다. 만약 짓고 나서 틈이 발견되면 재빨리 찾아 메워야 한다. 그냥 방치해 두면 틈은 점점 커져 피해도 커지고 보수하기도 더 어려워질 것이다.

마음이라는 집에 구멍이 나 있으면 언제든지 번뇌의 빗물이 스며들어 올 것이다. 마음에 난 틈을 메우지 않는 기간이 길면 길수록 번뇌가 더 많이 들어와 마음을 그만큼 더 더럽힐 것이다. 1분 동안 틈을 방치해 두면 1분만큼의 번뇌의 비가 고일 것이고, 1시간 동안 방치해 두면 1시간만큼의 번뇌가 들어와 축적될 것이다. 방치해 두는 시간이 길면 길수록 마음은 더 더럽혀져 있어 청소하고 싶은 마음이 생기지 않게 되거나 청소하기도 더 힘들어질 것이다.

그러므로 마음에 틈이 생기면 빨리 보수하여 더 이상 번뇌의 비가 들어오지 못하도록 하여야 한다. 비가 새는 집을 방치해 두면 결국 그 집에서 살 수 없게 되어 버린다. 마찬가지로 번뇌가 스며드는 것을 막지 않으면 마음은 결국 쓸모가 없게 되는 지경에 이른다. 수시로 집을 살피고 보수해야 하듯이 때때로 마음을 살펴

번뇌의 구멍을 막아야 한다. 특히 비가 오려고 할 때 더욱더 지붕을 돌보아야 하듯이 욕망의 대상이 나타날 때 마음을 더욱더 단속해야 한다.

옛날 기사굴산 뒤에 바라문의 집 70여 채가 있었다. 부처님께서 그 마을로 가셨다. 그들은 거룩한 부처님의 광명 모습을 보고 모두 공경하고 복종하였다. 부처님께서는 나무 밑에 앉아 범지들에게 물으셨다.

"이 산 속에서 몇 대(代)나 살았으며 어떤 직업으로 생활을 꾸려 가는가?"

그들은 대답하였다.

"여기서 30여 대를 살았으며, 농사와 목축으로 생업을 삼고 있습니다."

또 물으셨다.

"무엇을 받들어 닦아 생사(生死)를 여의려 하는가?"

그들은 대답하였다.

"해·달·물·불을 섬기면서 때에 맞춰 제사를 지냅니다. 그래서 만일 사람이 죽을 경우 젊은이건 노인이건 모두 모여 범천(梵天)에 태어나기를 기원해 외치면 그로써 생사를 여의는 것입니다."

부처님께서 모든 바라문들에게 말씀하셨다.

"대개 농사를 짓거나 목축을 하거나 또는 해·달·물·불에 제사지내거나 또는 외치거나 해서 하늘에 태어나더라도, 그것은 생사를 떠나 영원히 사는 법이 아니다. 아무리 해도 28천(天)을 벗어나지 못하리니, 그것은 도(道)의 지혜가 없기 때문에 도로 삼악도에 떨어지는 것이다. 오직 집을 떠나 청정한 뜻을 닦고 고요한 이치를 행해야 열반을 얻을 수 있느니라."

70명의 바라문들은 부처님 말씀을 듣고 출가 수행하기를 원하였다. 부처님께서는 그 비구들과 함께 정사로 돌아오시던 도중에 그들이 처자를 연모하여 각기 후퇴할 뜻이 있음을 아셨다. 게다가 때마침 하늘에서 비가 내려 바라문들의 마음을 더욱 우울하고 답답하게 하였다. 부처님께서는 그들의 마음을 아시고 길가에 있는 집안에 들어가 비를 피하였다. 그때 지붕이 뚫어져 비가 새었다. 부처님께서는 그 지붕의 새는 것을 계기로 다음 게송을 읊으셨다.

"지붕을 촘촘히 잇지 않으면
하늘에서 비가 올 때 새는 것처럼
마음을 단속해 오롯이 행하지 않으면
음탕한 생각이 계율을 깨뜨리리라.

지붕을 촘촘히 잘 이으면
비가 와도 새지 않는 것처럼

마음을 단속해 오롯이 행하면
음탕한 마음이 생기지 않으리라."

    마음을 단속하지 않으면 바로 잘못된 행위, 나쁜 행동을 하게 되는 것이며, 감각적 쾌락에 빠져 버릴 것이다. 일단 감각적 쾌락에 발을 들여놓게 되면 이 쾌락을 만족시키려는 욕구가 점점 더 강하게 일어나게 된다. 마치 목마른 사람이 바닷물을 마셔 더욱 갈증을 느끼게 되는 것과 같다. 만약 싫은 대상을 만나게 되면 분노가 일어나서, 남을 해치고 피해를 주게 될 것이다. 이런 무모한 행위는 바로 마음을 단속하지 않기 때문에 생겨난 것이다. 마음이 술 취한 것처럼 혼미해져서 갖가지 나쁜 행동을 저지르게 되는 것이다. 이렇게 계속 살아가면 마음에는 더러운 때만 쌓여 나가게 되어 마음은 쓰레기장으로 전락하고 말 것이다.

    수시로 마음을 단속하는 것은 쉬운 일이 아니다. 그렇지만 마음 단속은 자기 자신만이 할 수밖에 없다. 지붕에 난 구멍은 기술자를 불러 고칠 수 있지만 마음에 난 구멍은 자신만이 고칠 수 있다. 마음 단속은 힘들지만 일단 해 두면 비가 새지 않는 집과 같이 편안하게 이용할 수 있다.

| **참고 경전** 『법구비유경』(대정장 IV, p.583中).

목숨은 들숨과 날숨 사이에

이 지상에 머물 수 있는 시간이 7일만 주어졌다면 당신은 그 기간 동안 무엇을 하겠습니까? 아마도 기다란 목록을 작성하는 사람도 있고, 생각이 빨리 떠오르지 않아 몇 개만 적는 사람도 있을 것이다. 사람마다 하고 싶은 내용이 모두 다를 것이다. 그러나 분명한 것은 정말로 자신이 하고 싶은 것들임에 틀림없다. 차일피일 미루어 놓았던 일을 끝내고 싶어 할 것이다.

이제 더 이상 연기할 수 없는 상황이므로 정말 중요한 일을 해야 하는 것이다. 7일이 아니라 6일밖에 살 수 없다고 한다면 7일 동안 하고자 하였던 일들 중 덜 중요한 것은 포기하여야 한다. 6일이 아니라 5일만 주어진다면 하고자 하는 일의 목록은 더 짧아진다. 이런 식으로 줄어들어 하루 24시간만 주어진다면 무엇을 할 것인가? 이젠 정말 중요한 일을 해야 한다. 시간이 없고 절박하다. 1분 아니 1초가 정말 아깝다.

부처님께서는 사위국의 기수급고독원에 계실 때 비구들에게 말씀하셨다.

"너희들은 죽음에 대한 생각을 닦고 죽음에 대해 깊이 사유해야 하느니라."

그러자 그 자리에 있던 어떤 비구가 세존께 아뢰었다.

"저는 항상 죽음에 대한 생각을 닦고 깊이 사유하고 있습니다."

"너는 죽음에 대해 어떻게 사유하고 수행하는가?"

"죽음에 대해 사유할 때 '이레 동안만 살 수 있다면 7각의(覺意)를 사유하여 여래의 법에서 많은 이익을 얻고, 죽은 뒤에도 여한이 없을 것이다.'라고 마음먹고 있습니다. 세존이시여, 저는 이와 같이 죽음에 대해 사유합니다."

"그만해라, 그만해라. 비구야, 그것은 죽음에 대해 생각하는 것이 아니다. 그것은 방일한 법이니라."

또 다른 어떤 비구가 세존께 아뢰었다.

"저는 능히 죽음에 대한 생각을 닦을 수 있습니다."

세존께서 말씀하셨다.

"너는 죽음에 대한 생각을 어떻게 수행하고 사유하는가?"

"저는 이렇게 생각합니다. '엿새 동안만 살 수 있다면 여래의 바른 법을 사유한 뒤에 곧 목숨을 마치더라도 그것은 매우 유익한 일이다.'라고 마음먹고 있습니다. 이렇게 죽음에 대해 사유합니다."

"그만해라, 그만해라. 비구야, 너도 또한 방일한 법이다. 그것은 죽음에 대해 사유하는 것이 아니니라."

또 다른 어떤 비구가 부처님께 아뢰었다.

"저는 닷새만 살았으면 좋겠습니다."

이렇게 어떤 이는 나흘을 이야기하고, 또 어떤 이들은 사흘, 이틀, 하루를 이야기하였다. 그때 세존께서 비구들에게 말씀하셨다.

"그만해라, 그만해라. 비구들아, 그것 역시 방일한 법이다. 죽음에 대해 사유하는 것이 아니니라."

그때 다른 어떤 비구가 세존께 아뢰었다.

"저는 능히 죽음에 대한 생각을 닦을 수 있습니다. 제가 때가 되어 가사를 입고 발우를 가지고 사밧티에 들어가 걸식하고는, 다시 사밧티를 나서 머물던 곳으로 돌아와 고요한 방에서 7각의를 사유하고 목숨을 마치면, 이것이 곧 죽음에 대해 사유하는 것이라 여깁니다."

세존께서 말씀하셨다.

"그만해라, 그만해라. 비구야, 그것도 죽음에 대해 사유하고 수행하는 것이 아니다. 너희 여러 비구들이 말한 것은 모두 방일한 행이요, 죽음에 대한 생각을 수행하는 법이 아니니라."

그때 세존께서 거듭 비구들에게 말씀하셨다.

"만일 저 바가리(婆迦利) 비구와 같은 자라면 그는 곧 죽음에 대해 사유한다고 할 수 있다. 그 비구는 죽음에 대하여 잘 사유하고 이 몸의 지저분한 분비물과 더러움을 싫어하였다. 만일 비구가 죽음에 대해 사유하며 그 생각을 매어 앞에 두고, 마음이 움직이지 않으며 드나드는 호흡의 나가고 들어오는 횟수를 줄곧 생각하면서 그 사이에 7각의를 깊이 사유한다면, 여래의 법에 있어서 많은 이익이 있을 것이다. 왜냐하면 모든 행(行)은 다 비고 고요하여 생기는 것이나 사라지는 것 모두 허깨비로서 진실함이 없기 때문이니라. 그러므로 비구들이여, 만일 드나드는 호흡 속에서 죽음에 대해 사유한다면 곧 생로병사의 괴로움에서 벗어날 수 있을 것이다."

7각의란 정각(正覺)과 관련된 일곱 가지를 말하며 칠각지로 더 잘 알려져 있다. 칠각지(七覺支)는 깨달음에 이르는 일곱 가지 부분이라는 뜻으로 염(念), 택법(擇法), 정진(精進), 희(喜), 경안(輕安), 정(定), 사(捨)의 일곱 가지이다. 염은 대상에 주의를 두는 것이고, 택법은 지혜에 의해 여러 법을 관찰하고, 정진은 선을 택하고 악을 버리는 것이다. 희는 높은 선정을 얻어 마음이 만족하고 희열하는 것, 정은 마음이 한 곳에 집중된 상태이다. 경안은 심신이 경쾌 명랑하게 되는 것이며, 사(捨)는 마음이 괴롭고 즐거움에 치우치지 않고 평정해지는 것이다. 한마디로 이들 일곱 가지 깨달음의 요소는 정각을 이루게 해 주는 것이다. 칠각지에 대한 생각은 정각에 대한 수행을 의미한다.

사람은 영원히 이 지상에 머물 수 없다. 그러나 사람들은 그렇게 느끼며 살아가지 않는다. 자신에게 무한한 시간이 주어져 있는 것처럼 생활한다. 그래서 나태해져 오늘 당장 해야 할 일을 내일로 미루고 내일이 다가오면 다시 그 다음 날로 미루곤 한다. 이런 게으른 행동 이면에는 시간이 많이 주어져 있기 때문에 나중에 해도 된다는 사고방식이 놓여 있기 때문이다.

붓다는 사람의 수명이란 들이쉬고 내쉬는 호흡의 순간에 달려 있다고 가르치고 있다. 인간의 수명은 보통 사람들이 생각하듯이 100세가 아니라 들이쉬고 내쉬는 순간이라는 것이다. 이렇게 짧은 호흡의 시간에 무엇을 할 것인가? 나에게 남은 기간이 1시간이 아니라 들숨과 날숨의 사이에 있다면 무엇을 할 것인가? 칠각지, 즉 깨달음에 대한 수행을 도모하라는 것이다.

| **참고 경전** 『증일아함경』(대정장 II, p.741下).

마음의 성(城) 지키기

싸움에서 승리하기 위해서는 수비와 공격이 모두 좋아야 한다. 상대방의 공격에 대비한 방어와 상대방의 허점을 찾아 무력화시키는 공격은 승리를 보장해 줄 것이다. 그렇지만 공격과 방어를 모두 잘 갖추기란 어렵다. 그래서 방어 중심이 되기도 하고 공격을 더 중시하기도 한다. 아무리 상대방을 많이 공략하더라도 정확하게 공략하지 못한다면 상대방은 다시 기회를 엿보며 공격해 올 것이다.

그런 면에서 공격은 정확해야 하며 상대방이 재기하지 못하도록 만들어야 한다. 상대를 완전히 굴복시키는 것은 쉬운 일이 아니다. 자신을 지키기 위해 적을 찾아 공격하는 것보다 오히려 적으로부터 자신을 보호하는 수비에 치중하는 것이 더 효과적일 수도 있다. 상대의 공격을 적절하게 방어하다가 상대가 지칠 때 적의 허점을 공략하면 쉽게 싸움에서 이길 수 있는 것이다.

성(城)의 본래 기능은 이국의 적으로부터 자국의 백성과 재산을 보호하기 위한 것이지 다른 나라를 침략하기 위한 것이 아니다. 적의 침공을 막기 위하여 높고 튼튼한 성벽을 쌓고 적이 성벽에 접근하지 못하도록 해자(垓子)를 파고 적의 동태를 살필 수 있는 망루(望樓)를 만든다. 이렇게 적의 공격에 대비하여 성을 완비하고 적을 주시하고 있으면 백성은 안전을 위협받지 아니하고 평화롭고 풍요롭게 생업에 종사할 수 있다. 물질적으로 넉넉한 생활을 누릴 수 있게 한 것은 적의 침입을 격퇴시킬 수 있는 성과 군인이 있었기 때문이다. 군인들은 백성이 생산한 곡물에 의존한다. 이렇게 외부로는 적국의 침략을 경계하고 내부로는 백성들이 부지런히 식량을 생산해 낸다면 성은 쉽게 무너지지 않을 것이다.

『중아함경』의 『성유경』은 수비를 더 중시한다는 것을 잘 보여 주고 있다. 부처님은 성유경에서 성이 무너지지 않게 하는 조건을 제시하고 있다. 난공불락의 성이 되기 위해서는 먼저 일곱 가지를 갖추어야 한다고 말하고 있다. 첫째, 망보는 다락을 만들어 세운다. 둘째, 성 주위에 매우 깊고 넓은 못을 둘러 판다. 셋째, 성 주위로 평평하고 넓은 길을 낸다. 넷째, 네 종류의 군사, 곧 상군(象

軍) 마군(馬軍) 차군(車軍) 보군(步軍)을 배치한다. 다섯째, 병기 곧 활과 창을 미리 갖춘다. 여섯째, 밝은 계략과 지혜와 변재(辯才)가 있고 굳세고 용맹스러우며 기특한 꾀가 있는 대장을 세워 문을 지키게 한다. 일곱째, 높은 담을 아주 튼튼하게 쌓는다.

이렇게 일곱 가지를 완비하여 외부의 적을 방비하게 되면 다음 네 가지를 갖출 수 있어야 난공불락의 성이 될 수 있다고 한다. 첫째, 물과 풀과 섶나무와 자재를 미리 준비한다. 둘째, 많은 벼를 거두고 또 보리를 저축한다. 셋째, 콩과 팥을 저축한다. 넷째, 꿀·사탕수수·엿·생 소금·말린 고기를 구족한다. 이렇게 일곱 가지 일을 구족하고 나서 네 가지 식량의 풍요로움을 얻기 어렵지 않게 된다면, 다만 안으로 스스로 무너지기 전에는 외적 때문에는 부서지지 않는다는 것이다.

수행자도 자신을 보호하기 위해서는 일곱 가지를 갖추어야 한다. 이렇게 일곱 가지를 완비하고 네 가지 즐거움을 만끽할 수 있다는 것이다. 일곱 가지로 번뇌의 적을 물리치기 위해서는 항상 게으르지 말고 경계 상태에 있어야 한다. 경계 상태가 완벽에 가까울수록 자신의 생명을 더욱더 안전하게 보장할 수 있다. 이렇게 완벽한 방어로 네 가지 최상의 즐거움을 누릴 수 있게 된다는 것이다. 불제자들이 7선법(善法)을 얻고 4증상심(增上心)을 체득하기가 어렵지 않게 되면 마왕의 공격을 격퇴시킬 수 있게 되어 평화롭게 살 수 있다.

7선법은 다음과 같다. 1) 여래에 대한 견고한 믿음. 2) 악한 법에 대해 스스로 부끄러워하는 것. 3) 악한 법에 대해 남에게 부끄러워하는 것. 4) 선법에 정진하는 것. 5) 선법을 널리 배우고 익히기. 6) 배운 것을 기억하는 것. 7) 지혜로 밝게 통달하여 괴로움을 없애는 것. 이렇게 7선법을 갖추게 되고 다음의 네 가지 증상심을 원하는 대로 성취할 수 있다면 죽음의 신인 마왕의 침략을 받지 아니하게 된다고 한다. 4증상심이란 제1선을 성취한 마음, 제2선을 성취한 마음, 제3선을 성취한 마음, 제4선을 성취한 마음을 통칭한 것이다. 네 가지 증상심은 마음의 식량이 되는 것이다.

  끝으로 붓다는 성을 방어하는 것과 마음을 보호하는 것을 비교하여 가르치고 있다. 첫째, 성에 망을 보는 다락집을 견고히 세우는 것처럼, 제자도 여래에게 견고한 믿음을 내어 다른 외도를 따르지 않는다. 둘째, 성 밖에 아주 깊고 넓은 못을 파는 것처럼, 제자도 악법은 더러운 번뇌로서 생사의 근본을 짓는 것이므로 스스로 부끄러워해야 할 줄 안다. 셋째, 성에 두루 길을 내는 것처럼, 제자도 악법을 행함에 남에게 부끄러워할 줄 안다. 넷째, 네 가지 군사를 배치하는 것처럼, 거룩한 제자도 항상 정진하여 악과 불선을 끊는다. 다섯째, 병기 곧 활·화살·창 따위의 병기를 미리 갖추는 것처럼, 제자도 선법을 널리 배운다. 여섯째, 수문장을 세워 문을 지키게 하는 것처럼, 제자도 익힌 바를 항상 기억해 잊지 않는다. 일곱째, 높은 담을 아주 견고하게 쌓는 것처럼, 제자도 지혜를 닦고 행하여 괴로움을 없앤다.

붓다는 계속하여 성 안의 백성들이 갖추어야 할 내부 조건과 수행자의 4증상심을 비교하고 있다. 성에서 물과 풀과 섶나무 같은 재료를 준비하는 것을 수행자가 제1선에 이르는 것, 벼를 거두고 또 보리를 저축하는 것을 제2선을 성취하는 것, 콩과 팥을 쌓아 두는 것을 제3선을 성취하는 것, 꿀과 사탕수수와 엿을 저축하고 소금과 고기를 비축하는 것을 제4선(第四禪)을 성취한 것에 비교하고 있다. 물과 나무도 필요하지만 벼와 보리보다는 못하다. 벼와 보리보다는 콩과 팥이 더 귀하고, 꿀과 소금 등이 가장 소중하다. 마찬가지로 제1선보다 제2선이 좋고 제2선보다 제3선이 더 좋다. 제4선이 가장 뛰어나다.

외부의 적을 물리치도록 준비하고 내부적으로는 식량을 준비해 두면 어떠한 적으로부터도 무너지지 않아 생명의 안전을 도모할 수 있는 것처럼, 수행자도 7선법으로 마왕에 대비하고 4증상심의 식량을 섭취하게 되면 열반을 성취하게 된다는 것이다.

| **참고 경전** 『중아함경』(대정장 Ⅰ, p.422上).

허공이 바람을 대하듯이

모든 사람은 행복을 추구하고 불행을 멀리하고자 한다. 행복이란 즐거운 감정을 동반하는 것이고, 불행이란 괴로운 감정을 가져오는 것이다. 즐거운 감정에는 여러 종류가 있다. 맛있는 음식을 먹을 때도 즐겁고 아름다운 음악을 들을 때도 즐겁다. 오래 전에 헤어졌던 옛 친구를 우연히 길에서 만나 기쁘기도 하고, 다른 사람으로부터 칭찬을 들을 때도 즐겁다. 새로운 사실을 알게 될 때도 즐겁다.

괴로움에도 여러 가지가 있다. 맛없는 음식을 억지로 먹을 때 불쾌하고, 꾸중을 들었을 때도 괴롭다. 배신을 당하게 될 때도 기분이 좋지 않다. 만나고 쉽지 않은 사람과 일 때문에 억지로 마주

앉아 불편한 감정을 느끼기도 한다.

　이렇듯 분명히 느껴지는 감정 이외에도 다른 종류의 감정들이 있다. 숙면을 취하고 나면 상쾌한 느낌을 갖고 그렇지 못하면 무거운 느낌을 갖는다. 특별한 일이 없어 무료함을 느끼기도 한다. 까닭 없이 슬퍼지기도 하고 우울해지기도 한다. 이렇게 우리는 온종일 온갖 종류의 감정을 겪는 것이다.

　아침에 일어나 밤에 잘 때까지 우리는 숱한 감정을 느낀다. 붓다는 이런 상황을 다음과 같이 비유하고 있다.

　"허공중에는 갖가지 바람이 불고 있다. 동에서, 서에서, 북에서, 남에서 불어오는 바람, 먼지 섞인 바람, 먼지 없는 바람, 더운 바람, 찬바람, 부드러운 바람, 거센 바람들이다. 마찬가지로 비구들이여, 이 몸속에서도 갖가지 느낌들이 일어난다. 즐거운 느낌들이 일어나기도 하고, 괴로운 느낌들이 일어나기도 하며, 괴롭지도 즐겁지도 않은 느낌들이 일어나기도 한다."

　허공중에 온갖 바람들이 불고 있는 것처럼 여기 이 몸속에서도 여러 느낌이 일어난다. 두려움, 불안, 초조, 통증 등 다양한 느낌들이 일어나고 사라진다. 여기 비유에서는 여러 느낌을 크게 세 가지로 분류했다. 즐거운 느낌들, 괴로운 느낌들, 괴롭지도 즐겁지도 않은 느낌들이 그것이다.

　이 비유의 교훈이 무엇인지 살펴보기 전에 같은 의미를 담고 있는 비유를 살펴보자. 이번에는 허공에 부는 바람 대신에 객사에 왕래하는 여행객이다.

"객사에는 동에서 온 사람들이 묵기도 하고, 서에서 온 사람들이 묵기도 하며, 북에서 온 사람들이 묵기도 하고, 남에서 온 사람들이 묵기도 한다. 무사계급 사람들이 와서 묵기도 하고, 바라문들이 와서 묵기도 하며, 평민들이 와서 묵기도 하고, 노예들이 와서 묵기도 한다. 그와 같이 이 몸에도 여러 종류의 느낌이 일어난다. 즐거운 느낌들이 일어나기도 하고, 괴로운 느낌들이 일어나기도 하고, 괴롭지도 즐겁지도 않은 느낌들이 일어나기도 한다."

좋은 바람이 불고 훌륭한 손님이 오기를 바라며 와서 오래 머물기를 바란다. 반면에 차가운 바람이나 무익한 손님은 오지 않기를 바라며 설령 오더라도 빨리 사라지기를 바란다. 마찬가지로 우리 마음은 즐거운 감정은 와서 오래 머물기를 바라고 괴로운 감정은 빨리 사라지기를 원한다. 그러나 이런 우리 마음은 공정하지 못하다고 허공이나 객사의 비유는 가르치고 있다. 허공은 어떠한 바람에 대해서도 차별을 두지 아니하고 간섭하지 않는다. 객사도 마찬가지다. 숙소를 방문하는 어떤 여행객도 차별 없이 받아들인다. 머물고 싶을 만큼 머물도록 해 준다.

그러나 우리 마음은 즐거운 감정은 붙잡아 두고 괴로운 감정은 쫓아내려고 한다. 이것은 불가능한 것으로 이런 불가능한 일을 하는 것 자체가 더 많은 고통을 만들어낸다는 것이다. 허공처럼 객사처럼 마음도 차별 없이 간섭하지 말아야 한다는 것이다.

붓다는 대지(大地)의 포용성을 지적하면서 집착하지 않는 마음의 자세를 개발하도록 하고 있다.

"대지는 깨끗한 것도 받아들이고 더러운 똥과 오줌도 받아들인다. 그렇지만 대지는 '이것은 깨끗하다, 저것은 더럽다.'라고 분별하여 탐착하거나 증오하지 않는다. 이처럼 수행자도 그 마음을 대지와 같이 해야 한다. 나쁜 것을 받거나 좋은 것을 받더라도 조금도 탐착하거나 증오하지 말고 오직 사랑하고 평정한 마음으로 중생을 대해야 한다."

거대한 대지처럼 저항하지 않고 너그러운 마음의 자세를 가르치고 있다. 이전에 형성한 선호나 증오로 감정을 대할 것이 아니라 있는 그대로를 받아들여야 한다는 것이다. 마치 어두운 밤에 불나방이 부속으로 날아들듯이 특정 사람이나 사물에 대해 무조건 좋아하여 달려드는 경우가 있다. 단점은 보지 않고 장점만 크게 부각시켜 보는 것이다. 반면에 특정 사람이나 사물은 무조건 싫어하고 배척하는 경우도 있다. 이런 식으로 애착이나 증오로 사람이나 사물을 대하게 되면 대상 그 자체를 보지 못하게 된다. 있는 그대로 보기 위해선 애증을 접어 두어야 하는 것이다.

경전을 읽으면서 다음과 같은 생각이 떠오른다. 고요한 연못에 돌을 던진다고 하자. 그러면 연못에 물결(파문)이 생긴다. 물결이 일어날 때, 만약 이 물결을 없애려고 한다면 어떻게 될 것인가? 연못의 수면 위에는 더 많은 혼란이 빚어질 것이다. 연못에 돌이 던져지는 순간 물결은 한 중심에서 시작하여 옆으로 계속 물결을 만들어간다. 그러나 가장자리로 갈수록 물결의 형태는 분간하기 어렵다. 그리고 잠시 후 물결은 모두 사라지고 만다. 호수의 무저항이다.

　이미 던져진 돌에 의해 생긴 물결은 어쩔 수 없다. 어떻게 그것을 제거할 수 있는가. 빗자루나 어떤 도구로 물결을 지우려고 하면 더 많은 물결을 만들어 낼 뿐이다. 일어난 물결에 어떤 행위도 하지 않고 가만히 두는 것이 물결을 없애는 최선의 방법이다. 만약 무저항의 방식으로 모든 감정(즐거운 것이든 괴로운 것이든)들에 대하여 지켜볼 수 있다면, 우리는 더 이상 감정으로 인한 고통에 빠져있지 않을 것이다.

| **참고 경전** 『잡아함경』(대정장 II, p.120中).

제4장

현대 사회와 붓다의 가르침

오래된 소음공해
40초마다 한 명씩 자살
붓다가 처방한 다이어트 비법
성형 미인과 맘짱
내세에도 부부로 만나고 싶으면
금동이를 잃은 어머니
편안하게 보내기
지팡이보다 못한 불효자
존경받는 노인이 되려면
제사 증후군
최상의 독신 생활
인욕의 두 달인
우리나라 선수가 패할 때 마음이 아픈 이유

오래된 소음 공해

　　　　　　더운 여름날엔 집안의 문들을 모두 열어놓게 된다. 바람이 불어와 더위를 식혀 주니 좋지만 한편으론 시끄러운 소리가 함께 들어와 짜증나게 한다. 창문을 열어 둔 채 방 안에 앉아 있으면 온갖 종류의 소리들이 요란스럽게 들려온다. 도로를 질주하는 자동차 소리, 인근 공사장에서 들려오는 기계 소리, 아랫집에서 흘러나오는 텔레비전 소리, 계란과 과일을 사라고 외치는 소리 따위가 반복된다. 이런 소리들은 사람의 신경을 곤두세우게 만들고 지치게 만든다. 새소리나 풀벌레 소리 등 자연의 소리는 도시에서 듣기 힘들게 되고 인간과 기계가 만들어 내는 소리가 도시를 질타하고 있다.

환경문제 중 소음 공해도 막대하다는 연구보고서가 나오고 있다. 시끄러운 소리는 집중력 저하, 수면 방해, 청각 장애도 일으켜 건강을 해친다는 것이다. 뿐만 아니라 소음은 호르몬의 불균형, 심혈관의 장애를 일으키기도 한다.

국립환경연구원이 전국을 대상으로 소음의 정도를 측정해 보니 국민 대부분이 소음 때문에 신경이 날카로운 상태에 놓여 있다는 보고서를 발표했다. 소음에 너무나 익숙해져 있어 웬만한 소음에는 신경도 쓰지 않지만 자신도 알지 못한 채 소음에 공격을 계속 받고 있는 것이다. 생쥐를 대상으로 소음의 피해를 조사해 보았더니 소음에 노출된 쥐들은 그렇지 않은 쥐들에 비해 건강이 급격히 떨어졌다고 한다. 지속되는 소음은 심신을 괴롭히는 스트레스임에 분명하다.

자동차 소리나 기계 소리도 듣기 싫지만 사람의 입에서 나오는 소리도 그렇다. 아니 어떤 경우엔 기계 소리보다 더 듣기 싫을 때도 있다. 불평하는 소리, 거짓말 소리, 아첨하는 소리 따위는 마음을 피로하게 한다. 이런 파괴적인 말은 아니더라도 무의미한 잡담도 비생산적인 것임에 틀림없다.

『증일아함경』에 전해지고 있는 이야기이다. 어느 때 부처님께서 사위국의 기수급고독원에 계실 때의 일이다. 그때 많은 비구들은 식사를 마치고 모두 보회강당(普會講堂)에 모여 다음과 같은 이야기들을 하고 있었다. 즉 의복·장식·음식에 관한 이야기, 이웃나라·도적·싸움에 관한 이야기, 술·음행·다섯 가지 욕망에 관한 이야기, 노래·춤·놀이·풍류에 관한 이야기 등, 이런 이야기들을 그칠 줄 몰랐다. 그때 세존께서는 곧 보회강당으로 가서 비구들에게 물으셨다.

"너희들은 여기 모여서 무슨 이야기를 하고 있는가?"

비구들은 사실대로 조금 전에 나누었던 이야기를 아뢰었다.

세존께서 말씀하셨다.

"그만두어라, 비구들아. 그따위 이야기들은 그만두라. 왜냐하면 그런 이야기는 아무 의미도 없고 또 선법으로 나아가는 것도 아니기 때문이다. 그런 이야기로는 범행을 닦을 수 없고, 번뇌가 완전히 사라진 열반을 얻을 수 없으며, 사문의 평등한 길도 얻을 수 없느니라. 그것은 모두 세속 이야기로서 바른길로 나아가는 이야기가 아니다. 너희들은 이미 세속을 떠나 도를 닦고 있다. 그러므로 수행을 무너뜨리는 그런 이야기를 생각할 것이 아니니라."

우리가 흔히 몰두하는 화제는 연예인, 유명한 운동 선수, 텔레비전 드라마들에 관한 이야기이다. 어느 여배우가 결혼을 한다느니, 혹은 이혼을 한다느니, 어느 배우가 연기를 잘한다든지, 아무개 골프 선수의 연봉이 천문학적인 숫자라든지, 어느 레스토랑의 어떤 음식이나 술이 맛있다든지, 아파트 가격이 몇 천만 원 올랐다든지, 투자한 증권이 휴지가 되었다든지, 어느 지역에 사 둔 땅이 대박을 터트렸다든지 하는 이야기들이 사람들 입에 자주 오른다. 그렇지 않으면 특정인을 비난하거나, 무엇인가에 불평하는 소리거나, 억울하다고 하소연하는 소리들이다. 정말이지 이런 이야기들은 자동차 소음만큼이나 시끄러운 공해이다. 부처님은 이런 종류의 이야기는 번뇌에 가득 찬 것으로 열반의 성취에 전혀 도움이 되지 못한다고 단언하고 있다.

대신 다음과 같은 주제를 가지고 이야기하라고 충고하고 있다.

"만일 너희들이 이야기하고 싶거든 열 가지 법의 공덕을 이야기하라. 열 가지란 어떤 것인가? 정근하는 비구로서 욕심이 적고, 만족할 줄을 알며, 용맹스런 마음이 있고, 많이 들어 남을 위해 설법하며, 두려움이 없고, 계율을 완전히 갖추며, 삼매를 성취하고, 지혜를 성취하며, 해탈을 성취하고, 해탈한 지혜를 성취하는 것이다. 만일 너희들이 이야기하고 싶으면 이 열 가지 일을 이야기해야 한다. 왜냐하면 그것은 일체를 윤택하게 하고, 이익 되는 바가 많으며, 범행을 닦게 하고, 번뇌가 완전히 사라진 함이 없는 곳에 이르게 하며, 열반의 요긴한 길이기 때문이니라."

열 가지 화제는 결국 한 마디로 말하자면 게으름을 피우지 아니하고 지혜와 열반을 성취하는 것에 관한 것이다. 연예인에 관한 이야기 말고 훌륭한 수행자에 관해 이야기하고, 돈 버는 이야기 대신에 열반의 성취에 관해 이야기하라는 것이다. 붓다의 가르침에 어긋나는 이야기들은 소음 공해에 들어갈 것이다. 단지 시간 보내기 위해 또는 재미 삼아 하는 이야기도 소음에 들어가는 것이다.

| **참고 경전** 『증일아함경』(대정장 II, p.781中).

40초마다 한 명씩 자살

　　　　　　　세계적으로 40초마다 한 명씩 스스로 목숨을 끊는 자살이 전염병처럼 맹위를 떨치고 있다고 세계보건기구(WHO)와 국제자살방지협회(IASP)는 밝히고 있다. 지구촌 사람들은 전쟁보다 자살로 더 많이 죽는 것으로 나타났다. 세계적으로 해마다 100만 명 가까운 이들이 스스로 목숨을 끊고 있다고 한다. 세계보건기구와 국제자살방지협회는 2003년 9월 10일을 제1회 "세계 자살방지의 날"로 제정하여 자살에 대한 경각심을 촉구하고 나섰다.

　이 두 단체의 통계에 의하면 자살이 교통사고, 재난, 질병 등에 이어 열세 번째로 많은 사망자를 낸 주요 사인(死因)이라고 한다.

한국도 자살 사망자가 꾸준히 늘어나 작년에는 최대치를 기록했다고 통계청은 밝히고 있다. 자살로 죽는 비율이 교통사고로 죽는 경우보다 많아질 정도로 근년 들어 자살이 심각한 사회문제로 대두되고 있다.

굳이 붓다의 말씀을 인용하지 않더라도 우리는 너무나 잘 알고 있다. 모든 생명체는 해침을 당하지 않고 고통 없이 행복하게 살기를 원한다. 모든 생명체는 몽둥이를 무서워한다고 붓다는 가르치고 있다. 몽둥이는 생명을 위협하는 폭력을 의미한다. 자살은 자기 자신에게 스스로 살인적 폭력을 가함으로써 스스로 목숨을 끊는 것이다.

생명 존중의 가르침은 불교 가르침 중 핵심적인 위치를 차지하고 있다. 불교인이라면 반드시 지켜야 하는 오계 중 제일 첫 번째가 불살생계이다. 살아있는 생명을 해치지 말라는 이 가르침은 불교의 생명 존중의식을 잘 대변하여 주고 있다. 붓다는 당시 많은 동물을 죽여 제사 지내는 행위를 강력하게 비판하였다. 동물·식물조차도 붓다는 함부로 훼손시키지 못하게 할 정도로 생명을 존중하였다.

초기경전에 실제로 비구들이 자살한 사건이 기록되어 있다. 육신이 부정하다는 부정관(不淨觀)을 지나치게 수행한 비구들은 자신들의 육체에 너무 혐오감을 느낀 나머지 스스로 목숨을 끊었다.

스스로 목숨을 끊지 못한 비구들은 다른 사람을 시켜 죽여 달라고 요청했다. 그 수가 경전마다 다르지만 베살리(Vesāli)의 교단에 비구가 몇 사람 남지 않을 정도로 많은 비구들이 자살을 하였다고 한다. 이것을 목격한 붓다는 남아있는 비구들을 모아 놓고 부정관 대신 호흡관(呼吸觀)을 가르치고 나서 자살에 대하여 엄명했다.

"비구들이 이런 식으로 자살하는 것은 옳지 않으며 다시는 이런 일이 일어나서는 안 된다."

그리고 덧붙였다.

"자살을 희망하는 자를 죽여주는 비구는 교단에서 추방되어야 한다."

이상의 비극은 부정관을 잘못 수행한 데서 비롯된 자살로, 단지 육신에 대한 혐오감이 자살의 원인을 제공하였다. 그러나 이것은 열반의 성취나 정각과 아무런 상관이 없다. 그릇된 수행에서 비롯된 염세주의자(厭世主義者), 아니 염신주의자(厭身主義者)의 도피행각일 뿐이다. 그리고 자살 청부업자에게는 교단에서 내릴 수 있는 가장 무거운 죄(바라이죄)를 내린 것도 눈여겨볼 필요가 있다. 자살을 돕는 것은 중죄에 해당한다는 것이다. 각종 자살 사이트를 운영하여 자살 희망자를 행동으로 실행하게끔 돕거나 자살을 부추기는 것도 살인만큼이나 중죄에 해당한다는 것이다.

다음의 일화는 자살을 찬양한 경우이다. 어떤 재가 남자신자가 심한 병에 걸렸다. 그에게는 아름다운 부인이 있었다. 그 부인을 얻기 위해 일단의 비구들이 중병으로 고통 받고 있는 재가신자에게 죽음을 찬양했다. 이렇게 고통스럽게 사는 것보다 죽어 천상에 태어나는 것이 훨씬 낫다고 죽음을 유도했다. 재가신자는 그들의 유혹에 넘어가 해로운 음식을 섭취하여 죽었다. 이 사실을 알게 된 붓다는 사는 것보다 죽는 것이 훨씬 낫다고 죽음을 찬양한 비구를 승단에서 추방당하는 죄를 범하는 것이라고 엄명했다.

가난한 사람에게, 또는 신체의 일부를 손상당한 사람에게 죽음을 찬양하여 자살을 유도하는 것은 중죄에 대항하는 것이라고 분명히 밝히고 있다. 경제적인 빈곤에 의한 생활고나 신체 손상에 따른 고통도 자살을 정당화시켜 주지 못한다는 것을 염두에 두어야 하겠다. 그릇된 사고방식에 의해 스스로 목숨을 끊는 일이나 자살을 돕는 일이나 자살을 찬양하는 일은 모두 붓다에 의해 엄격히 금지되고 있는 것이다. 그리고 가난도 신체장애도 자살의 이유가 될 수 없다는 것을 알 수 있다.

사람이 힘들게 이 세상에 존재하면서 사는 이유는 두 가지이다. 즉 자신을 위해 공덕을 쌓는 것이고, 두 번째 다른 이의 행복을 위해 선행을 베풀려는 것이다. 결국 한 개인의 존재이유는 자리이타(自利利他)의 행을 실천하기 위한 것이다. 만약 자살을 하면 이런 자리이타의 행을 손상시키는 결과를 초래하는 것이다. 자신을 죽임으로써 더 많은 공덕을 지을 기회를 박탈하는 것이고, 또한 동시에 다른 이에게 선행을 베풀 수 있는 기회를 없애는 행위이기 때문에 자살은 정당하지 않다.

앞에서 우리는 중생이 윤회하면서 인간의 몸을 받는 것이 얼마나 어려운가를 눈먼 거북이가 널빤지 구멍 속으로 머리를 넣는 것보다 어렵다는 비유를 살펴보았다. 통속적인 의미에서의 자살은 순간적으로 자신의 생명을 스스로 단절시키는 행위이다. 넓은 의미에서 자살을 정의해 보면 스스로 자신의 생명을 해치는 행위라고 정의할 수 있다. 이런 정의 하에선 순간적인 자해행위가 아니라 오랜 시간을 거쳐 스스로 천천히 자신의 생명을 해치는 행위를 의미하게 된다.

나쁜 생활 습관, 예를 들면 과음·흡연·과식 등은 생명에 치명적인 해를 즉각적으로 가져오지 않지만 계속 반복되면 결국 생명을 해치게 된다. 따라서 넓은 의미에서의 나쁜 습관도 자살행위라고 이름 붙일 수 있을 것이다. 그리고 탐욕·분노·무지 등의 번뇌도 건강을 해치는 것이므로 스스로 이런 번뇌를 발생하고 간직하면 자해하게 되는 것이다. 진정한 자살, 즉 종교적인 의미해서의 자살은 이기적인 자신을 스스로 자발적으로 죽이는 것이라고 할 수 있다.

| **참고 문헌** Vinaya III, pp.68ff.

붓다가 처방한 다이어트 비법

음식이 차지하는 비중은 상당하다. 살기 위해선 먹어야 한다. 거의 모든 사람이 하루에 세 번 식사를 한다. 맛있는 음식을 먹고 나면 기분이 좋아 일의 능률도 향상되기도 한다. 기분전환으로 외식을 하는 것도 음식이 가지고 있는 역할이다. 반대로 맛이 없는 음식을 먹거나 억지로 먹으면 오히려 기분만 상하게 된다. 대체로 우리는 맛있는 음식을 먹기를 원한다. 문제는 과식에 있다.

특히 요즈음 비만으로 고생하는 사람을 주위에서 자주 접하게 된다. 공중목욕탕에 가면 비만으로 몸을 제대로 움직이지 못하는 어른뿐만 아니라 어린아이도 서너 명 보게 될 정도로 심각하다.

과식은 비만을 불러일으키고 질병을 불러온다. 외관상 보기도 좋지 않고 움직이는 동작도 불편하다. 비만치료에 들어가는 돈은 국가경제에 엄청난 비용을 초래한다고 한다. 매일 신문, 잡지, 홈쇼핑 채널 등에서는 각종 새로운 다이어트 제품이 수시로 광고되고 있다. 다이어트 하다가 목숨을 잃는 사람도 있다고 하니 정말이지 살과의 전쟁을 치르고 있는 것이다.

과식을 하면 결국 건강에 해롭다는 사실을 알면서도 음식의 유혹에 넘어가고 마는데, 붓다 당시에도 과식으로 인한 비만에 고생한 사람의 일화가 전해 내려오고 있다. 『법구비유경』의 애신품에 실려 있는 이야기이다.

파세나디왕은 교만하여 정욕을 마음껏 누렸고, 눈은 색깔에 현혹되고, 귀는 소리에 혼란해지며, 코는 냄새에 집착하고, 혀는 다섯 가지 맛을 한껏 즐기며, 몸은 마음껏 촉감을 향락하였다. 특히 왕은 매우 맛있는 음식을 먹고 먹어도 전혀 만족할 줄 몰랐고, 분량은 갈수록 늘어났다. 음식 먹는 즐거움에 빠져 있었다. 그래서 몸은 자꾸 살찌고 불어나 수레를 타는 것조차 힘들게 되었다. 일어나 걸을 때는 호흡이 거칠고 괴로울 뿐이었다. 앉거나 눕거나 하는 동작조차도 힘들게 되었다. 심지어 숨이 가빠 숨이 끊어졌다가 한참 만에 다시 깨어나기도 하였다.

어느 날 왕은 명령하여 수레를 장엄하게 꾸며 타고 부처님께 나아가, 시자(侍者)에게 부축된 채 문안드리고 부처님께 아뢰었다.

"세존이시여, 오랫동안 뵙지 못하였습니다. 여쭈어 볼 일이 있습니다. 이 무슨 죄인지 몸이 저절로 자꾸 살만 찌는데 무엇 때문에 그런지 알지 못하여 몹시 걱정하고 있습니다."

부처님께서 대왕에게 말씀하셨다.

"사람에게는 다섯 가지 일이 있어서 늘 사람을 살찌게 하고 있습니다. 첫째는 자주 먹는 것이고, 둘째는 잠자기를 좋아하는 것이며, 셋째는 잘났다고 뽐내면서 즐거워하는 것이고, 넷째는 생각 없이 사는 것이며, 다섯째는 일없이 지내는 것입니다. 이 다섯 가지는 사람을 살찌게 하는 것이니 만일 살찌지 않게 하고 싶으면 음식을 줄이고 마음을 쓰도록 하십시오."

그리고 붓다는 다시 게송으로 말씀하셨다.

"사람은 마땅히 유념해야 하나니
먹을 때마다 적게 먹을 줄 알아야 한다.
그로 인해 식탐의 고통 점점 적어지리니
적게 먹고 소화시켜 목숨 보전하라."

왕은 이 게송을 듣고 한량없이 기뻐하면서, 곧 요리사로 하여금 음식을 내올 때마다 먼저 이 게송을 외운 뒤에 음식을 가져오도록 하였다. 요리사는 음식을 내올 때마다 이 게송을 외웠고, 왕은 이 게송을 듣고 하루에 한 숟갈씩 줄여 차츰차츰 적게 먹게 되었다. 먹는 음식의 양이 줄어들자 몸이 가벼워지며 비대하던 체구도 어느덧 날씬해졌으며 용모도 단정해졌다. 이렇게 살이 빠지자 왕은 매우 기뻐하여 부처님의 은혜를 생각하고 부축 받지 아니하고 혼자 걸어서 부처님 처소로 나아가 예배하였다.

부처님은 왕의 단정한 모습을 기뻐하며 말씀하셨다.

"세상 사람들은 무상한 것을 추구하면서, 몸뚱이의 정욕만 기르면서 복 짓기는 생각하지 않습니다. 사람이 죽으면 정신은 떠나고 몸은 무덤에 남게 됩니다. 지혜로운 사람은 정신을 기르는데 어리석은 사람은 몸뚱이를 기릅니다."

비만을 줄이는 방법은 간단하다. 육체의 보존에 필요한 양 이상의 음식은 먹지 않는 것이다. 많이 먹는다고 육체가 건강하고 장수하는 것은 아니다. 장수하는 사람을 연구한 학자들에 의하면 소식이 장수에 가장 중요한 요인이라고 밝히고 있다. 과식을 하게 되면 소화기관 및 내장기능이 스트레스를 많이 받아 노화가 촉진되고 체내에 활성산소, 과산화지질 등이 많아져 혈액이 탁해지게 된다고 한다. 이것은 곧 심장질환, 동맥경화, 암의 발생으로 이어지게 된다.

부처님도 비만의 원인을 잘 지적하고 있다. 한 마디로 많은 사람들이 육체를 즐겁게 하기 위해 과식하면서 마음을 방치하고 있다는 것이다. 애써 마음공부는 하지 않고 먹기만 하니 결국 돼지처럼 몸뚱어리만 살찌우고 마음은 돌보지 않는다는 것이다. 죽을 때 육체는 부패하겠지만 정신은 남으니 어느 쪽을 돌보아야 하겠는가라고 부처님은 묻는다. 물론 답은 배부른 돼지보다 생각하는 갈대가 되어야 한다는 것이다. 육체만 살찌우고 마음은 돌보지 않는 사람은 먹을 것에만 관심이 있는 동물에 불과하다는 것이다. 육체를 건강하게 하기 위해 음식을 섭취하는 것이며, 건강한 육체는 마음공부를 하기 위해 필요한 것이라는 부처님의 가르침을 명심하여 음식의 맛에 너무 집착해서는 안 될 것이다.

| **참고 경전** Saṃyutta Nikāya Ⅰ, p.82; 『잡아함경』(대정장 Ⅱ, p.306下).

성형 미인과 맘짱

2004년 봄에 중국에서 일어난 일이다. 미인대회에 나가려던 미녀가 미인대회를 개최했던 관계자를 대상으로 법원에 소송을 제기했다. 이 미녀는 자신의 빼어난 미모에도 불구하고 미인대회에 참여하지 못하게 한 행사 관계자를 부당하다고 소송을 제기한 것이다.

한편 주최 측은 열다섯 번이나 성형수술을 한 사람을 도저히 미인대회에 참여시킬 수 없었다고 밝히고 있다. 재판 결과가 궁금하다. 얼마나 미인대회에 참여하고 싶었으면 무려 열다섯 차례나 성형수술을 했을까 하는 안쓰러운 생각도 들지만 최고의 미녀가 되려는 그 집념이 무섭기도 하다. 어쩌면 어릴 적부터 추녀라는 말을 들으면서 성장하였기 때문에 성형수술을 통해 미인이 되었고 그것을 사람들에게 인정받고 싶었을지도 모르겠다.

현대의학의 발달로 추녀도 성형수술을 통하여 미인대회에 참여할 정도의 미모를 가진 주인공이 되는 시대에 살고 있다. 특히 우리나라는 성형수술이 다른 어떤 나라보다도 널리 행해지고 있다. 세계적으로 유통되는 한 잡지는 한국을 성형천국이라고 커버스토리로 다루었다. 성형중독자가 겪는 실상을 텔레비전으로 지켜보면서 미인이 되고 싶어 하는 사람들의 갈망을 볼 수 있었다.

요즈음은 유치원이나 초등학생까지도 성형수술을 한다고 보도하고 있다. 어린 나이에 또래 아이들로부터 못생겼다는 말을 듣지 않도록 하기 위해 부모들이 성형수술을 시킨다는 것이다. 성인들은 성장이 완료되었기에 육체에 큰 변화가 없지만 어린아이의 경우엔 자라고 있는 상태이기 때문에 성형수술은 자칫하면 아이에게 치명적인 상처를 남길 수 있다.

이런 위험에도 불구하고 부모들이 수술을 강행시키는 것은 외모로 사람을 평가하는 잘못된 풍조에 순종하고 있기 때문이다. 못생긴 외모로 사람을 멸시하거나 단지 미모 하나로 직업이나 명성을 얻게 해 주는 사회의 가치관은 외모로 사람을 평가하도록 조장한다. 외모지상주의가 성형천국을 만들고 있는 것이다.

다음의 경전은 외모로 사람을 평가해서는 안 된다는 것을 가르치고 있다. 민망할 만큼 그 형색(形色)이 흉한 한 비구가 부처님 계신 곳으로 찾아왔다. 그때 세존께서는 사부대중(四部大衆)들에게 둘러싸여 계셨다. 비구들은 그 추하고 더러운 비구가 오는 것을 보고 모두 업신여기는 생각을 내어 서로들 말하였다.

"저 비구는 누구인데 길을 걸어오고 있는가? 얼굴이 추해 보기에 민망하구나. 반드시 남의 업신여김을 받을 것이다."

그때 세존께서는 모든 비구들에게 말씀하셨다.

"너희들은 저 비구에 대해 업신여기는 생각을 내지 말라. 왜냐하면, 저 비구는 모든 번뇌가 이미 다하고, 할 일을 마쳤으며, 온갖 무거운 짐을 버리고 모든 결박을 끊었으며, 바른 지혜로 마음이 잘 해탈하였기 때문이다. 비구들아, 너희들은 함부로 사람을 평가하지 말라. 오직 여래만이 사람됨을 평가할 수 있느니라."

모든 번뇌를 제거하고 결박에서 풀려난 비구는 아라한이다. 아라한은 모든 수행자가 목표로 하는 최고의 경지이다. 비구들이 못생겼다고 업신여기던 비구는 바로 아라한이었던 것이다. 아라한은 한문으로 보통 응공(應供)으로 의역하기도 한다. 응공이란 공양과 존경을 받을 만한 자격이 있는 성자를 일컫는 존칭이다. 그런데 아라한임에도 불구하고 아름답지 않다는 이유로 동료 비구들로부터 천시되고 있었던 것이다. 일반인은 물론이고 심지어 출가한 수행자조차도 외모로 삶을 존경하기도 하고 천대하기도 하는 것을 붓다는 경계하고 있는 것이다.

다시 세존께서 게송으로 요약하여 설하셨다.

"이와 같이 저 지혜로운 사람은
몸은 비록 작으나 큰 사람이니
다만 그 몸의 겉모양만 보고
업신여기는 마음을 내지 말라.

커다란 몸에 살덩이 많아 보기 좋아도
지혜 없으면 어디다 쓰리
이 사람은 훌륭하고 지혜 있나니
그는 곧 최상의 장부라네."

탐욕을 여의고 모든 결박을 끊어 열반을 성취한 아라한은 외모로 알 수 있는 것이 아니므로 함부로 평가해서는 안 된다고 가르치고 있다. 보기에 좋은 외모를 지녀도 지혜가 없고 탐욕으로 가득 차 있다면 보기 좋은 살덩어리에 불과하다는 것이다. 겉으로 보기에 아름다운 외모를 가지고 있지만 언행이 이기적이고 탐욕스러우면 지탄의 대상이 되고 말 것이다. 외모의 아름다움은 오래가지 않지만 내면의 아름다움은 장구한 것이다. 미모는 피부 한 꺼풀에 불과한 것이므로 사람을 평가할 땐 언행과 마음씀씀이로 평가해야 하는 것이다.

'얼짱'과 '몸짱'이 되기 위해 뷰티산업에 몰리는 돈이 1년에 7조 원에 육박한다고 한다. 이제 젊은 남성들도 꽃미남이 되기 위해, 중년의 남성은 더 젊게 보이기 위해 피부과와 성형외과를 전전하고 있다. 외모를 아름답게 하는 것도 좋은 일이지만 마음을 아름답게 하는 것이 더 중요하다고 붓다는 가르치고 있다.

교과서적인 말이지만 형식적인 아름다움보다 내면에서 우러나오는 아름다움이 참된 아름다움임에 틀림없다. 외모를 고치는 것보다 지금 자신의 내면에 감추어진 탐욕 등의 번뇌를 제거하도록 노력하는 것이 더 바람직할 것이다. 얼짱이나 몸짱이 되려고 하지 말고 먼저 맘짱(마음이 아름다운 사람)이 되라고 가르치고 있다. 아울러 함부로 사람을 평가해서는 안 된다고 가르치고 있는 붓다의 말씀도 명심해야 할 일이다. 오로지 여래만이 사람됨을 평가할 수 있다는 말씀을 특별히 새겨야 할 일이다.

| **참고 경전** 『잡아함경』(대정장 II, p.276上).

내세에도 부부로
만나고 싶으면

당신은 현재의 남편이나 아내를 다음 세상에도 당신의 남편이나 아내로 삼고 싶습니까? 이런 질문을 우리나라 부부들에게 던지면 얼마나 많은 부부가 주저하지 않고 "당연하지요"라고 대답할 수 있을까? 현재 우리나라 이혼율을 고려해 본다면 이 질문에 대해 부정적으로 대답하는 비율이 최소한 절반 이상일 것이다.

매년 5월 21일은 부부의 날이라고 한다. 둘(2)이 만나서 하나(1) 된다는 의미로 21일이 부부의 날로 잡혀 근년에 국회에서 인정한 공식기념일이라고 한다. 국가적으로 부부의 관계를 돈독히 하려고 장려하는 것이다. 이런 것은 물론 이혼율이 너무 높다는 것을 반증하고 있다. 국내 이혼율이 가파르게 상승하고 있다. 어떤 통계에 의하면 신혼살림을 차린 부부 중 절반이 이혼한다고 한다. 이렇게까지 이혼율이 높지 않다고 생각하지만 주위에서 이혼한 사람을 쉽게 접할 수 있는 것으로 보아 이혼율이 상당히 높다는 것은 분명하다.

최근에는 결혼 전 서로를 미리 탐색할 수 있다는 점 때문에 젊은 층을 중심으로 혼전동거가 유행하고 있다고 한다. 막상 결혼식을 올린 후 유예기간을 갖고 혼인신고를 하지 않는 경우도 늘어나고 있다고 한다. 서로 맞지 않는다면 언제든지 깨끗하게 헤어질 수 있는 여지를 남기겠다는 것이다.

증지부에 이번 생애에도 내세에도 행복한 부부로 살 수 있는 방법이 소개되어 있다. 나쿨라(Nakula)의 아버지와 어머니는 함께 부처님을 찾아가 그들의 소원에 관해 말하고 소원 성취에 관해 여쭈었다. 나쿨라의 아버지와 어머니는 서로 사랑하고 존중하고 있었으므로 다음 세상에도 함께 부부의 인연을 유지하고 싶었다. 남편이 먼저 부처님께 여쭈었다.

"세존이시여! 나의 아내인 나쿨라의 어머니는 젊은 처녀일 때 나에게 시집을 왔습니다. 저는 아내에게 육체적으로 부당한 짓을 하지 않은 것은 물론이고, 결혼한 이래 마음속으로도 아내에 대한 부당한 생각을 품지 않았습니다. 세존이시여! 우리 부부는 이번 생애에서 뿐만 아니라 내세에도 서로 마주보기를 원합니다."

아내도 부처님에게 똑같이 내세에도 부부의 인연을 맺고 싶다고 아뢰었다.

세존은 부부의 소원을 듣고 말씀하셨다.

"만약 그대 부부가 이번 생애뿐만 아니라 다음 세상에도 서로 만나고자 하는 바람이 있고, 만약 그대 부부가 똑같이 신심이 있고, 똑같이 덕이 있고, 똑같이 보시하고, 똑같이 지혜를 갖추게 되면, 그러면 내세에 서로 마주볼 수 있을 것이다."

흔히 부부는 일심동체라고 하는 말을 자주 들을 수 있었다. 서로 다른 두 남녀가 부부가 되어 한 마음, 한 몸이 된다는 것이다. 남편은 아내를 자기 자신과 같이 사랑하고 돌보고, 아내도 남편을 자신처럼 존중하고 사랑한다는 이상적인 부부상을 보여 주는 말이다. 아내와 남편은 서로 닮은 점이 많다고 한다. 부부가 되는 것은 남녀가 서로 끌고 끌리는 인연이 있었기 때문에 다른 사람들과 결혼하지 않고 커플이 된 것이다. 서로 다른 개인사를 가진 남녀가 한 지붕 밑에 살게 되면 결혼 전에 알지 못했던 배우자의 장단점을 가까이서 목격할 수 있다.

신혼 생활을 하면서 결혼 전 배우자에게 가졌던 아름다운 이미지가 하나둘 무너지고 보기 흉한 단점이 눈에 더 잘 보이기 시작할 것이다. 배우자에게 걸었던 희망이나 기대가 단지 환상에 불과하다는 것을 깨닫게 되기 때문에 결혼 직후 이혼하는 비율이 높을 것이다. 이 시기를 잘 넘기면 서로의 장단점, 습관, 사고방식 등을 보다 깊이 이해함으로써 서로 비슷한 가치관을 형성할 수 있을 것이다.

마음이 잘 통하는 부부란 아내와 남편의 사고 수준이나 인생 태도가 서로 비슷해진 것이다. 어느 한 쪽이 너무 높거나 낮으면 대화가 단절되고 따로 따로 지내게 될 것이다. 비록 한 지붕 밑에 있지만 그들은 각각 다른 나라에 살고 있는 것이 된다.

남편이 사랑하는 만큼 아내가 사랑해야 서로 마음이 맞는 부부가 될 것이다. 한쪽만 사랑하고 있다면 다시 부부로 만나기 어려울 것이다. 아내는 사랑하지만 남편은 그렇지 않다면 남편은 내세에 아내를 다시 만나고 싶어 하지 않을 것이다. 아내도 남편도 내세에 다시 사랑하는 부부가 되고자 하는 강렬한 바람이 무엇보다도 선결조건임을 제시하고 있다. 그리고 나서 도덕적으로 서로 비슷한 수준을 유지해야 한다는 것이다.

인과응보에 의해 내생이 결정된다. 도덕적으로 선한 행위를 한 아내는 내세에 좋은 환경에 태어나지만, 남편은 악업을 많이 지어 축생으로 태어난다면 정상적인 부부의 인연을 맺기가 불가능하다. 따라서 부부가 되기 위해서는 비슷한 업을 지어야 한다는 것이다. 좋은 환경에서 사랑스런 부부가 되고자 한다면 같은 정도의 신심을 가지고, 같은 정도의 선업을 쌓아야 한다. 불자들에게 있어 바람직한 부부란 불법을 함께 배우고 실천하는 부부일 것이다. 행복한 부부에 대해 다음과 같이 말하고 있다.

"만약 두 신앙자가 자신을 잘 제어하고 바른 말을 하며, 법대로 살며, 서로에게 사랑스러운 말을 사용하면, 이런 부부에게는 많은 종류의 행복이 올 것이다. 그들에겐 유쾌한 인생의 축복이 펼쳐질 것이다. 그들은 착하기 때문에 그들의 적들은 낙담한다. 이번 생애에서도 법대로 살면, 부부는 천상에서도 그들이 바라는 행복을 누릴 것이다."

수준이 너무 차이가 나면 동등한 부부관계가 형성되기 어렵다. 서로 대등해지기 위해서는 정신적인 능력이나 자질이 서로 비슷해야 한다. 어린아이와 어른이 대등한 관계를 형성하기 어렵다. 어린아이는 어른의 관심사나 사고방식을 충분히 이해하기 힘들다. 어른도 어린아이의 마음을 완전히 알고 있지 못하지만 어린아이보다는 훨씬 잘 이해하고 대처할 수 있다. 동등한 부부관계가 되기 위해서는 정신적으로 같은 가치관 내지 인생관을 공유하는 것이 긴요하다. 내생에 다시 부부가 되고자 한다면 먼저 부부가 되고 싶은 원을 굳게 세우고, 불법을 함께 배우고 실천하여야 한다.

| **참고 경전** Anguttara Nikāya II, pp.61ff.

금동이를 잃은 어머니

우리나라 부모의 자식 사랑은 특별히 유별나다. 위험을 무릅쓰고 태어날 아이의 미국영주권을 얻기 위해 만삭의 몸으로 미국행 비행기에 몸을 싣는 것은 단적인 예이다. 최근 서울에는 아이 옷 한 벌에 50만 원이나 하는 아동용 옷 전문매장이 속속 들어서고 있다고 한다. 영국이나 프랑스 등에서 수입한 명품 옷이 주부들에게 인기라고 한다. 300만 원짜리 수입 유모차도 잘 팔리고 있단다. 부모는 이렇게 아낌없이 금쪽같은 자식에게 돈으로 자신의 사랑을 표현하고 있다.

근자에 어떤 신문기자는 '금동이'라는 말을 새롭게 분석했다. "금쪽같은 내 아이 + 외동이"를 합성하여 만들어진 금동이는 하나

뿐인 자식에 대한 부모의 헌신적인 태도를 잘 보여 준다.

세상을 살다보면 갖가지 고통을 경험하게 된다. 그 중에서도 자식을 잃은 부모의 고통만큼 심한 것은 없다고들 한다. 특히 목숨을 잃은 자식이 아주 어린 나이이면 그 고통은 더욱 커진다고 하는 이야기를 들었다. 건장하던 80세의 할아버지가 60세가 넘은 아들의 죽음을 애통해하다가 세상을 떠나는 것을 가까이서 지켜본 일이 있다. 자식에 대한 부모의 사랑은 이렇듯 끝없이 베푸는 것이다. 자식을 위해서라면 무엇이든지 할 수 있는 부모의 희생정신은 자식의 죽음 앞에서는 속수무책이다. 병든 자식이 있으면 빚을 내서라도 아니 자신의 신체 일부를 기꺼이 줄 수 있지만, 이미 죽어 버린 자식을 다시 살릴 수는 없다. 자식을 잃은 고통에 삶의 의욕을 잃고 만다.

『잡비유경』에 있는 이야기이다. 옛날 어떤 노모가 외아들을 두었는데 병을 얻어 죽었다. 노모는 아들 시체를 묘지에 가져다 놓고 슬픔을 이기지 못하면서 생각하였다.

'다만 아들 하나가 있어 이 늙은 몸을 의탁하며 살아왔는데, 그만 나를 버리고 죽었으니 나는 어떻게 살까?'

그리하여 돌아가지 않고 한 곳에서 같이 죽으려고 4, 5일 동안 아무것도 먹지 않았다. 부처님께서 그것을 아시고 5백 비구를 데리고 그 묘지로 가셨다. 노모는 멀리서 부처님의 위신의 광명이 환한 것을 보고 제정신이 들어 앞으로 나와 부처님께 예배하고 뒤로 물러나 섰다.

부처님께서 노모에게 말씀하셨다.

"이 묘지에서 무엇을 하시오?"

노모는 부처님께 아뢰었다.

"오직 하나 있던 외동아들이 나를 버리고 죽었습니다. 그것을 사랑하는 정이 간절하여 이 한 곳에서 같이 죽으려고 합니다."

부처님은 말씀하셨다.

"그 아들을 도로 살리고 싶으시오?"

노모는 매우 기뻐하면서 말하였다.

"실로 그러합니다."

부처님께서 말씀하셨다.

"좋은 향불을 구해 오시오. 내가 축원하여 그 아들을 도로 살게 하리다."

부처님께서 이어 말씀하셨다.

"그런데 사람이 죽지 않은 집의 불을 얻어 와야 합니다."

이에 노모는 불을 찾아 두루 다니면서 사람을 만나면 먼저 물었다.

"지금까지 당신 집에 죽지 않은 사람이 있습니까?"

"선조 때부터 모두 죽어 갔습니다."

묻는 집마다 대답은 다 이와 같았다. 그래서 수십 집을 다녔지만 불을 구하기는 어림도 없었다. 그는 돌아와서 부처님께 아뢰었다.

"불을 찾아 두루 다녔지만 사람이 죽지 않은 집이 없었습니다. 그래서 헛걸음으로 돌아왔습니다."

부처님은 말씀하셨다.

"천지가 열린 뒤로 한 번 태어나서 죽지 않은 이는 없다. 그러나 태어나서는 살기를 구하는 것은 기뻐할 만한 일이다. 그런데 노모는 왜 미혹하여 아들을 따라 죽으려 하는가?"

노모는 붓다의 말씀에 기뻐하며 불을 구하기 위해 마을의 집을 돌아다녔지만 그 어느 집도 가족 중에 죽은 사람이 없지는 않았다. 나이가 연로하여 부모님이 돌아가신 집, 젊은 자식이 전쟁터에서 목숨을 잃은 집, 갑작스런 재앙으로 형제가 죽은 집 등 어느 집에서나 죽음을 한두 번씩 경험하고 있었다. 결국 노모는 불을 구하지 못하고 말았지만 죽음의 문제는 나 혼자만의 문제가 아니라 모든 사람이 직면하고 있는 것임을 깨닫게 된다. 그리하여 노모는 출가하여 붓다의 가르침을 받들고 수행했다.

자식을 따라 죽으려던 노모는 모든 사람들이 죽는다는 엄연한 진실을 비로소 온몸으로 알게 된 것이다. 자신의 자식도 죽을 수밖에 없는 운명이었지만, 단지 먼저 죽었을 뿐이라는 사실을 깨닫게 된 노모는 자식의 죽음으로 인한 고통에서 벗어날 수 있었다. 부처님의 가르침에 따라 행복한 삶을 영위하였다고 경전은 전하고 있다.

　노모가 자식의 죽음을 고통스러워 한 나머지 목숨을 끊으려는 시도를 보고 사람들은 노모의 심정을 충분히 이해할 것이다. 그러나 냉정하게 살펴보면 부모와 자식의 관계도 인연화합에 의해 이루어진 것이다. 사실 부모와 자식의 관계는 다른 어떤 인간관계보다 우선시되고 맹목적인 측면이 있다. 부모는 자식을 낳았다고 생각하기 때문에 더 많은 애착을 지니게 된다.

　그러나 부처님은 자식은 부모가 만들어 낳은 것이 아니라 자식이 전생에 지은 과보로 말미암아 잠시 부모의 몸을 빌려 태어났을 뿐이라고 가르치고 있다. 이번 생애에 단지 부모와 자식이라는 혈연관계를 형성하게 된 것이므로 일방적으로 부모가 자신의 삶을 희생하여 오로지 자식을 위해 산다는 것은 바람직하지 않다. 부모와 자식은 서로 붓다의 가르침에 따라 살도록 서로 이끌어야 하는 것이 불교에서 바라본 바른 부모와 자식의 관계이다.

| **참고 경전** 『잡비유경』(대정장 IV, p.508中).

편안하게 보내기

현대의학의 비약적인 의료기술과 기계의 발달로 과거엔 불치의 병으로 여겨졌던 질병들이 치유되고, 사람의 수명도 연장되고 있다. 이런 긍정적인 측면의 이면에는 복잡한 의료 윤리 문제가 심각하게 잠재해 있다. 대표적인 문제로 안락사를 예로 들 수 있다. 몇 십 년 전만 해도 안락사와 같은 문제는 심각하게 제기되지도 않았다. 의료 보조장치가 없었던 시기에는 스스로 호흡하지 못하면 생명을 잃는 것이었다. 그런데 지금은 산소호흡기 등 의료 보조기구로 호흡을 유지시켜 살고 있는 환자가 늘어나고 있다.

환자는 전적으로 자신의 생명을 기계와 약물에 의존하고 있지만 의식이 불명확하여 자신의 의사를 표현할 수 없는 상태에 빠져 있다. 언제 회복될 수 있을지 어느 누구도 알 수 없다. 가족의 입장에서는 환자를 계속 붙잡아 두고 싶지만 가족들에게 일차적으로 경제적인 부담을 너무 많이 안기고 가족 개개인의 생활을 희생시킨다는 현실적인 문제가 놓여 있다.

2004년 6월 29일 대법원은 가족의 요구에 따라 인공호흡기에 의존하던 환자를 퇴원시켜 숨지게 한 이른바 '보라매병원 사건'과 관련돼 기소된 두 명의 의사들에게 살인방조죄로 징역을 선고한 원심을 확정했다. 재판부는 환자를 집으로 후송하고 호흡 보조장치를 제거하는 등 살인행위를 도운 점이 인정되는 만큼 살인방조범으로 처벌한 원심의 판결은 정당하다고 밝혔다. 이 판결에 대해 대한의사협회는 우리나라 의료 현실을 모르는 처사라고 반발했다. 회복하기 어려운 환자에 대해 보호자 가족이 퇴원을 요청할 경우 이를 거절하게 되면 가족들에게 경제적 부담을 안겨주고 다른 중환자들이 치료받을 기회를 놓칠 수 있다고 지적하고 있다.

언제 회복될지도 모르는 환자를 막대한 비용을 지불하면서 의료기계로 붙잡아 두는 것이 과연 바람직한 것일까? 생명이 소중하다는 것은 누구나 알고 있다. 보내고 싶지 않은 마음에 환자를 무작정 붙잡아 두는 것은 심정적으로 이해되지만 과연 그것이 환자를 위하는 것일까? 환자 자신도 기계와 약물에 의존해 자신이나 가족들에게 더 이상 고통스럽게 만들고 싶지 않을 것이다. 비용은 고려하지 않는다고 하더라도 환자나 가족들에게 어떤 의미가 있을까? 삶과 죽음은 자연의 이법이다. 그것을 인위적으로 거역하면 그만큼 부자연스럽게 되고 불편하게 된다. 붓다는 죽어 가는 사람들에게 이 세상을 편안하게 떠나갈 수 있도록 하라고 가르치고 있다.

상윳타 니카야에 나오는 가르침이다. 마하나마(Mahānāma)라는 이름의 재가신자가 부처님께 여쭈었다.
"격심한 중병에 걸려 있는 재가신자를 위해 어떻게 하면 좋을까요?"
부처님은 임종을 앞두고 있는 사람에게 다음과 같이 위로하라고 가르치고 있다. 먼저 삼보와 계덕(戒德)에 대한 신심을 확립하도록 유도한다. 부처님·부처님의 가르침·불법을 따르는 성인 제자들·바른 윤리 행위의 공덕에 대한 무너지지 않는 믿음을 구족하도록 환자에게 말한다. 그리고 나서 환자에게 "당신은 당신의 어머니와 아버지가 걱정됩니까?"라고 물어 보라. 만약 환자가 "그렇다"라고 대답하면 다음과 같이 응답하라.
"당신이 당신의 어머니와 아버지를 걱정하든 걱정하지 않든 당신은 곧 죽을 것입니다. 그러므로 당신의 어머니와 아버지에 대해 걱정하지 마세요."
만약 그가 더 이상 부모님에 대해 걱정하지 않는다고 말하면

"당신은 당신의 아내와 자식이 걱정됩니까?"라고 물어 보라. 만약 환자가 "그렇다"라고 대답하면 다음과 같이 응답하라.

"당신이 당신의 아내와 자식을 걱정하든 걱정하지 않든 당신은 곧 죽을 것입니다. 그러므로 당신의 아내와 자식에 대해 걱정하지 마세요."

만약 그가 더 이상 아내와 자식에 대해 걱정하지 않는다고 말하면 "당신은 당신의 오욕락이 걱정됩니까?"라고 물어 보라. 만약 환자가 "그렇다"라고 대답하면 다음과 같이 응답하라.

"천상의 욕락이 더 좋으니 인간의 오욕락에 대해 생각하지 말고 천상의 세계를 굳게 생각하세요."

그리고 나서 천상의 세계조차도 무상하여 윤회의 세계에 속한다고 말하라. 그러므로 천상의 세계에 대한 생각을 버리고 마음을 열반에 고정시켜 그것을 생각하도록 하라.

임종을 눈앞에 둔 사람에게 가장 시급한 것은 다음 세상에도 불법을 만날 수 있게 해 주는 일이다. 따라서 불법승 삼보에 대한 믿음을 상기시키고 인과응보에 대한 믿음을 가지게 하도록 하여 내세에 불법을 다시 만나도록 해 주는 것이 가장 기본적인 것이라고 밝히고 있다. 임종에 즈음하여 붓다의 말씀을 전달하는 것이 주요한 일이 되는 것이다. 그 다음엔 떠나는 이로 하여금 부모 등 가족에 대한 걱정을 가지지 않도록 하라는 것이다.

사실상 죽는 사람이 걱정한들 문제가 풀리는 것이 아니므로 유가족은 죽는 이가 걱정하지 않도록 안심시킨다. 그리고 이 세상의 즐거움에 대한 미련을 남기지 않도록 하여 더 좋은 천상의 세계를 생각하도록 하라는 것이다. 죽기 직전에 가장 좋은 생각은 열반을 생각하는 것이라고 부처님은 결론짓고 있다. 이번 생애에 마지막으로 갖는 최후의식은 다음 세상에서 갖는 최초의 의식이 되므로 임종 직전에 어떤 생각을 하느냐가 내세의 출생을 결정짓는 데 매우 중요하다. 부처님을 생각하고 모든 걱정을 버리고 떠나도록 돕는 것이 임종을 앞둔 사람을 위한 것이다.

| **참고 경전** Saṃyutta Nikāya Ⅴ, pp.408ff.

지팡이보다 못한 불효자

　　　　　　자식들은 어버이가 건재할 때는 고마운 줄 모르고 지내다가 세상을 뜨고 나면 불효를 후회한다. 자식을 낳아 길러 보아야 부모의 은혜를 알 수 있다는 말이 있다. 어머니는 아이를 회임하면 아이의 건강을 위해 몸이 아파도 약을 먹지 않고 병을 참는다. 아직 태어나지 않은 아이를 생각하기 때문에 지극히 음식이나 몸가짐을 조심한다. 출산 때 엄청난 고통을 받아 견딘다. 갓난아이의 똥오줌을 더럽다고 여기지 않고 치운다. 부모는 밤낮을 가리지 않고 자식을 양육하는 데 정성을 다한다. 맛있는 음식을 자식에게 먼저 먹이고 자식이 병나면 부모는 잠을 이루지 못한다.

이렇듯 부모는 자식의 행복을 위해 자신의 인생을 기꺼이 희생한다. 특히 우리나라 어머니의 모정은 유별나서 죽을 때까지 자식을 걱정한다. 자식의 교육을 위해 부모는 모든 것을 포기한다. 그럼에도 부모에 효양의 마음을 잊고 소홀히 하는 자가 많다. 장수 사회가 되어서 부모를 효행하고 싶지 않은데 부모는 있어서 불편해 하며 늙은 부모를 내버리는 일이 있으니 착잡한 심경이다. 부모는 항상 자식을 생각해도 자식은 부모를 생각하지 않는다.

이와 같은 불효자를 바로잡아 준 이야기가 『잡아함경』에 전하고 있다. 어느 때 부처님께서 사위국의 기수급고독원에 계셨다. 부처님은 이른 아침에 가사를 입고 발우를 가지고 사위국에 들어가 걸식하셨다. 이때 나이 많고 몸이 쇠약한 어떤 바라문이 지팡이를 짚고 그릇을 가지고 집집마다 다니면서 걸식하고 있었다. 부처님께서는 밥을 빌고 있는 노인을 보고 물었다.

"당신은 나이도 많고 몸도 쇠약한데 왜 지팡이를 짚고 발우를 들고 집집마다 다니며 걸식하고 있습니까?"

노인 바라문은 부처님께 아뢰었다.

"저는 집에 있던 재물을 아들에게 모두 물려주고 며느리를 들인 뒤에 집을 나왔습니다. 그래서 지팡이를 짚고 그릇을 들고 집집마다 다니며 밥을 비는 것입니다."

부처님은 연로한 바라문을 불쌍히 여겨 말씀하셨다.

"당신은 내게서 게송 하나를 받아 외워 대중이 있는 곳으로 돌아가 당신의 아들을 두고 말할 수 있겠습니까?"

"받아 외울 수 있습니다."

그때 세존께서는 곧 게송으로 말씀하셨다.

"아들을 낳고서는 마음이 기뻤고, 아들을 위하여 재물을 모았으며, 또 아들을 위해 며느리를 들인 뒤에, 나는 그것을 다 버리고 집을 나왔네. 외지고 궁벽한 시골 아이는, 그런 아버지를 등지고 피하니, 사람의 얼굴에 나찰의 마음이네, 그는 늙은 아비를 버렸네. 늙은 말처럼 쓸 데가 없다하며, 보리껍질 먹이까지 빼앗았으니, 아들은 젊지만 아비는 늙어 집집마다 다니면서 밥을 빈다네. 구부러진 지팡이가 제일이요. 아들은 사랑할 것 못되니, 나를 위해 사나운 소 막아 주고, 험한 곳을 면하여 편안케 해 주며, 사나운 개를 물리쳐 주고, 어두운 곳에서는 나를 붙드네. 깊은 구덩이나 빈 우물이나, 풀이나 나무나 가시밭을 피하고, 지팡이의 위력을 의지한 덕택에, 꼿꼿이 서서 넘어지지 않는다네."

바라문은 이 게송을 기억한 뒤에 바라문 대중 가운데로 돌아가 그 아들을 두고 대중들에게 이 게송을 읊었다. 그 아들은 부끄러워하며 곧 그 아버지를 안고 집으로 들어가 몸을 목욕시키고 깨끗한 옷을 입힌 뒤에 정성스럽게 모셨다. 다행히 오늘 살펴본 경전에 나오는 아들은 불효의 죄를 뉘우치고 연로한 부친을 잘 받들게 되었다.

경제적인 측면에서 보면 노인은 소비만 하기 때문에 젊은 사람들이 싫어하기 마련이다. 특히 경제적인 가치관에 익숙해져 있는 자식들은 자신의 부모조차도 모시지 않으려고 한다. 우리나라에도 자식에게 버림받아 홀로 생활하는 노인이 많이 있다고 한다. 불효자를 붓다는 인간의 탈을 쓴 마귀라고 부를 정도로 꾸짖었다.

붓다는 부모의 은혜가 얼마나 깊고 큰지를 가르치고 있다.

"부모의 은혜는 아무리 착한 일을 많이 하여도 다 갚을 수 없다. 자식이 왼쪽 어깨에 아버지를 얹고 오른쪽 어깨에 어머니를 얹은 채 천만 년 동안 옷과 음식과 약 등으로 공양하여도 그 은혜를 다 갚을 수 없다. 부모님 덕분으로 이 세상에 태어나 해와 달을 볼 수 있게 되었다. 부모의 은혜는 막중하니 시기를 놓치지 말고 항상 공양하고 공경하여야 한다."

부처님은 은혜를 갚지 못하는 자는 여우보다 못하다고 가르치고 있다. 부처님이 왕사성 죽림정사에 있을 때의 일이다. 부처님은 이른 새벽에 숲 속에서 들려오는 여우의 울음소리를 들었다. 날이 밝자 부처님은 제자들에게 물었다.

"그대들은 새벽에 여우의 울음소리를 들었느냐?"

제자들이 들었다고 하자 부처님은 말하였다.

"저 여우는 종기를 앓고 있다. 만일 누군가 여우의 종기를 고쳐 주면 여우는 반드시 은혜를 갚을 것이다. 그런데 요즈음 어리석은 자들은 은혜를 알아 갚을 줄 모른다. 은혜를 입으면 반드시 은혜를 갚아야 한다. 조그만 은혜도 잊지 않고 갚아야 한다."

부모의 은혜를 갚기 어렵다는 것은 예나 지금이나 변함없는 진리이다. 그리고 불효자가 많은 것도 과거나 지금이나 마찬가지이다. 현대 사회에선 평균 수명이 연장되고 핵가족화 되면서 자식을 많이 두지 않는 경향이 있고, 거기에다 직업 때문에 부모와 떨어져 살고 있는 경우가 많다. 자기의 생활에 쫓겨 마음속으로는 부모에게 효행하고 싶어도 여러 가지 장애로 어버이의 시중을 들 여유가 없는 경우도 있다. 자주 뵙지는 못하더라도 자주 전화라도 안부를 여쭙는 것이 도리일 것이다. 부모가 건재해 계시면 진심으로 효양을 다하고 부처님의 가르침을 접하게 해 드리는 것이 불교인의 진정한 효라 할 것이다.

| **참고 경전** 『잡아함경』(대정장 II, p.26中; p.346上).

존경받는 노인이 되려면

근자에 우리나라도 의료기술의 발달이나 생활 수준의 향상으로 인해 평균 수명이 연장된 탓에 노령 인구가 급속하게 증가하고 있다. 세계 어느 나라보다도 한국은 급격하게 노령 인구가 증가하고 있다. 산업구조의 근대화에 따른 인구 이동과 이에 수반되는 대가족제도의 해체 및 핵가족화로 자식과 떨어져 생활하는 노인이 늘어나면서 여러 가지 문제가 발생하고 있다.

노년기에 접어들면서부터 경제적으로 자립하지 못하고, 건강이 악화되며, 의지할 곳이 마땅하지 못하고, 급속히 변화하는 사회에 적응하지 못해 노인들은 여러 가지 문제를 안고 있다. 빈고(貧苦), 고독고(孤獨苦), 무위고(無爲苦), 병고(病苦)로 대표되는 노인 문제

이면에는 노인에 대한 천시가 깔려 있는 것이다. 현대 사회의 가치관의 급격한 변화로 인해 연장자를 배려하는 예절이 줄어들고 있다. 나이든 사람들은 요즈음 젊은이는 버릇이 없다고 불평한다.

노인복지가 상대적으로 좋은 일본, 미국, 여러 유럽 국가에 비해 우리나라의 노인복지는 제대로 정착이 되지 않고 있는 실정이다. 노인 문제를 행정적인 복지제도로 근본적으로 해결할 수 있는 것은 아니지만 열악한 환경에 처해 있는 노인들을 의식주의 궁핍에서 벗어나도록 해야 할 것이다. 노인을 위한 복지제도의 정착 이전에 먼저 가정의 가치관을 재정립하여 가정이나 사회에서 노인의 권위를 회복하는 것이 선행되어야 한다. 그리고 동시에 노인들의 사고방식의 변화도 이루어져야 한다. 노인들이 섬김 받는 입장에만 서지 말고 젊은 층을 이해하고 함께 생활할 수 있는 자세가 필요하다.

산술적인 나이로 마땅히 존경받을 만한 자격을 갖추고 있다고 생각하는 것은 옳지 않다고 경전에서 밝히고 있다.『잡아함경』에 나오는 이야기이다. 붓다가 사위국의 기수급고독원에 계실 적에 일어난 이야기이다. 존자 마하가전연은 바라나(婆羅那)의 오니지(烏泥池) 연못가에 있었으며, 많은 비구들과 어떤 문제로 함께 모여 있었다. 그때 나이 많고 신체가 연로한 범지가 찾아와, 한쪽에 지팡이를 짚고 서서 한동안 잠자코 서 있다가, 여러 비구들에게 말했다.

"여러 비구들이여, 그대들은 어찌하여 연로한 사람을 보고도 인사도 하지 않고 안부도 묻지 않으며, 앉으라고 공손하게 말도 하지 않습니까?"

그때 대중 가운데는 존자 마하가전연도 있었다. 그때 존자 마하가전연이 그 범지에게 말했다.

"우리 법에서는 연로한 사람이 올 경우, 다들 서로 말을 나누고 안부를 물으며, 공경히 예배하며 앉기를 청합니다."

범지가 화를 내며 말했다.

"내가 보기에 이 대중 가운데는 나보다 연로한 이가 없건만, 공경히 예배하며 앉기를 청하지 않았소. 그런데도 당신은 어찌 '우리 법에서는 연로한 이를 보면 공경히 예배하며 앉기를 청한다.'고 말하오?"

존자 마하가전연이 말했다.

"범지여, 혹 어떤 연로한 사람이 나이 80세나 90세가 되어, 머리는 희고 이는 빠졌더라도, 만일 젊은이의 법을 가졌다면 그는 연로한 사람이 아닙니다. 또 아무리 나이가 젊어 25세쯤 되어서, 살결은 탄력 있고 머리는 검어 한창 젊음과 아름다움이 넘치더라도, 연로한 이의 법을 가졌다면 그는 연로한 사람의 수에 포함됩니다."

범지가 어떻게 나이 80세나 90세가 되어도 젊은이의 법을 가졌다 하며, 또한 나이 25세쯤 되어서도 연로한 사람의 수에 포함되는지 물었다. 존자 마하가전연이 범지에게 말했다.

"다섯 가지 욕망이 있습니다. 이른바 눈은 빛깔을 분별하여 애착하고, 귀는 소리를, 코는 냄새를, 혀는 맛을, 몸은 촉감을 분별하여 애착합니다. 이 다섯 가지 대상에 대해 애착을 떠나지 못하였다면, 이런 사람은 아무리 나이 80세나 90세가 되어, 머리는 희고 이는 빠졌더라도, 그는 젊은이의 법을 가졌다고 합니다. 또 비록 나이 25세쯤 되어 살결은 희고 머리는 검어 한창 젊고 아름다운 몸일지라도, 다섯 가지 대상에 대해 애착을 떠났으면, 이런 사람은 비록 나이가 젊어 25세쯤 되어서, 살결은 희고 머리는 검어 한창 젊고 아름다운 몸일지라도, 그는 연로한 이의 법을 성취하여 연로한 사람의 수에 포함된다고 합니다."

연장자를 존경하는 것은 아름다운 풍속이다. 그러나 단지 오래 살았다는 시간의 길이로 연장자에게 공손해야 한다고 가르치고 있지 않다. 어떻게 살고 있는가 하는 삶의 질이 존경의 기준이 되는 것이라고 분명히 한다. 나이가 들어서도 행실이 탐욕에 가득 차 있다면 결코 존경의 대상이 될 수 없다는 것이다. 반대로 아무리 나이가 어리더라도 그 언행이 더러운 욕망에서 벗어나 있다면 마땅히 존경해야 한다는 것이다.

존경받으려면 존경받을 만한 자격을 갖추어야 한다는 것이다.

나이가 결코 기준이 될 수 없다는 것이다. 나이가 들수록 새로운 지식과 기술을 섭렵하여 급격한 사회 변화에 적절히 대응하기란 현실적으로 쉽지 않다. 그러나 인생을 많이 경험한 노인이 가지고 있는 미덕이 있다. 검소하게 살아가거나 인내하거나 자상한 모습을 보이면 주위 사람들은 아름다운 노인으로 여기고 존경하기 마련이다.

| **참고 경전** 『잡아함경』(대정장 II, p.141下).

제사 증후군

　　명절이나 제사 때가 다가오면 한국의 주부들 중 상당수가 심한 스트레스로 병이 난다고 한다. 명절이나 제사를 전후해 많은 주부들이 시름시름 앓는 속칭 '명절 증후군' 내지 '제사 증후군' 병이 있다. 소화가 안 되고 가슴이 답답하거나 심한 두통과 함께 심지어 밤잠도 제대로 못 이루는 증상까지 보이는 이런 '병 아닌 병'은 장보기, 상차리기, 설거지, 손님 접대 등 평소보다 많은 가사노동이 오로지 주부들에게 몰리기 때문에 생긴다고 한다.

　　명절이나 제사 때만 되면 '명절 증후군' 내지 '제사 증후군'이라는 증세가 생길 만큼 주부들에게 명절과 집안의 제사는 마지못해 해야 하는 힘든 의무가 되고 있다. 자발적으로 제사를 지내고 싶지 않은 것이다. 사실상 왜 제사를 지내야 하는지에 대한 뚜렷한 이유도 모르고 그 의미도 알지 못하고 있다. 어떤 종교 신도들은 제사를 미신 행위로 여겨 무시하기도 한다.

개신교 신자들을 제외한 대부분의 한국인들은 일 년에 두세 차례 제사를 지낸다. 현대 사회의 빠른 변화로 인해 대가족이 해체되고 이 도시 저 도시 흩어져 살기 때문에 과거처럼 제사지내는 것이 쉽지 않다. 그렇지만 많은 사람들이 여전히 제사를 지내고 있다. 어떤 학자가 붓다는 조상에게 제사지내는 것을 반대하고 금지하였다고 하는 취지의 주장을 신문에 투고한 글을 읽은 적이 있다. 이런 주장은 붓다의 진의를 오해할 소지가 있으므로 차라리 말하지 않는 것이 더 나을 것이다.

붓다는 조상에게 지내는 제사 자체를 부정한 적은 결코 없다. 조상에 대한 감사의 마음을 제사를 통해 드러내고자 하는 것인데 그것을 비난하거나 부정할 일은 아니다. 단지 형식적인 겉치레에 빠지는 것은 제사의 본래 기능을 저버리는 것이다. 제사는 후손이 조상의 음덕을 기리고 조상의 선행을 본받고자 하는 데 그 참된 의의가 있다. 그런데 이런 제사의 본래 목적은 저버리고, 고기 생선 떡 등 각종 음식을 마련하느라 분주하다면 이런 제사는 다시 생각해 보아야 한다. 제사는 죽은 조상을 위한 것이므로 정성껏 음식을 준비하고 조상을 기리면 바르게 제사를 지낸 것이라고 할 수 있다.

생문(生聞)이라는 바라문이 부처님께서 계신 곳으로 찾아가 아뢰었다.

"구담이시여, 저에게는 지극히 사랑하는 친족이 있었는데 갑자기 목숨을 마쳤습니다. 그래서 제가 그를 위해 믿는 마음으로 보시를 하려고 합니다만, 어떻습니까? 세존이시여, 그가 그것을 받을 수 있겠습니까?"

부처님께서 바라문에게 말씀하셨다.

"꼭 받을 것이라고 단정 지을 수는 없다. 만일 그대 친족이 지옥에 태어났다면 그는 지옥 중생들의 음식을 먹고 살아가야 할 운명이므로 그대가 믿는 마음으로 보시한 음식을 받지 못할 것이다. 만일 축생(畜生)이나 아귀(餓鬼)나 인간으로 태어났으면 또한 그 사람들의 음식을 먹어야 하므로 그대가 보시한 것을 받지 못할 것이다. 바라문이여, 아귀 세계 가운데에는 입처(入處) 아귀라는 한 곳이 있는데, 만일 그대 친족이 그 입처 아귀 가운데 태어났으면 그대가 보시한 음식을 받을 수 있을 것이다."

바라문이 부처님께 아뢰었다.

"만일 저의 친족이 그 입처 아귀 세계에 태어나지 못했을 경우 제가 믿는 마음으로 보시한 음식은 누가 먹게 됩니까?"

부처님께서 바라문에게 말씀하셨다.

"만일 그대가 믿는 마음으로 보시한 음식을 받아야 할 친족이 입처 아귀 세계에 태어나지 못했을 경우, 틀림없이 다른 아는 친족으로서 입처 아귀 세계에 태어난 사람이 그것을 받아먹을 것이다."

바라문이 부처님께 아뢰었다.

"구담이시여, 만일 제가 믿는 마음으로 보시한 음식을 받아야 할 친족이 입처 아귀 세계에 태어나지 못했고, 또 다른 아는 친족으로서 입처 아귀 세계에 태어난 사람도 없을 경우, 그 믿는 마음으로 보시한 음식은 마땅히 누가 먹습니까?"

부처님께서 바라문에게 말씀하셨다.

"설사 보시한 음식을 받을 친족이 입처 아귀 세계에 태어나지 못했고, 또 다른 아는 친족으로서 입처 아귀 세계에 태어난 이가 없더라도, 믿는 마음으로 한 그 보시는 시주 자신이 그 복을 얻을 것이다. 그 시주의 보시는 믿음의 보시로써 그 시주는 보시한 공덕을 잃지 않기 때문이다."

유교에서는 제사 음식을 죽은 조상이 먹는다고 믿는다. 그러나 붓다는 제사상에 올려놓은 음식은 입처 아귀에 태어난 자만이 먹을 수 있다고 밝히고 있다. 비록 망자가 제사상에 차려진 음식을 받아먹지 못할지라도 그 제사는 그 자체 선행이라고 밝히고 있다. 제사 행위에 대한 과보는 있다고 말씀하고 있다. 여기서 주목해야 할 부분은 제사 음식보다 마음이라는 사실이다.

생문 바라문은 사랑하는 망자를 위해 보시(제사)를 하고자 하는 마음을 가지면서 그 망자가 자신이 차릴 음식을 먹을 수 있을 것인지 물었다. 입처 아귀의 중생만 제사 음식을 먹을 수 있으므로 다른 존재로 태어난 망자에겐 제사 음식은 의미가 없다. 음식 자체가 중요한 것이 아니라는 점이다. 음식의 보시는 살아있는 이웃에게 보시하는 편이 나을 것이다. 자신이 직접 눈으로 음식을 받는 것을 볼 수 있기 때문이다. 망자가 내가 차린 음식을 먹을지 먹지 않을지 염려하기보다는 차라리 자신이 주고 싶은 산 사람에게 보시하는 것이 더 효과적일 것이다.

병이 날 정도로 음식을 장만하는 것이 현대의 주부들에게 큰 부담이 되고 있으므로 제사를 꺼려하는 경향도 나타나고 있다. 이상의 경전에서 제사 음식은 그렇게 중요한 것이 아니라는 것을 배웠다. 번잡하게 많은 음식을 장만하느라고 고생하지 말고 가족들이 함께 모여 정성들인 간결한 음식으로 조상의 선행을 기리는 현명한 제사법이 되어야 한다. 음식을 크게 차리는 것보다 붓다의 말씀을 담은 경전을 외우는 것이 더 나을 것이다. 망자뿐만 아니라 제사지내는 사람에게도 유익한 일이다.

| **참고 경전** 『잡아함경』(대정장 Ⅱ, p.272中).

최상의 독신 생활

지난 과거의 사회와 비교하여 현대 사회는 급변하고 있다. 사회의 모든 측면에서 그 변화 속도가 너무 빠르게 진행되고 있다. 급변하는 사회 제도 중에서 사회의 가장 기초 조직을 형성하고 있는 가족제도도 크게 변하고 있다. 미국이나 유럽 국가에선 전통적인 가족제도가 해체되기 시작된 지 오래이다. 가족제도를 중시하는 유교의 영향이 아직도 남아 있는 우리나라에서도 결혼을 하지 않고 독신 생활을 하는 사람이 많이 늘어나고 있다. 특히 여성들 사이에서 이런 현상이 두드러진다고 한다. 많은 여성들이 결혼을 하느니 혼자 살고, 집도 없이 셋방에서 고생하느니 혼자 벌어 즐기는 게 낫다고 생각한다.

부모 역시 결혼을 강요하지 않는다. 능력이 있으면 시집가지 않고 제 길을 걷는 것도 괜찮다는 부모가 늘어난다. 한국보건사회연구원의 조사 결과 25~29세 여성의 미혼율이 70년 10%에서 2000년 40%, 30~34세는 1%에서 11%로 급증하고, 결혼적령기의 여성 37.9%가 '결혼은 해도 좋고 하지 않아도 좋다'라고 대답했다고 한다.

독신 생활을 선호하는 사람들은 제각기 나름대로의 이유가 있겠지만 대체로 자유로운 자신만의 생활을 중시한다. 결혼을 하게 되면 여러 가지 의무와 구속이 발생하기 때문에 자신의 이상이나 행복을 희생시킨다고 독신주의자는 생각한다. 특히 여성 독신주의자들은 남성 중심의 혼인 및 가족제도에 대하여 반대하며 자유롭게 홀로 사는 것을 선택한다. 결혼이 가져올 구속을 피해 출가하지 않고 홀로 산다는 것이 결코 쉬운 일이 아니다. 결혼을 하지 않으면 노후에 돌봐줄 남편도 자식도 없기 때문에 독신 여성은 그 누구보다도 돈이 많이 필요하다는 위기의식으로 20~30대 독신 여성들이 재테크에 큰 관심을 보이고 있다고 한다.

출가라는 말에는 두 가지 용례가 있다. 첫째, 한 여자가 다른 집안의 남자에게 시집가는 것을 출가(出嫁)라고 한다. 이때 출가는 자신이 살던 집을 떠나 다른 남자의 집으로 들어가는 것을 의미한다. 둘째, 불교계에서 사용되는 출가(出家)는 자신을 구속하고 있던 집을 나와 결혼하지 않고 독신 생활을 하는 것이다. 첫 번째 용례에서는 출가는 단지 집을 바꾸는 것이다. 반면에 두 번째 종류의 출가는 가정(결혼) 생활을 하지 않고 유행 생활을 하는 것이다.

현대의 독신주의자는 결혼을 하지 않는다는 점에서 적어도 외형적으로나마 비구나 비구니와 동일하다. 그러나 독신 생활의 이유는 다르다. 현대의 독신주의자는 외형적인 구속에서 벗어난 자유를 추구하는 데 비해, 불교의 출가 수행자는 모든 구속에서 벗어난 완전한 자유를 목표로 한다. 현대 독신주의자가 구가하는 자유는 자신의 편리를 중심으로 이루어지며 개인적이거나 이기적이다.

반면에 승려의 자유는 내면적으로 번뇌의 구속에서 벗어난 것이면서도 외형적으로 가족 등의 구속에서 구애받지 않는 것이다. 이런 승려의 자유는 가족 등 인간관계에 구속받고 있는 사람들에게 진정한 자유가 무엇인지를 보여 준다.

어느 때 부처님께서 사위국 기수급고독원에 계실 때의 일이다. 상좌(上座)라는 비구가 있었는데, 그는 혼자서 어느 곳에 머물러 있으면서 항상 혼자 머물러 있는 이를 찬탄하고 혼자 다니면서 걸식하며, 걸식을 마치고는 혼자 돌아와 혼자 앉아 선정에 들곤 하였다. 비구 대중들이 부처님께 상좌 비구의 독신 생활에 관해 아뢰었다.

부처님은 상좌 비구를 불러오도록 한 다음, 상좌 비구에게 말씀하셨다.

"너는 정말로 혼자 살고 있으며 혼자 있는 이를 칭찬하고 혼자 다니면서 걸식하며, 혼자 돌아와서는 혼자 앉아 선정에 들곤 하느냐?"

상좌 비구가 부처님께 아뢰었다.

"저는 홀로 생활하고 있습니다."

부처님께서 상좌 비구에게 말씀하셨다.

"너의 그것이 혼자의 삶이니, 나는 혼자의 삶이 아니라고 말하려는 것이 아니다. 그보다 더 훌륭한 혼자의 삶이 있다. 어떤 것이 훌륭하고 묘한 혼자의 삶인가? 비구야, 이른바 과거는 말라빠지고, 미래는 아주 멸하여 없는 것이며, 현재는 탐하거나 기뻐하는 것이 없다. 마음에 망설임이 없고 걱정이나 후회를 버려, 모든 존재의 애욕을 여의고 온갖 번뇌를 다 끊으면 그것을 혼자의 삶이라고 하나니, 이보다 더 훌륭한 혼자의 삶은 없느니라."

사람들과 떨어져 사는 것은 외형적인 독신 생활이고 그것보다 더 나은 독신 생활은 모든 번뇌에서 떨어져 나와 사는 것이다. 즉 내면적인 독신 생활이 더 중요하다고 가르치고 있다. 부처님께서 최상의 독신주의자에 관해 설하셨다.

모든 것 골고루 환하게 비추고
온갖 세상을 두루 알아서
일체의 법에 집착하지 않으면

일체의 애욕을 모두 떠난 것이니
이렇게 즐겁게 사는 사람을
혼자서 사는 이라고 나는 말한다.

　　결혼하지 않기 때문에 배우자나 자식이 없으므로 이들로부터의 구속에서 벗어났다고 하지만 결코 온전한 자유라고 할 수 없다. 혼자 밥 먹고 혼자 자고 혼자 지내는 것이 진정한 독신 생활이 아니다. 사람이나 제도로부터 완전히 자유로워지는 것은 가능하지 않다. 왜냐하면 인간은 사회적 동물로 사람들과 어울려 살 수밖에 없는 존재이기 때문이다. 따라서 사회 제도로부터 떨어져 다른 사람들과 교류 없이 홀로 산다는 것은 바람직하지도 않고 가능하지도 않다. 대신 마음을 구속하고 있는 탐욕, 증오, 무지로부터 자유로워야 진정으로 홀로 산다고 할 수 있다. 탐욕 등의 번뇌와 어울리지 않고 마음이 홀로 있을 때 완전한 독신 생활을 할 수 있다고 가르친다.

| **참고 경전** 『잡아함경』(대정장 II, p.278上).

인욕의 두 달인

2004년 아테네에서 개최된 올림픽 마라톤경기에서 브라질의 리마는 줄곧 선두를 달리다가 결승선을 불과 5km 남짓 앞두고 갑자기 코스에 뛰어든 괴한에게 떠밀려 레이스를 망치고서도 동메달을 획득하였다. 리마의 경주를 지켜본 사람이라면 거의 모두 리마가 불상사가 없었더라면 우승하였을 것이라고 거의 확신할 수 있었다. 브라질 선수단은 즉각 국제올림픽위원회에 항의하고 금메달 공동 수여를 요구했지만 정작 리마는 "사고가 없었다 해도 내가 우승할 수 있었는지 장담할 수 없다. 나는 3위 이내 입상을 목표로 했고 영광스러운 동메달을 받았다."고 의연히 말했다.

보통 선수였더라면 갑작스런 괴한의 방해에 직면하여 분노에 못 이겨 경주를 포기하거나 괴한에게 욕설을 퍼부었을 것이다. 이런 선수의 행동에 대해 비록 아름답지 않지만 관중들은 충분히 그의 불만스러운 태도를 이해하고 동조하게 된다. 그러나 리마는 달랐다. 부당한 방해에도 불구하고 인욕하며 최선을 다하여 달렸다. 그는 어느 누구도 비난하지 않았고 누구도 비난 받아서는 안 된다고 분명히 하였다. 방해한 사람에 대해서도 그는 전혀 악한 감정이 없다고 강조하며 만나면 포옹을 해 주고 싶다고 한다. 리마는 인욕의 달인이라고 할 수 있다.

『부루나경(富樓那經)』에 부처님의 제자인 부루나가 인욕의 좋은 본보기로 묘사되고 있다. 부처님께서는 부루나를 위해 간략히 법을 설한 후 그에게 말씀하셨다.

"너는 어디에 머무르고자 하느냐?"

부루나가 부처님께 아뢰었다.

"저는 서방 수로나(輸盧那)로 가서 세상에서 유행하고자 합니다."

부처님께서 부루나에게 말씀하셨다.

"서방의 수로나 사람들은 거칠고 모질며 가볍고 성급하며 못되고 사나우며 비난하기를 좋아한다. 부루나야, 네가 만일 그들의 거칠고 모질며 가볍고 성급하며 못되고 사나우며 비난하기를 좋아하며 헐뜯고 욕하는 말을 듣는다면 마땅히 어떻게 하겠느냐?"

부루나가 부처님께 아뢰었다.

"세존이시여, 만일 저 서방(西方)의 수로나 사람들이 면전에서 거칠고 모질며 심한 말로 비난하고 헐뜯고 욕한다면, 저는 '저 서방의 수로나 사람들은 어질고 착하며 지혜롭다. 비록 내 앞에서 거칠고 모질며 못되고 사나우며 비난하기를 좋아하고 나를 헐뜯고 욕하지만, 그래도 손이나 돌로 나를 때리지는 않는구나' 하고 생각하겠습니다."

부처님께서 부루나에게 말씀하셨다.

"저 서방의 수로나 사람들이 거칠고 모질며 가볍고 성급하며 못되고 사나워서 너를 비난하고 욕하기만 한다면 너는 벗어날 수도 있겠지만, 다시 손이나 돌로 때린다면 마땅히 어떻게 하겠느냐?"

부루나가 부처님께 아뢰었다.

"세존이시여, 저 서방의 수로나 사람들이 만일 손이나 돌로 저를 때린다면, 저는 '수로나 사람들은 어질고 착하며 지혜롭다. 비록 손이나 돌로 나를 때리지만 칼이나 몽둥이를 쓰지는 않는구나'라고 생각할 것입니다."

"만일 그 사람들이 혹 칼이나 몽둥이로 너에게 해를 입힌다면 너는 다시 어떻게 하겠느냐?"

"세존이시여, 만일 그 사람들이 혹 칼이나 몽둥이로 저에게 해를 입힌다면, 저는 '저 수로나 사람들은 어질고 착하며 지혜롭다.

비록 칼이나 몽둥이로 내게 해를 입혔지만 죽이지는 않는구나'라고 생각하겠습니다."

부처님께서 부루나에게 말씀하셨다.

"가령 그 사람들이 혹 너를 죽인다면 어떻게 하겠느냐?"

부루나는 부처님께 아뢰었다.

"세존이시여, 만일 서방의 수로나 사람들이 혹 저를 죽인다면, 저는 '모든 세존의 제자들은 몸을 싫어하여 혹 칼로 자살하기도 하고 독약(毒藥)을 먹기도 하며 노끈으로 스스로 목을 매기도 하고 깊은 구덩이에 몸을 던지기도 한다. 저 서방 수로나 사람들은 어질고 착하며 지혜롭다. 썩어 무너질 나의 몸을 조그마한 방편으로써 곧 해탈하게 하는구나' 하고 생각할 것입니다."

부처님께서 말씀하셨다.

"훌륭하다. 부루나야, 너는 인욕(忍辱)을 잘 배웠구나. 너는 이제 수로나 사람들 틈에서 지낼 수 있을 것이다. 너는 이제 떠나 건지지 못한 사람을 건네주고, 편안하게 하지 못한 사람을 편안하게 하며, 열반을 얻지 못한 자들에게 열반을 얻게 하라."

선의를 가지고 대하였는데도 상대방이 자신을 제대로 대접하지 않으면 분노가 활활 타오른다. 말로 모함하고 비방하면 더 참기 어렵다. 부루나는 아직 욕설에 머물고 손이나 돌로 자신을 괴롭히지 않기 때문에 오히려 그들이 착하다고 생각하며 참는다는 것이다. 심지어 죽임을 당하는 순간에도 그들을 미워하지 않으며 착한 사람으로 생각하며 감사해 한다고 인욕의 완성을 말하고 있다. 상대방이 어떠한 해로운 행동을 하더라도, 심지어 죽일지라도 미워하지 말고 좋게 생각하라는 가르침은 너무나 실천하기 어려운 것 같다. 다만 바라건대 지극히 사소한 일에 분노하거나 스스로 잘못 생각하여 화를 내는 일만이라도 일상생활에서 실행할 수 있다면 좋겠다. 리마 선수의 아름다운 행동이 부루나 존자의 인욕행과 더불어 오랫동안 잊혀지지 않고 귀감이 되기를 바란다.

| **참고 경전** 『잡아함경』(대정장 II, p.89中).

우리나라 선수가 패할 때 마음이 아픈 이유

2004년 마라톤을 끝으로 아테네 올림픽경기가 모두 완료되었다. 200여 개의 국가에서 온 선수들이 서로 치열하게 경쟁하며 금메달을 향해 선전하였다. 우리나라 선수들도 여러 경기에서 선전하여 국민들의 응원에 보답하였다. 금메달을 목에 걸고 월계관을 쓴 한국 선수가 시상대에 올라 태극기를 향해 서 있는 모습을 지켜보면 감동이 밀려오는 것을 느낀다. 태극기가 천천히 공중으로 올라가고 애국가가 울려 퍼지면 환희와 감동으로 눈에는 눈물이 고이고 가슴엔 형언할 수 없는 감정이 쏟아진다. 태권도에서 금메달을 획득한 대만의 선수와 대만 사람들은 자국의 국기와 국가를 사용하지 못하자 통한의 눈물을 흘렸다. 거대한 중국의 힘에 밀려 대만은 공식적으로 국가로서 인정받지 못하고 있는 것이다.

금메달 획득은 단순히 특정 경기 종목에서, 세계에서 가장 뛰어난 선수에게 주는 상 이상의 의미가 담겨 있다. 민족주의 내지 국가주의가 담겨 있는 것이다. 자기 민족 내지 자기 국가가 세계에서 가장 우수하다는 신념을 스포츠를 통해 드러내고 확인하고 싶은 것이다. 우리나라 선수가 다른 나라의 선수들과 상대하여 선전할 때 우리는 환호하고 즐거워한다. 밤늦게까지 지켜보지만 전혀 피곤하지도 않다.

그러나 반대로 우리나라 선수가 어이없게 타국의 선수에게 지게 되면 낙담하게 된다. 잠을 참아가며 밤늦게까지 지켜본 것을 후회하게 되고 피로가 엄습한다. 우리나라와 관계가 좋지 못한 나라의 선수와 경기를 하게 되면 감정의 굴곡이 더 심하다. 우리나라 선수의 승패에 가슴 조이며 안절부절못한다. 반면에 우리나라 선수가 참여하지 않은 경기를 지켜볼 땐 우리는 그렇게 흥분하지 않는다. 좀더 객관적으로 선수들의 기량과 재주를 지켜보며 즐긴다.

왜 우리나라 선수의 경기를 지켜볼 땐 가슴 조이며 다른 나라 선수끼리의 경기엔 초연할 수 있을까? 다음의 경전에서 그 답을 찾아보자.

부처님께서 촌장에게 말씀하셨다.

"만일 어떤 중생이 이 울비라 마을에 살고 있는 사람을 결박하거나 때리거나 꾸짖거나 혹 죽인다면, 네 마음에 근심이나 고통이 일어나겠느냐?"

촌장이 부처님께 아뢰었다.

"세존이시여! 일정하지는 않습니다. 이 울비라 마을에 살고 있는 사람들 중 내가 아끼는 사람이거나 원하는 사람이거나 애정을 두고 있는 이거나 서로 친한 이라면, 그가 결박되거나 맞거나, 혹 꾸짖음을 듣거나 죽임을 당할 때에, 저는 곧 근심이나 고통이 생길 것입니다. 그러나 만일 그 중생에 대하여 내가 아끼지 않거나 원하지 않거나 애정이 없거나 서로 친한 사이가 아니라면, 그가 혹 결박되거나 맞거나, 꾸짖음을 듣거나 죽임을 당한다한들 제가 어찌 쓸데없이 고통을 일으키겠습니까?"

촌장의 대답은 우리 중생들의 사고방식을 잘 대변하고 있다. 자신이 아끼는 사람이 사고를 당하거나 질병에 걸리게 되면 애를 태우고 고통스러워한다. 자신의 애정이 더 많이 간 사람일수록 그 사람에게 좋지 않은 일이 생기면 그 고통이 비례하여 극심해진다. 심지어 사랑하던 사람이 죽으면 상실의 고통을 이기지 못하고 따라 죽기도 한다.

그러나 자신과 관계가 없는 사람이 불행한 일을 당하게 되더라도 그렇게 근심하거나 고통스러워하지 않는다. 멀리 떨어진 나라에서 지진이 발생하여 수많은 사람이 죽더라도 자기가 정성들여

키우던 개가 죽을 때만큼 고통스럽지 않다. 대상에 대한 애착 여부에 따라 고통의 감정이 일어나는 것이다.

부처님께서 촌장에게 말씀하셨다.

"중생들에게 생기는 갖가지 괴로움은 모두가 다 애욕이 근본이 된다. 괴로움은 애욕에서 생기고 애욕으로 인해 쌓인다. 그러므로 촌장이여! 만일 전혀 애착이 없으면 곧 근심과 괴로움의 번뇌도 없어질 것이니라."

애욕이나 애착은 대상을 자기 자신과 연관지어 생기는 이기적인 감정이다. 배타적인 애착심 없이 경기를 본다면 경기를 즐길 수 있을 것이다. 원래 올림픽경기는 개개인의 기량을 겨루었다고 한다. 고대 그리스 도시국가에서 12세 이상 시민이라면 누구나 올림픽선수로 참가할 수 있었는데 국가를 대표한 것이 아니라 개인 자격으로 참가했다. 올림픽은 개인의 역량과 덕을 가리는 선의의 경쟁이었지 국가나 민족의 우열을 매기는 것이 아니었던 것이다.

다음 국제대회에선 배타적인 국가주의나 민족주의에 휩싸이지 말고 가장 훌륭한 기량을 다투는 선수들의 경기를 관람할 수 있어야 할 것이다. 무슨 경기이든 우리나라 선수가 다른 나라의 선수와 경기할 때 배타적인 민족주의에서 벗어나 경기 자체를 즐길 수 있어야 한다. 특히 한국과 관계가 원만하지 않은 나라와 경기할 땐 민족적인 감정에서 벗어나도록 주의해야 할 것이다. 스포츠를 통해 배타적인 자국주의를 해소해야지 역으로 배타적인 민족주의를 조장한다면 그런 스포츠는 하지도 보지도 않는 것이 나을 것이다. 스포츠는 적대적인 싸움이 아니라 함께 즐기기 위한 게임에 불과한 것이다.

| **참고 경전** 『잡아함경』(대정장 II, p.229下).

제5장

붓다의 전생 이야기

현명한 상인
세리바(Seriva)의 두 상인
까마귀가 죽은 이유
끔찍한 새소리
동물을 제물로 삼지 말라
누구도 믿지 말라
누가 존경 받아야 하는가?
어린 메추라기의 발원
바람난 아내
기적을 일으킨 물고기의 기도
부처님을 비방한 왕비
술의 기원과 음주의 해악
걸어서 강 건너기

현명한 상인

아나타핀디카(Anātha Piṇḍika)와 많은 외도들은 붓다의 설법을 듣고 붓다에게 귀의했다. 제타바나(Jetavana, 기원정사)에 붓다가 머무는 동안 외도들은 급고독장자와 함께 붓다의 설법을 듣곤 했다. 붓다가 라자가하(Rājagaha, 왕사성)로 떠나자, 외도들은 붓다에 대한 신심을 잃고 이전의 상태로 빠지게 되었다. 붓다가 다시 기원정사로 돌아오자, 급고독장자는 외도들을 붓다에게 데리고 갔다. 붓다는 불·법·승 삼보에 굳건한 믿음을 가지게 되면 고통의 세계에 떨어지지 아니하고, 천상에 태어날 것이라고 가르쳤다. 삼보에 관한 신심은 열반의 증득에 이를 것이라고 외도들을 교화했다.

붓다는 사견(邪見)을 믿고 지니고 있는 사람에게 닥치는 해악과 정견(正見)을 수지하고 있는 사람에게 다가오는 이익에 대해 다음의 본생담을 이야기한다.

아주 먼 옛날에 카시(Kāsi)를 브라흐마닷타(Brahma-datta)왕이 통치하고 있을 때 상인의 아들로 보살은 태어났다. 보살은 자라서 500대의 수레를 거느리는 대상이 되어 여러 지역으로 장사를 하러 다녔다. 그런데 그때 그 나라엔 어리석은 젊은 상인이 있었다. 보살은 500대의 수레에 값있는 상품을 가득 싣고 떠날 준비를 했다. 보살은 생각했다.

'만약 이 어리석은 상인이 나와 함께 간다면, 길은 매우 분주하게 될 것이어서 동시에 갈 수 없을 것이다. 사람들은 땔나무나 물을 얻기 어렵고, 소들은 물도 구하기가 힘들 것이다. 그가 먼저 가든지 내가 먼저 가든지 해서, 동시에 가서는 안 된다.'

그래서 보살은 어리석은 상인에게 동시에 갈 수 없으니 먼저 가든지 나중에 가든지 선택을 하라고 묻도록 했다. 어리석은 상인은 먼저 출발하는 것이 좋을 것이라고 생각했다.

'소들은 신선한 풀을 찾을 수 있고 손대지 않는 곡물도 풍부할 것이다. 내가 원하는 가격에 물건을 팔 수 있을 것이다.'

그러나 보살은 반대로 생각했다.

'먼저 가는 사람은 길을 고르게 할 것이어서 나는 편하게 갈 것이다. 그들의 소들은 자란 지 오래된 질긴 풀을 먹을 것이다. 우리의 소들은 새로 자란 부드러운 풀을 먹을 것이다. 그들은 자란 지 오래된 곡물을 먹을 것이고 물이 없는 곳에는 우물을 팔 것이다. 흥정하는 일은 무척 힘든 일이다. 우리는 그들이 흥정한 대로 힘들이지 않게 팔 것이다.'

사막은 도둑과 맹수, 물 부족, 귀신, 곡물의 부족 등으로 황폐화되어 있었다. 따라서 이 사막을 건너려는 상인들은 물이 가득한 물동이 등을 실어야 한다. 어리석은 상인과 그의 부하들이 사막의 중간에 이르게 되었을 때, 거기에 살고 있던 귀신은 그들로 하여금 물을 버리게 하고, 그들이 지칠 때 한 명씩 한 명씩 잡아먹기로 하였다. 그래서 귀신은 하얀 황소가 끌고 있는 수레를 만들고 꽃으로 장식하였다. 귀신은 자신의 머리와 옷이 모두 젖은 것으로 보이게 하고, 수레바퀴엔 진흙이 묻어 있게 했다. 그의 부하들도 마찬가지로 젖게 하고, 연꽃의 뿌리를 먹게 하였다.

귀신은 어리석은 상인에게 다가가서 어디로 가느냐고 물었다.

"우리는 베나레스에서 왔습니다. 그런데 당신은 젖어 있고 연꽃의 줄기를 먹고 있으며, 진흙과 물이 흘러내리고 있습니다. 당신이 오던 길에 비가 내렸습니까? 수중식물로 가득 찬 호수가 있었습니까?"

"조금만 가면 푸른 숲이 나오고 거기부터는 어디나 물이 풍부합니다. 언제나 비가 오고, 연못은 가득 차 있고, 연꽃이 여기저기

가득합니다."

귀신은 수레들을 훑어보면서 수레에 무엇이 실려 있는지 물었다. 물을 싣고 있다는 말을 듣고 귀신은 이제부터 물이 풍부하니 지금까지 힘들게 가지고 온 물을 버려도 괜찮다고 유혹했다. 상인으로 변장한 귀신과 그의 부하들이 떠나고 난 뒤 어리석은 상인들은 물을 실은 항아리를 모두 내팽개쳤다. 짐을 덜었다는 기분으로 즐겁게 출발했다. 곧 지치게 되었다.

그러나 물은 한 방울도 없었다. 물이 없었으므로, 밥을 지을 수도 없었고, 소들은 아무것도 먹지 못했다. 그들이 지쳐서 잠이 들 때, 귀신들이 돌아와서 상인들과 소들을 모두 잡아먹었다. 그들의 뼈들은 여기저기 흩어져 버렸고 수레는 길에 그냥 방치해 두었다.

어리석은 상인이 출발한 지 한 달 보름 뒤 보살은 떠났다. 사막의 입구에 이르러 물을 가득 담은 항아리를 수레에 싣고 난 뒤 상인들에게 말했다.

"나의 허락 없이는 한 방울의 물도 낭비하지 마라. 사막엔 해로운 나무가 있으니, 나의 허락 없이는 이전에 본 적이 없는 잎이나 꽃이나 열매를 따먹지 마라."

500대의 수레와 상인이 사막의 중앙에 도달했을 때, 저 귀신이 허겁지겁 상인으로 변장하여 보살에게 나타났다. 보살은 즉시 그의 정체를 파악했다.

'이 사막엔 물이 없다. 그리하여 이 사막의 이름은 메마른 사막이다. 이 사람은 눈이 붉고, 대머리이고 그림자를 드리우지 않는다. 먼저 출발했던 어리석은 상인은 틀림없이 이 사람의 유혹에 넘어가 물을 버렸고, 결국 희생되었을 것이다.'

보살은 변장한 귀신에게 말했다.

"더 많은 물을 발견하기 전에는 우리가 지금 갖고 있는 물을 버리지 않겠다. 물을 발견하는 즉시 가지고 있는 물을 버릴 것이다."

귀신이 떠난 뒤 상인들은 보살에게 간청했다.

"저들에 의하면, 조금만 가면 푸른 숲이 나오고 거기서부터는 늘 비가 온다고 합니다. 그리고 그들은 온갖 종류의 연꽃을 가지고 있었고, 연의 줄기를 먹고 있었습니다. 우리가 갖고 있는 물 항아리를 버려 수레의 짐을 가볍게 하면 좀더 빨리 갈 수 있습니다."

보살은 상인들에게 되물었다.

"이 사막에 연못이나 호수가 있다고 들은 적이 있느냐?"

"들은 적이 없습니다."

"사람들의 말에 의하면 푸른 숲 너머에는 비가 온다고 하였는데 비바람은 어느 정도의 거리부터 느껴지는가?"

"약 4.8km부터입니다."

"그런데 그대들은 비바람을 느끼는가?"

"그렇지 않습니다."

"비구름은 어느 거리부터 보이는가?"

"약 4.8km부터입니다."

"그대들 중 누가 한 점의 비구름을 보았는가?"

"어느 누구도 보지 못했습니다."

"번개는 어느 거리에서 들리는가?"

"약 20km부터입니다."

"그대들 중 번개를 본 사람이 있는가?"

"그렇지 않습니다."

"천둥은 어느 정도 거리에서 들리는가?"

"약 10km입니다."

"그대들 중 누가 들은 사람이 있는가?"

"아무도 없습니다."

"조금 전 그대들이 본 사람은 귀신들이다. 우리들을 잡아먹기 위해 거짓말을 한 것이다. 먼저 출발했던 어리석은 상인과 그의 부하들은 그들의 거짓말에 넘어가 희생되고 말았을 것이다. 조금의 물도 버리지 말고 가자."

길을 떠난 지 얼마 되지 않아, 뼈들이 여기저기 흩어져 있고 수레들이 내팽개쳐져 있는 것을 발견하였다. 보살은 수레를 서로 엮어 원형으로 외곽에 배치하고 사람과 소들에게 충분한 음식을 공급하고, 소들은 사람들로부터 보호받을 수 있는 거리에 눕혔다. 그리고 보살은 칼을 뽑아 들고 온 밤을 경계하며 보냈다. 날이 밝자 보살은 먼저 상인이 버렸던 것 중 튼튼한 수레와 값진 물건들을 가지고, 값어치가 없는 것은 버렸다. 목적지인 시장에 도착하여 제조비용의 2배 내지 3배의 높은 가격으로 물건들을 모두 팔고 자기의 고향으로 안전하게 되돌아갔다.

이상의 전생담을 말한 뒤 붓다는 덧붙였다.
"제자들이여! 옛적에 자신의 사고만 믿고 의지한 사람들은 모두 희생당했고, 반면에 진실을 지니던 사람들은 귀신들의 유혹에 빠지지 않고 가고자 했던 목적지에 가서 물건을 팔고 안전하게 자신의 고향으로 되돌아갔다."
그리고 붓다는 다음의 게송을 설한다.

"어느 누구도 의심할 수 없는 것을 어떤 사람은 말한다.
단순한 사변주의자들은 그것을 부정한다.
현자는 그것이 의미하는 바를 안다.
그리고 진실인 것을 진실로 여긴다."

자신의 생각과 지식을 믿고 행동하는 것이 얼마나 위험한 것인가를 이 자타카는 잘 보여 주고 있다. 꾸며낸 모습과 말에 쉽게 넘어가 심한 고통을 당하는 일도 자주 목격한다. 어느 것이 옳고 어느 것이 그른지 분명하게 구별할 수 없는 경우가 있다. 섣불리 자신의 머리만 믿고 행동하는 것이 얼마나 치명적인 일인지를 어리석은 상인의 이야기는 잘 대변하고 있다. 귀신의 꾸며낸 말을 그대로 믿고 받아들인 결과가 생명을 앗아간 것이다. 누구의 말이 옳은지 누구의 말이 그른지 판단할 능력이 없을 때는, 붓다의 말씀을 진실로 여기라고 자타카는 가르치고 있다. 붓다에 관한 맹목적인 믿음이 아니라 진실을 말하는 붓다의 말씀을 받아들여 생활할 것을 가르치고 있다.

| **참고 문헌** Jataka No 1.

세리바(Seriva)의 두 상인

낙담하며 미래에 대해 아무런 희망을 가지고 있지 않던 한 비구를 격려하기 위해 사밧티에서 부처님이 머물고 있을 때 하신 이야기이다. 부처님은 그 비구에게 용기를 북돋웠다.

"만약 그대가 열반에 이르게 하는 가르침을 수행하는 것을 포기한다면, 그대는 오랫동안 고통을 맛볼 것이다. 마치 세리바의 한 상인이 수백만 원의 가치를 지닌 금 그릇을 잃어버리고 고통 받은 것과 같이 될 것이다."

이 상인에 관한 이야기를 듣고 싶다고 하자, 부처님은 다음의 전생 이야기를 해 주었다.

아주 먼 옛날, 보살은 정직한 상인이 되어 세리바국에서 장신구를 팔았다. 보살은 탐욕스러운 상인과 함께 경쟁관계에 있었다. 어느 날 두 상인은 텔라바하(Telavaha) 강을 건너 번화한 안다푸라(Andhapura)시에서 물건을 팔게 되었다. 보통 때처럼 서로 경쟁하지 않기 위해, 도시를 반으로 나누어 각각 물건을 팔기로 하였다. 이 도시엔 붕괴 직전의 거대한 저택이 있었다. 몇 해 전까지만 해도 이 저택에 살고 있던 가족들은 부유한 상인이었지만, 재산은 점점 줄어들어 조금도 남지 않게 되었고 남자들은 모두 죽었다. 오로지 손녀와 할머니가 간신히 생계를 꾸려가고 있었다.

탐욕스러운 상인이 여기저기 돌아다니다가 이 집에 이르러 외쳤다.

"구슬 목걸이 사세요."

어린 손녀가 듣고 할머니에게 조그마한 구슬 목걸이를 사달라고 간청하였다. 할머니가 집엔 돈이 한 푼도 없어서 사줄 수 없다고 대답하자 손녀는 갑자기 오래된 그릇을 떠올렸다.

"할머니! 이 낡은 그릇을 주고 멋진 구슬 목걸이를 얻으면 되지 않나요?"

이 낡은 그릇은 가장이었던 부유한 상인이 사용하였던 것으로, 그가 살았을 땐 그릇은 아름답고 값비싼 것이었지만, 그가 죽고 난 후 그릇은 다른 항아리와 그릇에 뒤섞이고 잊혀졌다. 오랫동안 사용되지 않았기 때문에 그릇은 녹으로 뒤덮이게 되었다. 그래서 손녀와 할머니는 그 그릇이 금으로 만들어져 있다는 것은 상상조차도 할 수 없었다.

할머니는 상인에게 집안으로 들어오게 하여, 그릇을 보이며 말했다.

"내 손녀가 구슬 목걸이를 갖고 싶어 하는데 이 그릇과 구슬 목걸이나 다른 장신구하고 바꾸어 주지 않겠습니까?"

상인은 그릇을 손에 들고 이리저리 살펴보았다. 금 그릇이 아닐까 의아해하면서 바늘로 그릇의 표면을 긁어 보았다. 상인은 즉시 그릇이 금으로 만들어진 것임을 알았다. 내색을 하지 않으면서 상인은 어떻게 할까 생각하였다. 욕심이 가득 치밀어 올라 그는 아무것도 주지 않고 그냥 그 그릇을 얻고자 하였다. 짐짓 화를 내며, 상인은 소리를 질렀다.

"나에게 왜 이런 돈도 안 되는 그릇을 가져오느냐? 이것은 반 푼의 값어치도 없다."

상인은 그릇을 바닥에 던지고 일어서 태연한 척 하며 집 밖으로 나가버렸다. 얼마 후 정직한 상인이 여기에 돌아다니며 물건을 팔다가 할머니와 손녀가 살고 있는 집에 이르러 외쳤다.

"구슬 목걸이 팝니다."

다시 한 번 어린 손녀는 할머니에게 이전과 똑같이 목걸이를 사달라고 빌었다. 늙은 할머니는 조용히 타일렀다.

"아가야! 조금 전에 상인이 그 오래된 그릇을 바닥에 내팽개치고 집을 나가지 않았느냐? 이 그릇 이외에 무엇으로 목걸이와 교환할 수 있겠니?"

손녀는 응답했다.

"할머니! 조금 전의 상인은 탐욕스럽게 보였어요. 지금 이 상인은 정직한 것 같아요. 아마도 그릇을 받아 줄 거예요."

할머니는 손녀의 간청에 못 이겨 할 수 없이 상인을 집안으로 들어오게 하고, 그릇을 건네주었다. 상인은 즉시 그 그릇이 금으로 만들어진 것임을 알고 말했다.

"할머니! 이 그릇은 수백만 원의 가치가 있어요. 미안하지만 나는 그만한 돈이 없어요."

상인이 이렇게 말하자 할머니는 말했다.

"조금 전 한 상인은 이 그릇은 반 푼의 가치도 없다고 말하면서 화를 내며 바닥에 내팽개쳤어요. 지금 당신의 정직한 감정에 의해 이 그릇이 금 그릇임이 판명되었어요. 이 그릇을 가지세요. 그리고 우리에게 무엇인가를 좀 주세요. 우리는 만족할 거예요."

그때 상인은 자신이 가지고 있던 돈과 장신구를 모두 할머니에게 주고 그릇을 가졌다. 서로 상대방에게 고마워하며, 상인은 금 그릇을 가지고 고향으로 돌아갔다.

정직한 상인이 떠난 지 얼마 되지 않아 탐욕스러운 상인이 할머니의 집으로 다시 되돌아와, 겉으로 마지못해 그들의 제안을 받아들이는 척 하였다.

상인은 그릇을 가져오면 장신구 한두 개를 주겠노라고 말하자, 할머니는 분노의 음성으로 외쳤다.

"이 사기꾼! 너는 우리의 금 그릇을 반 푼의 가치도 없다고 하였다. 다행히도 정직한 상인이 와서 금 그릇임을 알려주었다. 그는 우리에게 충분한 돈을 주고 가져갔다. 너는 너무 늦었다."

상인은 할머니의 말을 듣고, 격심한 고통이 온몸을 엄습하고 있는 것을 느꼈다.

탐욕스러운 상인은 동료 상인이 자신의 금 그릇을 강탈하여 갔다며 외치며, 울부짖었다. 자신이 가지고 있던 물건과 돈은 모두 내팽개치고, 저울대를 몽둥이로 삼아 강을 향해 달리기 시작하였다. 강변에 도달해 보니 이미 동료 상인은 강 한가운데에 있었다. 좌절한 상인은 강 언덕에 서서 자신의 경쟁자가 금 그릇을 가지고 떠나는 것을 지켜볼 수밖에 없었다. 이렇게 지켜보고 있자니 격렬한 증오심이 마음속에 치솟아 올랐고, 심장은 요동을 치고, 입에서 피가 흘러 나왔다. 마침내 뜨거운 태양에 논밭이 갈라지는 것처럼 그의 심장도 산산조각이 나게 되었다.

붓다의 가르침은 금 그릇 이상의 가치를 지니고 있다. 그 가치를 알지 못하거나 또는 알면서도 다른 욕심으로 붓다의 가르침을 포기하는 것은 금 그릇을 알면서도 더 큰 욕심으로 일시적이지만 내버려 두어 영영 얻지 못하게 된다. 불법의 진정한 가치를 볼 수 있는 안목을 가지고 불법에 귀의하는 것은 결코 쉬운 일이 아니다. 어떠한 계기이든 불문에 들어오고 나서 다른 유혹에 빠져 중도에 포기하는 것은 있어선 안 된다고 가르치고 있다. 금 그릇이야 장신구에 지나지 않지만 불법은 생명과 직결된 것이다.

| **참고 문헌** Jataka No 3.

까마귀가 죽은 이유

이 이야기는 붓다가 제타바나에 계실 때 한 탐욕스러운 비구에 관하여 말씀하신 것이다. 어느 날 비구들이 부처님께 탐욕스런 비구에 관하여 말씀을 드렸다.

"세존이시여! 아무개 비구는 매우 탐욕스럽습니다."

부처님은 그 비구를 불러들여 물었다.

"다른 비구들에 의하면 그대는 지나치게 탐욕스럽다고 하는데, 그것이 사실인가?"

탐욕스런 비구는 마지못해 그렇다고 대답하였다. 그러자 부처님은 말씀하셨다.

"그대는 전생에도 탐욕스러웠다. 너의 탐욕 때문에 너는 너의 목숨을 잃었다. 그리고 또한 너의 탐욕 때문에 현명하고 착한 자들도 그 거처를 잃고 말았다."

이렇게 말씀하시고 나서 부처님은 다음의 전생담을 들려주었다.

아주 먼 옛날 브라흐마닷타왕이 베나레스를 통치하고 있을 때, 보살은 비둘기로 태어났다. 그 당시 베나레스의 사람들은 선행의 하나로써 새들을 위해서 여기저기에 새집을 걸어 주었다. 어느 고관의 집에서 일하던 요리사도 새집을 만들어 부엌에 걸어 놓았다. 이 새집에 보살(비둘기)은 거처를 정하였다. 새벽이 되면 먹을 것을 찾으러 멀리 날아갔다가 해가 저물면 돌아왔다.

어느 날 까마귀 한 마리가 부엌으로 날아와 음식 냄새를 맡고 먹음직한 생선과 고기를 보게 되었다. 그 고기를 먹고 싶은 욕망으로 가득 차게 되었다. 어떻게 하면 그 고기를 먹을 수 있을까 하고 고민하고 있는데 비둘기가 부엌의 새집을 들락날락하는 것을 보게 되었다. 까마귀는 비둘기를 이용하여 고기를 먹을 수 있겠다고 생각했다.

다음날 새벽 비둘기가 먹이를 구하러 밖으로 나갈 때 까마귀는 그림자처럼 비둘기 곁을 떠나지 않고 여기저기를 쫓아다녔다. 비둘기가 말했다.

"까마귀야! 너는 왜 나를 그림자처럼 쫓아다니느냐?"

까마귀가 대답했다.

"그대의 움직이는 모습은 너무나 훌륭해서 나는 감탄한 나머지 그대를 따르고 있을 뿐이야."

비둘기가 말했다.

"네가 먹는 음식의 종류는 나의 음식과 같지 않아. 만약 네가 나만 쫓아다닌다면 너는 곤경에 처하게 될 것이야."

까마귀가 응답했다.

"네가 먹이를 구하여 먹을 때, 네 옆에서 나도 먹을 거야."

비둘기가 말했다.

"그래, 네가 정말로 그렇게 하고 싶다면 그렇게 하렴."

비둘기는 풀의 씨앗을 쪼아 먹었고, 까마귀는 쇠똥을 뒤적이어서 벌레를 잡아먹어 배를 채웠다.

까마귀는 비둘기에게 날아가 말했다.

"너는 먹는데 너무 많은 시간을 보내고 있구나. 이제 그만 먹고 돌아가자."

비둘기는 먹이를 충분히 먹고 나서 저녁에 집으로 돌아갔다. 까마귀도 함께 부엌으로 날아 들어갔다. 요리사는 "우리 비둘기가 친구를 데리고 왔구나." 하면서 까마귀를 위해 새집을 하나 만들어 걸어 두었다. 그 이후로 까마귀와 비둘기는 부엌에서 함께 지내게 되었다.

어느 날 요리사는 부엌에서 생선과 고기를 잔뜩 요리했다. 저녁에 까마귀는 요리된 생선과 고기를 보고 먹고 싶은 욕망으로 다음

날 집에 머물러 고기를 먹고자 하였다. 밤 내내 까마귀는 먹고 싶어서 제대로 잠을 잘 수가 없었다. 다음날 새벽 비둘기가 먹이를 찾으러 나가면서 까마귀에게 함께 나가자고 말했다.

까마귀는 대답했다.

"혼자 가렴. 나는 배가 아파."

비둘기가 대답했다.

"나는 이전에 까마귀가 배가 아프다는 것을 들은 적이 없는걸. 너는 여기 부엌에 있는 생선 고기를 먹고 싶은 것이지. 그만두어라. 까마귀야! 인간의 음식은 네가 먹을 수 없는 것이야. 자아, 나랑 같이 나가서 너의 먹이를 찾아야지!"

까마귀가 말했다.

"나는 그렇게 할 수 없어."

비둘기가 경고했다.

"탐욕에 눈멀어 목숨을 잃지 마라."

이렇게 경고하고 나서 비둘기는 할 수 없이 혼자서 먹이를 찾으러 날아갔다. 요리사는 여러 종류의 생선을 맛있게 요리했다. 김을 빼내기 위해서 음식이 든 솥의 뚜껑을 비스듬히 약간 열어놓고 요리사도 부엌 밖으로 나갔다.

그 순간 까마귀는 새집에서 머리를 내밀고 소리쳤다.

"이제야 먹을 수 있구나. 남은 문제는 저민 고기 요리를 먼저 먹느냐 아니면 생선 요리를 먼저 먹느냐이다."

저민 고기는 다 먹기에는 시간이 더 걸릴 것 같다고 생각하여 커다란 생선 한 마리를 먼저 먹기로 결심했다. 새 둥지에서 나와 솥뚜껑 위에 앉는 순간 뚜껑이 아래로 떨어지면서 요란한 소리를 내었다.

요리사는 이 요란한 소리를 듣고서 재빨리 부엌 안으로 들어와 까마귀를 보고 소리쳤다.

"이 망할 놈의 까마귀가 나의 주인의 음식을 먹고 있다니. 나는 나의 주인을 위해 음식을 만들었지, 너 까마귀를 위해 일하지 않아. 이 악당아!"

요리사는 먼저 문을 닫고 까마귀를 잡아 까마귀의 털을 모두 뽑아 버렸다. 그리고 나서 소금, 생강, 버터기름 등으로 양념을 만들고 까마귀를 양념으로 버무렸다. 그리고 양념된 까마귀를 다시 새 집으로 던져버렸다. 거기서 까마귀는 고통으로 신음하며 누워있어야 했다.

저녁이 되자 비둘기는 둥지로 돌아와 까마귀가 비참하게 고통스러워하는 광경을 보게 되었다.

비둘기가 말했다.

"이 탐욕스러운 까마귀야! 너는 나의 충고에 주의를 두지 않았구나. 이제 알게 되었지. 너의 탐욕이 너에게 고통을 안겨주는 것을. 고집불통의 탐욕스러운 자가 친구의 충고를 무시하더니 결국 죽게 되었구나."

비둘기는 이렇게 말하고 나서 생각했다.

'나도 더 이상 여기에 머물 수 없구나.'

비둘기는 다른 곳으로 날아가 버리고 까마귀는 거기서 죽게 되었다. 요리사는 죽은 까마귀를 쓰레기 더미에 던져 버렸다.

탐욕은 재앙과 고통을 불러온다는 우화이다. 자신의 분수를 알아 지키지 아니하고 과욕해서 자신뿐만 아니라 주위 사람에게도 피해를 주는 것을 흔히 본다. 자신의 본분과 노력에 합당한 것만 추구하고 그 이상을 추구하지 말아야 한다는 것을 모르는 것은 아니지만 지키기가 어렵다. 까마귀의 우화를 생각하면 탐욕이 줄어들 수 있을까? 탐욕 때문에 까마귀는 자신의 목숨을 잃게 되었고, 비둘기는 새로운 둥지를 찾아 떠나야만 했다. 탐욕(greed)은 필요(need) 이상의 것을 추구할 때 발생한다. 탐욕에 눈이 멀면 닥쳐 올 환난을 보지 못한다. 마치 탐욕은 자동차 앞 유리에 끼어 있는 먼지와 같다. 먼지로 시야가 확보되지 않은 자동차를 운전하면 사고가 발생하는 것은 뻔한 일이다.

| 참고 문헌 Jataka No 42.

끔찍한 새소리

이 이야기는 붓다가 제타바나 사원에 계실 때 아나타핀디카(Anātha Piṇḍika) 장자의 며느리인 수자타(Sujāta)에 관련하여 말씀하신 것이다. 수자타는 아나타핀디카 장자 집안의 며느리로 들어왔지만, 친정의 가문이 얼마나 위대한가를 항상 생각하였기 때문에, 거만하고 거칠게 행동하였다. 그녀는 시부모나 자신의 남편에 대해서 갖추어야 할 예의를 지키지 않고, 집안 여기저기를 돌아다니면서 거친 말을 내뱉고, 손 주먹을 날리기도 하였다.

어느 날 부처님과 오백제자가 아나타핀디카의 집을 방문하게 되었다. 아나타핀디카 장자는 부처님의 설법을 열심히 듣고 있었다. 그때 수자타는 하인들을 요란스럽게 꾸짖고 있었다. 붓다는 설법을 중단하시고 요란한 꾸중 소리에 대해 물었다.

아나타핀디카는 대답했다.

"지금 소란을 피우고 있는 사람은 얼마 전 시집온 며느리입니다. 어른들에게나 남편에게도 예의바르게 행동하지 않습니다. 수행자에게 보시도 하지 않고, 장점이라곤 하나도 없습니다. 믿음이 없어 밤낮으로 집안을 돌아다니며 욕설을 퍼붓고 있습니다."

붓다는 며느리를 데리고 오라고 말했다. 며느리는 다가와 붓다에게 인사를 하고 한 곳에 앉았다. 붓다는 그녀에게 물었다.

"수자타야, 세상에는 일곱 종류의 아내가 있는데 너는 어디에 속하느냐?"

"무슨 말씀이신지요. 일곱 종류의 아내는 무엇입니까?"

"자세히 들어라. 첫째 부류의 아내는 다른 남자를 사랑하고 자신의 남편을 증오한다. 남편의 부를 파괴하는 자이다. 둘째 부류의 아내는 남편이 벌어 온 돈을 자신을 위해 몰래 감추어 둔다. 남편의 부를 훔치는 도둑이다. 셋째 부류의 아내는 자신의 의무를 소홀히 하고 욕설을 퍼붓고 돌아다니며 아랫사람들에게 군주로 군림한다. 군주처럼 행동한다. 넷째 부류의 아내는 자애심이 많아 자신의 남편을 어머니처럼 돌보듯이 한다. 그녀의 남편이 벌어 온 재산을 잘 지킨다. 다섯째 부류의 아내는 어린 누이가 오빠에게 존경으로 대하듯이 남편에게 존중한다. 누이 같은 아내이다. 여섯째 부류의 아내는 오랫동안 서로 보지 못했던 친구가 서로 만나 기뻐하듯이 남편을 맞이한다. 친구 같은 아내이다. 일곱째 부류의 아내는 비난에도 침착하고 폭력을 싫어하며, 탐욕심도 없고, 진실한 마음으로 남편의 뜻에 존중하는 자이다. 하인 같은 아내이다. 수자타야, 너는 일곱 종류의 아내 중 어느 부류에 속하느냐. 처음 세 종류의 아내는 죽어서 지옥에 태어날 것이고, 나머지 네 종류의 아내는 죽어서 천상에 태어날 것이다."

수자타는 일곱 종류의 아내에 관한 설법을 듣는 동안 예류과를 성취하게 되었다. 수자타는 하인과 같은 아내가 될 것이라고 맹세하며 자신의 지난 잘못을 빌었다.

사원으로 돌아온 제자들은 붓다의 설법 효능에 관해 찬탄하였다.

"한마디 설법으로 붓다는 욕설쟁이 여인을 교화시켜 예류과를 성취하게 하셨다."

붓다는 제자들로부터 이런 찬탄을 듣고 나서 이번이 처음이 아니라고 하면서 전생에 수자타를 위해 법을 설했던 이야기를 들려주었다.

아주 먼 옛날에 브라흐마닷타왕이 베나레스를 통치하고 있을 때, 보살은 왕자로 태어나게 되었다. 왕자는 성장하여 탁카실라(Takkasilā)에서 교육을 받았다. 부왕이 죽은 후 왕자는 왕으로 즉위하여 나라를 정의롭게 잘 다스렸다. 그런데 한 가지 문제가 있었다. 왕의 어머니는 거칠어서 욕지거리를 잘 하였다. 언제나 하녀나 신하들에게 욕설을 퍼붓는 것이었다. 아들인 왕은 어머니에게 직언하고 싶었지만 어머니에게 무례하게 보일지도 모른다고 생각하고 기회가 오기를 기다리고 있었다.

어느 날, 왕은 어머니와 함께 정원을 산책하고 있었다. 매우 불쾌한 소리를 내는 새소리를 듣게 되었다. 귀를 괴롭히는 새소리에 왕의 어머니는 신하들과 함께 귀를 틀어막고 소리를 질렀다.

"정말 듣기 역겨운 소리구나. 당장 저 놈의 새소리를 빨리 멈추게 해야지."

잠시 후 왕과 어머니, 신하들이 동산을 거닐다가 나뭇가지 사이에서 들려오는 감미로운 새소리를 듣게 되었다. 모든 사람들은 새소리에 즐거워하며 말했다.

"오! 얼마나 부드럽고 아름다운 소리인가! 언제까지나 노래를 불러다오."

모두들 소리 나는 쪽을 향해 목을 내밀며 선 채로 들었다. 이 두 가지 경우를 주목하고 왕은 어머니에게 간접적으로 충언할 수 있는 좋은 기회라고 생각하고 말을 건넸다.

"어머니, 시끄러운 새소리에 모든 사람들이 귀를 틀어막고 거친 새소리를 빨리 멈추고 싶어 했습니다. 거친 소리는 누구나 좋아하지 않습니다. 보기에 아름답지 않아도 아름다운 소리에 사람들은 즐거워합니다. 욕설은 이 세상에서도 저 세상에서도 환영받지 못합니다. 비록 검고 못생긴 새이지만 그 소리가 듣기에 감미롭고 부드러우면 모두 듣기를 원합니다. 그러므로 말은 상냥하고 부드러워야 합니다. 거만한 말투나 욕설은 해서는 안 됩니다."

왕이 이렇게 새소리를 인연으로 하여 어머니에게 넌지시 충언을 하자 어머니는 이후 거친 욕설을 하지 않고 바르게 생활하게 되었다.

더할 수 없이 아름다운 외모를 지니고 있더라도 입에서 흘러나오는 말들이 거만하여 거칠거나 폭력적이면 듣는 사람이 괴로워 피하게 된다. 보기에 아름답지 못한 모습이더라도 상냥하고 자비로운 말을 한다면 사람들이 좋아할 것이다. 말은 사람을 죽이는 폭력 수단으로 되기도 하고, 천 냥 빚을 갚을 수 있는 소중한 수단으로 바뀔 수 있다. 남에게 상처 주는 욕설은 하지 말아야 한다고 역겨운 새소리로 가르치고 있는 것이다.

| **참고 문헌** Jataka No 269.

동물을 제물로 삼지 말라

이 이야기는 부처님께서 제타바나 동산에 계실 적에 들려주신 이야기이다. 어느 날 제자들이 법당에 모여 부처님의 덕에 관하여 이야기하고 있었다.

"부처님께서는 항상 중생들을 위하여 훌륭한 법을 설하신다. 정각한 이후 부처님께선 늘 중생들의 행복을 위하여 여기저기서 법을 설하시니, 부처님처럼 중생을 사랑하시는 분은 없다."

이렇게 이야기하고 있을 때 부처님께서 법당에 들어오셨다. "무슨 이야기를 하고 있었느냐?"라는 부처님의 말씀에 제자들은 "부처님의 지혜와 자비에 대해 이야기하고 있었다."고 아뢰었다. 이에 부처님은 전생에도 역시 그러하였다며 다음의 이야기를 들려주었다.

아주 먼 옛날에 브라흐마닷타왕이 베나레스를 통치하고 있을 때 보살은 왕자로 태어났다. 총명한 왕자는 16세에 모든 교육 과정을 완료하였다. 그래서 부왕은 어린 나이임에도 불구하고 왕자를 자신 다음의 서열에 올려놓고 신하들을 다스리게 하였다. 그 당시 베나레스 사람들은 많은 신들을 섬기고 있었다. 그들은 미신을 신봉하며 여러 가지 어리석은 일을 하고 있었다. 그들은 신들이 자신들의 행복과 불행을 좌우한다고 믿었다. 따라서 자신의 행위보다 신들을 먼저 생각하여 이들 신들에게 기도하고 소원을 빌었다. 훌륭한 배우자를 만나게 해 달라고 기도하기도 하고, 아이를 갖게 해달라고 하거나, 부자가 되게 해달라고 하거나, 명예와 권력을 안겨다 주기를 기도했다.

그들은 신에게 만약 그들의 소원을 들어주면 신들에게 성대한 제사로 보답하겠노라고 약속했다. 아름다운 꽃이나 향료 이외에도, 신들은 동물의 희생을 바란다고 생각하고 있었다. 그래서 신들이 자신들의 소원을 들어주었다고 생각할 때, 그들은 염소·양·닭·돼지 등 수많은 동물들을 죽여 신들에게 제사를 지냈다.

왕자는 이런 미신 행위를 보고 생각했다.

'이들 힘없는 동물들도 모두 왕의 백성이니, 내가 이들을 보호해야 하겠다. 사람들이 무지와 미신 때문에 이렇게 살아있는 동물들을 죽이고 있다. 이것은 결코 올바른 종교 행위가 아니다. 진정한 종교는 살생에 있지 아니하고 생명을 있는 그대로 보호하는 것이며, 진정한 종교는 평화의 마음을 안겨다 주는 것이지 폭력을 수반하지 않는다. 불행하게도 이 베나레스 사람들은 미신을 너무 강하게 믿어 포기하기가 힘들 것이 틀림없다. 그들의 신앙이 올바른 방향으로 인도되어야 한다. 미래에 내가 부왕을 이어 왕이 될 것이다. 그때를 대비하여 나는 그들의 미신을 버릴 수 있도록 계획을 세워야 하겠다. 만약 그들이 희생 제의를 원한다고 한다면, 마땅히 그들은 죄 없는 동물을 죽이는 대신 자신의 탐욕·분노·무지를 죽이도록 해야겠다. 그러면 온 나라가 이익을 얻어 번영할 것이다.'

그래서 왕자는 현명한 장기적인 계획을 세웠다. 아주 빈번하게, 왕자는 웅장한 수레를 타고 도시 외곽 사람들이 자주 가는 반야 나무에 갔다. 이 나무는 매우 웅장한 모습을 하고 있어 사람들은 이 나무에 신이 살고 있다고 믿었다. 그래서 사람들은 이 나무에 와서 기도하고 희생 제의를 치르기도 하였다. 왕자는 수레에서 내려 다른 사람들처럼 꽃, 향로, 물 등을 바쳤지만 동물의 고기는 결코 바치지 아니하였다. 이윽고 왕자가 반야 나무 신에게 제사를 지낸다는 소문이 널리 퍼지게 되었다. 곧 사람들은 왕자가 반야 나무의 위대한 신들을 극진히 모신다고 생각하게 되었다.

세월이 지나 부왕 브라흐마닷타왕이 죽고 왕자가 왕위를 계승하였다. 왕자는 왕이 되어 나라를 잘 다스려 백성들을 풍요롭게 해 주었다. 그래서 모든 백성들이 왕을 신뢰하고 존경하여 선왕으로 칭송하였다.

어느 날 왕은 왕자 시절에 세운 계획의 나머지 부분들을 실행할 시기라고 생각하였다. 왕은 베나레스의 유력한 지도자들을 모두 왕국에 불러들였다. 왕은 모두에게 말했다.

"존경하는 여러분! 내가 무난하게 왕위를 계승하기 위해 어떠한 일을 했는지 그대들은 아십니까?"

어느 누구도 대답하지 않았다. 왕은 말을 이었다.

"내가 저 반야 나무의 위대한 신에게 성대한 제사를 종종 지내는 것을 기억하십니까?"

"물론이지요. 위대한 왕이시여."

"매번 내가 제사를 드릴 때마다, 나는 강력한 나무 신에게 한 가지 약속을 하였습니다. 만약 나무 신이 나로 하여금 베나레스의 왕이 되도록 해 주면, 나는 꽃이나 향로 따위의 제물보다도 훨씬 훌륭한 특별난 제물을 바치겠노라고 굳게 약속했습니다. 이제 내가 왕이 되었으니, 그대들이 알다시피 나무 신이 나의 기도를 들어 주었습니다. 그래서 이제 내가 마땅히 약속을 지켜 특별한 제사를 올리도록 해야겠습니다."

궁전에 모인 모든 백성들은 기꺼이 동의하며 말했다.

"대왕이시여! 왕의 제사는 저희들이 준비하겠습니다. 말씀만

하십시오. 어떤 동물을 대왕은 죽여 제사에 바치고 싶습니까?"

왕은 대답했다.

"친애하는 나의 백성들이여! 그대들이 나를 도우려 하니 무척 기쁩니다. 나는 위대한 나무 신에게 오계를 지키지 아니하는 사람들을 죽여 제물로 바치겠노라고 약속했습니다. 오계(五戒)란 살아 있는 생명을 죽이지 아니하는 것이며, 훔치지 않는 것이며, 음란한 짓을 하지 않는 것이며, 거짓말하지 않는 것이며, 음주로 정신을 혼미하지 않는 것입니다. 만약 어느 누구라도 오계를 어기면 나는 그의 심장, 살, 피를 저 위대한 신의 제단에 바치겠노라고 약속했습니다."

강력한 신의 위력을 믿고 있었기 때문에 궁전에 모인 모든 사람들은 왕의 약속이 반드시 지켜져야 한다고 믿었다. 그렇지 아니하면 신이 왕과 나라를 벌 줄 것이라고 굳게 믿었다. 왕은 생각했다.

'미신의 힘은 강력하여 합리적인 생각을 하지 못하는구나. 오계 중 첫 번째 계(戒)는 불살생인데, 내가 만약 불살생계를 어긴 자를 죽이면, 내가 그 다음으로 제물이 되어야 하지 않는가.'

왕은 백성들의 굳은 결의를 읽고 선언했다.

"돌아가서 내가 신에게 한 약속을 사람들에게 널리 알리도록 하라. 오계 중 어느 하나라도 어기는 자가 있으면 죽임을 당하여 신에게 바쳐질 것이라고 알려라."

어느 누구도 감히 베나레스에선 오계를 범하려고 하지 않았다.

모두 오계를 지키려고 애써서 왕은 어느 누구도 죽이지 않았다.

   미신으로 인하여 죄 없는 동물들을 죽이는 살생 행위를 막기 위한 왕자의 지혜가 돋보인다. 잘못된 행위를 정면으로 부정하고 반박하는 것이 아니고 우회적으로 기존의 신앙을 이용하여 바른길로 인도하는 모습이 훌륭하다. 이렇게 상대방의 거짓된 믿음을 파악하고 긍정적인 방향으로 바꿀 수 있으려면 지혜를 갖추지 않고서는 불가능할 것이다. 물론 이런 지혜엔 자비가 내재되어 있는 것이리라. 동물을 백성으로 여겨 보호하려는 자비심도 잘 새겨야 하겠다.

| **참고 문헌** Jataka No 50.

누구도 믿지 말라

부처님이 제타바나(Jetavana)에 머물고 계실 때 당신을 해치려 했던 일과 관련하여 들려주신 전생 이야기이다.

아주 먼 옛날에 브라흐마닷타왕이 베나레스를 통치하고 있을 때 보살은 원숭이로 태어났다. 히말라야 산에 잔인한 원숭이 왕이 통치하고 있었다. 그 지역의 모든 원숭이들은 왕 자신의 아내들이거나 자식이었다. 원숭이 왕은 많은 아들들 중 하나가 성장하여 자신을 내쫓고 왕이 되지 않을까 걱정하였다. 그래서 원숭이 왕은 아들이 태어나면 아들을 물어뜯었다. 이렇게 물린 아들들은 병약해져 감히 원숭이 아버지에게 도전할 수 없었다.

원숭이 왕의 한 부인이 임신을 하게 되었다. 아직 태어나지 않은 아이가 혹시 남자아이일지 모른다고 생각한 부인은 남편의 잔혹함으로부터 아이를 보호하고 싶었다. 그래서 부인은 산 속 깊은 곳으로 달아나 버렸다. 거기서 귀엽고 총명한 사내아이 원숭이를 낳았다.

얼마 지나지 않아 원숭이 아이는 자라서 커다란 체구와 강한 체력을 가지게 되었다. 어느 날 아이는 어머니에게 자신의 아버지는 어디에 있는지 물었다. 어머니는 대답했다.

"너의 아버지는 히말라야 산에서 통치하고 있는 원숭이 왕이다. 그러므로 너는 그의 아들로 왕자이다."

원숭이 왕자는 간청했다.

"그럼 나를 아버지에게 데려다 주세요."

어머니는 말했다.

"아들아, 그렇게는 안 된다. 너의 아버지는 자신의 모든 아들들을 물어뜯어 병약하게 만든다. 아들이 성장하여 자신의 자리를 차지할 것을 두려워하기 때문이란다."

아들 원숭이는 안심시키며 말했다.

"걱정하지 마세요. 어머니, 저의 생명은 제가 온전히 보존할게요."

아들의 말에 안심이 된 어머니는 아들을 그의 아버지에게 데리고 갔다. 잔인한 원숭이 왕이 자신의 젊은 아들을 보자 생각했다.

'틀림없이 이놈이 더 강해져서 나의 왕국을 차지할 것이다. 빨리 제거하는 것이 좋겠다. 사랑하는 척하면서 안아 주자.'

왕은 아들을 맞이하며 말했다.

"오, 잃어버린 나의 아들이 돌아왔구나. 지금까지 어디에 있었더냐?"

이렇게 말하면서 왕은 아들을 껴안았다. 왕은 더욱더 힘을 주어 아들을 압사시키려고 하였다. 그러나 아들의 힘은 코끼리만큼이나 강해져 있어서 왕이 도리어 자신의 뼈가 부서지는 듯한 고통을 느꼈다.

이렇게 서로 맞이하고 나서, 원숭이 왕은 이 아들이 자신을 죽일 것이라는 두려움에 휩싸이게 되었다. 왕은 아들을 죽일 생각을 했다.

'이 근처에 귀신이 살고 있는 연못이 있다. 그 귀신으로 하여금 이놈을 잡아먹도록 해야겠다. 그러면 나는 안전할 것이다.'

왕은 아들에게 말했다.

"나의 사랑스런 아들아! 아주 적절한 시기에 나를 찾아왔구나. 나는 이미 늙었기 때문에 나의 왕위를 너에게 넘기고 싶구나. 왕의 즉위식을 하기 위해서 꽃들이 필요하다. 근처 연못에 가서 두 종류의 흰색 수련, 세 종류의 청색 수련, 그리고 다섯 종류의 연꽃을 가지고 오너라."

왕자는 그렇게 하겠노라고 하며 연못으로 갔다. 연못에 이르렀을 때, 많은 수련과 연꽃이 연못에 가득히 피어있는 것을 보았다. 바로 연못에 들어가 꽃들을 꺾는 대신에, 아들은 자세히 살펴보았다. 천천히 연못 주위를 걸으며 살폈다. 연못으로 들어간 발자국은 있었지만 나오는 발자국은 없는 것을 알게 되었다. 여기엔 틀림없이 귀신이 있다는 것을 의미한다고 확신했다. 자신의 아버지가 자신을 죽이기 위해 여기에 보낸 것임을 깨닫게 되었다.

연못을 자세히 살펴보니 연못 가장자리의 호안이 들쭉날쭉하였다. 들어간 연못의 호안에서 또 다른 연못의 호안 사이에 꽃들이 피어 있는 것을 보았다. 아들은 연못에 들어가지 아니하고 가장자리를 이용해 꽃들을 꺾었다. 갑자기 물속에 살고 있던 귀신이 수면 위로 솟아오르며 외쳤다.

"내가 여기에 이제껏 살아왔지만, 그대만큼 현명한 자는 없었다. 물속에 들어오지 않고 자신이 원하는 꽃들을 꺾었다. 적에게 잡히지 않는 세 가지 자질, 즉 기예·용기·현명을 그대는 모두 갖추고 있다. 그대는 어느 누구로부터도 정복당하지 않을 것이다. 왜 그대는 이들 꽃들을 필요로 하느냐?"

원숭이 아들은 대답했다.

"나의 아버지는 자신의 왕위를 나에게 넘겨주려고 합니다. 그는 나에게 이 연못에 가서 왕 즉위식을 위해 필요로 하는 꽃들을 꺾어오라고 했습니다."

귀신은 제안했다.

"이런 꽃들을 들고 가는 것은 그대에게 어울리지 않는다. 그는 너무나 훌륭하기 때문이다. 이들 꽃들은 내가 가지고 가겠다."

멀리서 원숭이 왕은 아들이 죽지 아니하고 귀신이 꽃을 들고 오는 것을 보고 두려움에 어찌할 바를 몰랐다. 자신이 저지른 악행에 대한 과보를 생각하자 심장이 멈추어 그 자리에서 죽게 되었다. 아들은 왕으로 추대되어 잘 다스렸다.

권력에 눈이 먼 원숭이 왕의 잔인함이 무섭다. 자신의 아들마저도 해치는 권력투쟁은 인간의 역사에서도 쉽게 찾아 볼 수 있다. 이 이야기의 주인공은 자신을 죽이려는 술책에 빠지지 아니하고 현명하게 목숨을 잃지 아니하였다. 왕위라는 미끼에 눈이 멀어 자신을 해치려는 술책도 모르고 희생당하는 보통의 원숭이와 달랐다. 미끼가 크면 클수록 주의 깊게 따져보아야 속임을 당하지 않는다는 것을 잘 보여 주고 있다.

| **참고 문헌** Jataka No 58.

누가 존경 받아야 하는가?

이 이야기는 부처님께서 사밧티에 가시는 도중에 사리불 존자가 사원의 숙소에서 자지 못하고 야외에서 자게 된 것과 관련하여 들려주신 것이다.

아나타핀디카(Anātha Piṇḍika)가 사원을 완성하고 부처님께 사원이 완공되었음을 알렸다. 그때 부처님은 왕사성을 떠나 베살리에 이르렀다. 베살리에서 충분히 머물고 난 후 막 떠나려고 할 때였다. 여섯 비구들이 앞서 서둘러 도착하여, 상좌 스님들이 숙소를 정하기도 전에 모든 방을 차지하고, 자신들의 선배나 동료나 스승들에게 방을 나누어 주었다. 상좌 스님들이 나중에 도착하여 머물 방을 찾아보았지만 찾을 수가 없었다. 심지어 사리불의 제자들도 온갖 노력을 다하여 스승인 사리불 존자가 머물 숙소를 구했지만 구할 수가 없었다. 방을 구하지 못한 사리불 존자는 그날 밤을 나무 밑에서 보내게 되었다. 세존의 처소에 가까운 나무 밑에서 행선을 하기도 하고 좌선을 하기도 하면서 밤을 지새웠다.

이른 새벽 부처님께서는 기침을 하시면서 나왔다. 사리불 존자도 기침을 하였다.

세존께서 물었다.

"거기 누구냐?"

"저는 사리불입니다."

"이 시각에 너는 지금 여기서 무얼 하고 있느냐?"

이 질문에 사리불 존자는 방을 구하지 못한 전후의 사정을 말씀드렸다. 사리불 존자의 말씀을 듣고 세존은 생각하셨다.

'심지어 내가 지금 살아 있는 현재에도 일부 스님들이 예의 없이 행동하고 있다. 내가 이 세상에서 죽어 떠나면 저 예의 없는 비구들이 무슨 짓이든 하지 않겠느냐?'

이런 생각을 하시자 정법(正法)에 대한 근심이 일어났다. 날이 밝아오자, 부처님은 비구들을 모두 모이게 하여 그들에게 물었다.

"비구들이여! 내가 듣건대 여섯 비구들이 먼저 와서 방을 다 차지하고 상좌 스님들은 방이 없어 나무 밑에서 밤을 보냈다고 하는데, 이것이 사실이냐?"

"그렇습니다, 세존이시여."

여섯 비구들이 자신들의 잘못을 깨닫게 하도록, 그리고 나머지 다른 비구들에게 교훈이 될 수 있도록 부처님께서 물었다.

"비구들이여! 누가 최상의 방, 최상의 물, 최상의 음식을 받을 만한 자격이 있는가?"

어떤 비구들은 대답했다.

"출가하기 전 고귀했던 자가 그런 최고의 대접을 받을만한 사람입니다."

다른 비구들은 이렇게 대답했다.

"승가의 율장을 잘 아는 사람입니다."

"법문을 잘 하는 스님입니다."

"선정을 잘 닦는 스님입니다."

또 다른 비구들이 대답했다.

"아라한입니다."

"삼명을 얻은 자입니다."

"육신통을 얻은 자입니다."

비구들의 여러 의견을 들으시고 부처님께서 말씀하셨다.

"나의 가르침에선 출가 전의 귀족, 삼장에 능통한 자, 아라한과에 도달한 자가 최고의 존경을 받는 것이 아니다. 나의 종교에선 '나이'가 존경을 받는 척도가 된다. 연장자는 최상의 숙소, 최상의 물, 최상의 음식을 받아야 한다. 나이가 진정으로 존경의 기준이므로, 연장자는 최고의 존경을 받아야 한다. 그런데 비구들이여!

사리불은 나의 제자 중 상수제자이므로 여래 다음으로 방을 받을 자격이 있다. 그런데 사리불은 나무 아래에서 방을 얻지 못하고 밤을 지냈다. 내가 살아있는 지금에도 존경하지 않는다면, 세월이 지나면 앞으로 어떻게 너희들이 처신하겠느냐?"

계속해서 부처님께서 말씀하셨다.

"비구들이여! 아주 먼 과거에 동물들조차도 서로 존경하고 순종하지 않는 삶은 적절하지 못하다고 생각했다. 심지어 동물조차도 가장 나이가 많은 연장자가 존경을 받아야 하고 그에게 순종해야 한다고 생각하였다."

이렇게 말씀하시면서 부처님은 다음과 같은 전생담을 들려주셨다.

아주 먼 옛날에 히말라야 산록에 커다란 반얀(Banyan) 나무가 한 그루 있었는데, 그 나무 근처에 세 동물(꿩, 원숭이, 코끼리)이 살고 있었다. 이 세 동물들은 서로 존경하지도 순종하지도 않아, 질서가 없었다. 어느 날 이렇게 사는 것은 옳지 않다고 결론 내리고 셋 중에서 누가 가장 연장자인지 알아내서 그를 존중하고 그에게 순종하자고 상의하였다. 그들은 셋 중에서 누가 가장 연장자인가를 고민하기 시작하였다. 고민 끝에 좋은 해결 방안이 떠올랐다. 꿩과 원숭이는 코끼리에게 물었다.

"코끼리야! 네가 기억하는 한에 있어 이 반얀 나무가 얼마나 작았는지 말할 수 있느냐?"

"내가 아기였을 때, 이 반얀 나무는 아주 작은 관목이어서 나는 그 위를 걸어다니곤 하였지. 그 당시 반얀 나무의 제일 높은 가지는 겨우 나의 복부에 닿을 수 있었지. 내가 기억하는 한 이 반얀 나무는 조그마한 관목에 불과했었지."

이번엔 꿩과 코끼리가 원숭이에게 같은 질문을 물었다. 원숭이가 대답했다.

"내가 아기였을 때, 내가 겨우 땅에 앉아 목을 세울 수 있는 나이였을 때, 나는 이 반얀 나무가 이제 막 땅 속에서 나올 때 제일 먼저 나온 새싹을 먹었다. 이 반얀 나무가 아주 어렸을 때부터 알고 있다."

이번엔 원숭이와 코끼리가 꿩에게 똑같은 질문을 하였다. 꿩이 대답했다.

"아주 오래 전 모처에 거대한 반얀 나무가 있었지. 나는 그 나무의 씨를 먹고, 여기에 그 씨를 내뱉었다. 그것이 이 나무의 기원이다. 그러므로 나는 이 반얀 나무가 태어나기 전부터 알고 있었지."

꿩의 말을 듣고 원숭이와 코끼리는 꿩에게 말했다.

"당신이 가장 나이가 많은 연장자입니다. 그러므로 당신이 우리 둘로부터 존경을 받을 자격이 있습니다. 우리들은 앞으로 당신을 존경하고 당신의 말씀에 순종하겠습니다. 앞으로 저희들이 자문을 구하게 될 때 좋은 가르침을 베풀어 주십시오."

그 이후 꿩은 원숭이와 코끼리에게 좋은 가르침을 주었고, 오계를 지키도록 가르치고 그 자신도 오계를 지켰다.

이상의 이야기를 들려주시고 부처님께서 말씀하셨다.

"비구들이여! '나이'가 존경과 공양의 척도가 된다. 연장자는 최상의 숙소, 최상의 음식을 받아야 한다. 그러므로 다시는 나이 어린 비구가 연로한 비구를 내쫓는 일이 없도록 해야 한다."

우리나라는 다른 어떤 나라보다도 노령화가 급속히 진행되어 노인 인구가 급증하고 있다. 현대 산업 사회에 노인들은 생산 과정에 직접 참여하지 못함으로써 생산을 중시하는 사회에서 푸대접을 받고 있다. 다수의 노인들이 젊은이로부터, 심지어 자식들로부터 적절한 존경을 받지 못하고 있다.

무조건 나이가 존경의 기준이 되는 것도 아닐 것이다. 나이가 많다는 것은 삶을 더 경험했기 때문에 인생에 대하여 젊은이보다 더 깊은 통찰과 지혜를 가지고 있다는 것을 의미한다. 윤리적으로, 정신적으로 젊은이에게 어떠한 도움도 주지 못한 채, 나이만 가지고 존경을 기대하거나 요구하는 것은 적절하지 않은 것이다. 젊은이들도 연장자의 인생철학과 지혜를 배울 수 있도록 연장자는 존경하는 마음가짐을 지니라고 이 자타카는 가르치고 있다.

| **참고 문헌** Jataka No 37.

어린 메추라기의 발원

붓다가 마가다(Magadha)에 머물고 계실 때 산불이 꺼진 것에 대해 말씀하신 이야기이다. 붓다가 마가다의 한 마을에서 탁발을 하고 돌아와 공양을 마치고 제자 비구들과 함께 길을 가고 있을 때 인근의 숲에서 커다란 산불이 일어났다. 불길이 맹렬한 기세로 비구들에게 다가오자, 붓다의 전후에 있던 비구들은 공포에 질려 불을 끄기 위해 맞불을 놓으려고 하였다.

마른 막대에 불을 붙이는 비구들을 보며 또 다른 비구들은 이렇게 말했다.

"비구들이여! 그대는 무엇을 하고 있는가? 그대들은 중천에 떠 있는 태양을 쳐다보지 못하는 것과 같다. 지상과 천상의 온 세계에서 가장 위대한 부처님을 모시고 있으면서 부처님을 찾지 아니하고 불을 끄라고 소리 지르고 있느냐? 그대들은 정녕 부처님의 신통력을 모르고 있느냐? 부처님에게 가자."

그리하여 모든 비구들은 부처님께 모여들고 그의 주위에 머물렀다. 사납게 타오르며 다가오던 불은 부처님의 주위에 이르더니 마치 물속에 던져진 횃불마냥 순식간에 꺼져 버렸다. 비구들이 붓다의 신통력에 감탄하자, 붓다는 말씀했다.

"비구들이여! 내가 지금 가지고 있는 힘에 의해 불이 여기까지 오다가 꺼져버린 것이 아니다. 전생에 이룩해 놓은 업의 힘에 의해 그렇게 된 것이다. 이 장소는 오랜 기간 어떠한 화재로부터도 자유로운 곳이다."

비구들이 그 이유를 여쭙자 붓다는 다음과 같은 전생담을 들려주었다.

아주 먼 옛날에 보살이 마가다국의 숲 속에서 메추라기로 태어났다. 알에서 깨어 나온 아기 메추라기는 귀엽고 아름다웠다. 매일 그의 부모들은 아기 메추라기를 둥지에 안전하게 두고 사방으로 먹이를 찾으러 날아갔다가 먹이를 구해 돌아와 귀여운 아기에게 음식을 먹였다.

어느 날 그 숲에 엄청난 산불이 일어났다. 맹렬한 속도로 나무에서 나무로 가지에서 가지로 잎에서 잎으로 불은 번져갔다. 겁에 질린 채 새들은 모두 날아 도망가 버렸다. 아기 메추라기의 부모도 두려움에 휩싸여 아기를 버리고 날아가 버렸다. 아기 메추라기는 아직 너무 어려서 날개를 제대로 움직일 수도 없었고 걸음마도 제대로 할 수 없었다. 아기 메추라기는 둥지에 누운 채 불길이 점점 자신에게 다가오는 것을 보고 생각했다.

'만약 내가 날개를 움직일 수 있는 힘을 가지고 있다면 하늘로 날아갈 수 있을 텐데…. 만약 내가 발을 움직일 수 있는 힘을 가지고 있다면 다른 장소로 걸어 갈 수 있을 텐데…. 그러나 나는 손발을 움직일 수 없다. 나의 부모도 너무 놀란 나머지 나를 버리고 날아가 버렸다. 이제 나는 그들로부터 어떠한 도움도 기대할 수 없다. 그리고 나 자신의 힘으로도 어쩔 수가 없다. 어떻게 해야 하나!'

이렇게 절망하고 있었지만 한편으론 희망을 버리지 않고 구원에 대한 간절한 바람을 간직하고 있을 때 그에게 이런 생각이 일어났다.

'이 세상에 덕의 공능이라는 것이 있다. 진리의 공능(Saccakiriyā)이라는 것이 있다. 오랜 세월에 걸쳐 덕을 성취하여 깨달음을 이룬 제불(諸佛)이 있다. 붓다들은 지혜로 중생들에게 해탈의 길을 보여 주시고, 모든 중생들에게 차별 없이 자비로 대하신다. 나는 영원하고 유일의 진실을 믿는다. 과거의 모든 부처님을 생각하고 그들이 성취한 위대한 덕을 생각하고 오로지 진실한 믿음을 가진다면 진리의 공능이 있을 것이다. 그리하여 불을 제어하여 나 자신뿐만 아니라 다른 새들도 안전하게 될 것이다.'

아기 메추라기는 먼저 과거 제불과 그들의 공덕을 기억하고 진실한 믿음을 내며 진리의 공능이 실행되기를 발원하였다.

"이 세상에는 덕의 힘이 있다.
진리와 청정(淸淨)과 사랑의 힘이 있다.
진리의 이름으로 나는 지금
최상의 신비로운 진실의 공능을 발원하네.

그리고 믿음의 힘을 생각하며
과거의 여러 부처님을 생각하며
진리의 힘에 의존하며
나는 이제 기적을 일으킨다.

날개가 있지만 날지 못하네
다리가 있지만 걷지 못하네
나의 부모들도 또한 날아가 버렸네
오! 모든 것을 삼켜버리는 불이여! 사라져라."

아기 메추라기의 진실한 발원 앞에서 그토록 기세 좋게 타오르던 불은 아기 메추라기가 머물고 있던 숲의 바로 앞에서 일시에 꺼져버렸다.

아기 메추라기는 우리들에게 소중한 것들을 전하고 있다. 이 세상에는 진실과 덕이 존재하며 자비로 이 세상에 작용하고 있다는 것이다. 그 진실과 덕을 성취하신 부처님들이 계셨다는 것이다. 진실과 덕(바른 윤리적 행위)에 대한 깨끗한 믿음은 진실의 작용과 일치한다는 것이다. 붓다는 자비로 모든 중생들을 대하고 있으므로 깨끗한 믿음과 진실에 맞는 행위를 한다면 당연히 붓다의 가피력을 입을 수 있다는 것이다. 신만의 안전과 행복을 위하는 것이 아니라 모든 중생들, 특히 고통받고 있는 중생들에 대해서도 마찬가지로 행복해지도록 발원하는 것이 메추라기가 전하고 있는 교훈이다.

| 참고 문헌 Jataka No 35.

바람난 아내

이 이야기는 부처님께서 제타바나에 머물고 계실 때 우바새(재가 남자신자)와 관련하여 말씀하신 것이다. 사밧티(Sāvatthi)에 사는 한 우바새가 삼보에 귀의하고 오계를 잘 지키고 있었다. 그러나 그의 아내는 음란한 여자였다. 음란한 짓을 한 날엔 이 아내는 하인처럼 순종했지만, 그렇지 않은 날엔 거칠고 폭력적이었다. 남편은 그녀를 바로잡을 수가 없었다. 아내 문제에 너무 시달린 나머지 오랫동안 부처님을 친견할 수조차 없었다.

어느 날 마침내 우바새는 꽃과 향로를 가지고 부처님을 친견하러 갔다. 그리고 그간의 사정을 부처님께 자세히 털어놓았다. 우바새의 자세한 이야기를 듣고서 부처님은 말씀하셨다.

"전생에 그대는 현자로부터 여자에 대해 이렇게 말하는 것을 들었다. '여자의 본성을 이해하는 것은 어려운 일이다.'"

이렇게 말씀하시고 나서 부처님은 다음과 같은 전생담을 들려주었다.

아주 먼 옛날에 브라흐마닷타왕이 베나레스를 통치하고 있을 때, 보살은 세상에 널리 알려진 스승이었다. 이 스승에게는 500명이 넘는 학생이 있었다. 이들 학생 중 한 학생은 머나먼 시골 벽촌에서 유학 와서 이 스승 밑에서 배우고 있었다. 도시 사람들의 사고방식이나 생활방식에 대해 거의 알지 못한 채, 이 시골 학생은 베나레스의 한 처녀와 사랑에 빠지게 되고 그녀와 결혼하게 되었다. 결혼 후 이 학생은 저 유명한 스승 밑에서 다시 학업을 시작하였다. 그러나 곧 그는 수업을 빼먹기 시작했다. 가끔 한 번에 이틀 내지 사흘씩 수업에 참석하지 않았다.

그의 아내는 자신이 원하는 것이면 무엇이든 하려는 습성을 지니고 있었다. 비록 그녀는 시골 학생과 결혼하였지만, 남편에게 충실하지 않았고 정직하지도 않았다. 그녀는 결혼 후에도 여전히 몰래 남자 친구들을 만나고 있었다. 남자 친구와 어울리고 돌아온 후엔 그녀는 남편에게 공손하게 행동했다. 그녀는 남편에게 상냥하게 말을 건네고 남편을 즐겁게 하기 위해 무척 노력하였다. 그러나 다른 잘못을 저지르지 않는 날엔 그녀는 거칠고 오만하였다.

남편을 향해 고함을 지르고 남편을 괴롭혔다. 이런 변덕으로 인해 남편은 미칠 지경이 되었다. 남편 학생은 수시로 변하는 아내의 극단적인 행동에 극도의 혼란에 빠지고 말았다.

시골 학생은 너무나 혼란스러워 수업에 참석할 수 없었다. 학교를 가지 않고 집에 머무는 동안 시골 학생은 그의 도시 아내가 바람을 피우고 있다는 것을 발견하게 되었다. 시골 학생은 너무나 속이 상해서 일주일가량 학교를 가지 않았다. 마침내 학교에 가게 되자 스승이 물었다.

"젊은이여! 오랫동안 그대를 보지 못했는데, 무슨 문제라도 있는 것인가?"

시골 학생은 대답했다.

"스승이여! 나의 아내는 나를 속이고 있었습니다. 그녀는 지금 나에게 커다란 문젯거리입니다. 어떤 날에는 아내는 저를 매우 사랑하고, 하인처럼 저에게 공손합니다. 그러나 또 다른 날에는 아내는 거만하고 거칠게 저를 대합니다. 나는 정말이지 그녀를 이해할 수 없습니다. 무엇을 해야 할지, 어디에서 도움을 받을 수 있을지 모르겠습니다. 이런 이유로 저는 선생님의 수업에 참석할 수 없었습니다."

스승이 말했다.

"젊은이여! 걱정하지 말라. 강에는 가난한 자이든 부유한 사람이든 누구나 몸을 씻을 수 있다. 커다란 도로는 누구나 걸어 갈 수 있다. 여행객을 위해 지어진 객사엔 여행객이라면 누구나 잘 수 있다. 마찬가지로 마을의 공동 우물은 누구나 사용할 수 있다. 같은 식으로 어떤 여자들 중에는 한 남자에게만 충실하지 않은 여자도 있다. 바람기 많은 여자들은 몰래 다른 남자 친구들과 사귄다. 이런 부정한 생활이 어떤 사람들에게는 삶의 방식이다. 그들이 하는 행동이나, 그들이 왜 그렇게 나쁜 행동을 하는지 이해하기란 쉽지 않다. 젊은이여! 생각해 보라. 그대가 바꿀 수 없는 것에 대해 화를 낸들 무슨 소용이 있겠는가? 그녀의 생활 방식을 받아들여라. 아내가 그대에게 친절하게 행동하든 거만하게 행동하든 똑같이 이해하여 아내를 대하라. 그대가 바꿀 수 없는 것에 대해 화를 낸들 무슨 소용이 있겠는가?"

시골 학생은 스승의 충고를 잘 실천하였다. 그는 더 이상 도시 아내의 변덕스런 행위에 자신의 마음을 다치지 않게 되었다. 아내는 자신의 음행이 더 이상 비밀이 아니고 탄로 났다는 것을 알게 되자, 남자 친구들과 결별하고 더 이상 바람을 피우지 않게 되었다.

스승이 알려 준 방식을 그대로 실천한다는 것은 거의 불가능한 것처럼 들린다. 바람난 배우자를 초연하게 대할 수 있다는 것은 보통 사람들이 할 수 있는 일이 아니다. 배우자의 음행을 폭력으로 해결하지 말고 깊은 이해와 초연한 태도로 일관되게 행동할 수 있다면 무슨 일이든지 성취할 수 있을 것이다. 자신에게 일어나는 모든 일에 – 좋은 일이든 나쁜 일이든 – 대해 초연할 수 있는 마음가짐을 부처님은 커다란 바위산〔大石山〕에 비유하고 있다. 어떠한 폭풍우에도 흔들리지 않는 바위산처럼 어떤 열악한 상황이 닥쳐오더라도 동요하지 않는 마음을 가질 수 있도록 수행하라고 가르치고 있다. 자신의 힘으로 바꿀 수 없는 문제를 두고 불평하고 걱정만 한다는 것은 무익하거나 오히려 자신에게 유해한 것이라는 스승의 충고도 깊이 새겨볼 만하다.

| **참고 문헌** Jataka No 64.

기적을 일으킨 물고기의 기도

이 이야기는 부처님께서 제타바나(Jetavana)에 계실 때 비를 내려 가뭄을 해소한 일과 관련하여 들려주신 전생담이다. 제타바나 사원에 계실 때 코살라국에 가뭄이 있었다. 격심한 가뭄으로 연못·강·호수들이 말라들어 물고기들이 진흙 속으로 들어가고, 까마귀나 매들이 물고기를 잡아먹기 시작했다. 농작물도 타 들어가기 시작하자 농부들도 근심으로 잠을 이루지 못했다.

부처님께서 이런 안타까운 광경을 목격하시고 비를 내리게 해야겠다고 생각했다. 걸식을 마치고 돌아와서 제자 아난다에게 제타바나 사원의 목욕지(沐浴池)에 가자고 했다. 아난다는 부처님의 말씀을 듣고 의심하며 말했다.

"지금 가뭄이 심각하여 목욕할 물이 없습니다."

부처님은 아난다(Ananda)의 만류를 뿌리치고 목욕할 장소에 도착했다. 그리고 크게 외쳤다.

"내가 이제 목욕하고자 한다."

이 외침에 깜짝 놀란 제석천(Sakka)은 비구름을 관장하는 신에게 급히 명령하여 비를 내리도록 하였다. 비의 신은 즉시 코살라국에 해갈될 수 있는 충분한 비를 일시에 내렸다. 이 광경을 지켜본 제자들은 부처님의 자비심과 위신력에 대해 찬탄하였다. 부처님은 전생에도 이렇게 비를 내리게 하여 중생들을 고통에서 건져냈다고 말씀하시며 다음과 같은 전생담을 이야기하였다.

아주 먼 옛날에 보살이 북인도의 한 연못에 물고기로 태어났다. 그 연못엔 많은 종류의 크고 작은 물고기들이 보살과 함께 살고 있었다. 어느 한 해에 격심한 가뭄이 발생하였다. 우기(雨期)가 다가왔는데도 예전과 달리 비가 전혀 오지 않았다. 많은 호수·연못·강들이 말라가고 있었다. 물고기와 거북이는 땅 바닥을 파고 진흙 속으로 들어가서 최대한 수분을 유지하여 생명을 보존하고자 하였다. 물고기를 먹고 사는 까마귀들은 이런 상황에 무척 즐거워하였다. 까마귀들은 자신의 부리로 진흙을 파서 진흙 속에 숨어있는 작은 물고기들을 잡아먹었다.

가뭄으로 인해 많은 물고기들이 격심한 고통을 받는 것을 보고 보살은 연민의 감정으로 괴로워하며 그들을 구제할 수 있는 자비행을 생각하기 시작하였다. 자신만이 이들 뭇 생명을 구제할 수 있다고 깨닫기 시작하였다. 가뭄에서 중생을 구제할 수 있는 자비행은 결국 기적을 동반하지 않고서는 가능하지 않으리라고 생각했다. 보살은 언제나 선행을 하고 결코 악행을 하지 않았기 때문에 청정하였다. 결단코 어떠한 생명도 해치지 않았다. 보살은 자신의 이러한 청정한 행위의 힘으로 하늘에서 비가 내리도록 하여 물고기들의 생명을 구제해야겠다고 결심하였다.

보살은 진흙 더미 안에서 빠져 나왔다. 커다란 몸을 가진 보살은 보석처럼 빛나는 눈을 크게 뜨고 하늘을 우러러보며 비를 다스리는 신 파준나(Pajjunna)에게 기도하였다.

"나의 사랑스런 파준나, 비의 신이시여! 나는 지금 나의 동료 물고기들이 고통 받는 것을 보고 가슴아파하고 있습니다. 왜 나에게 비를 내리지 않고 있습니까? 나는 언제나 선행을 하여 모든 죄로부터 벗어나 있습니다. 나의 동료 물고기들과 더불어 이렇게 고통 받고 있는 나를 외면할 것입니까? 나에게 자비를 베푸소서. 나는 이번 생애에 물고기로 태어났습니다. 어떤 물고기들은 다른 물고기들을 잡아먹기도 합니다. 그러나 나는 태어난 이래로, 나는 한 번도 다른 물고기를 잡아먹지 않았습니다. 심지어 좁쌀만한 물고기도 잡아먹지 않았습니다. 결단코 어떠한 생명도 해치지 않았습니다. 이러한 나의 청정한 행위로 나는 그대에게 다음과 같이 말할 자격이 있습니다. 비의 신이시여! 비를 내려 주소서. 나의 동료 물고기들이 더 이상 고통으로 신음하지 않게 하소서."

보살은 비의 신에게 이렇게 기도했지만 그 방식은 마치 주인이 하인에게 명령하는 것처럼 단호하였다. 계속 이어 보살은 비의 신인 파준나에게 명령하였다.

"비구름을 만들어 비를 내리게 하라. 까마귀들이 진흙에 숨어 있는 불쌍한 물고기들을 잡아 죽이지 않게 하라. 까마귀들이 자신들이 짓고 있는 살생의 악업에 대해 참회하게 하라. 그리고 동시에 오지 선행으로 살아 온 내가 고통에서 벗어 나오도록 하라."

잠시 후 하늘에 먹구름이 나타나더니 가뭄을 일시에 해갈하는 단비가 내려 죽음에 직면해 있던 물고기들과 거북이들이 고통에서 벗어날 수 있었다. 심지어 농부를 비롯한 인간들조차도 기갈에서 벗어날 수 있었다. 이렇게 비를 내리는 기적을 만들었던 위대한 보살은 선행으로 살다가 죽어 천상에 태어나게 되었다.

우리는 이상의 전생담에서 바람직한 기도의 조건에 대해 몇 가지 원칙을 발견할 수 있다. 첫째, 기도하는 자는 모름지기 악행을 지어서는 안 된다는 것이다. 선업을 짓는 자가 기도할 수 있는 자격을 갖춘 자이다. 먼저 자신의 행위를 청정하게 한 연후에 기도할 수 있어야 한다. 둘째, 자신이 아닌 다른 중생들의 행복을 먼저 기도해야 한다는 것이다. 자신을 비롯한 중생들이 곤경에 처했을 때 다른 중생부터 먼저 고난에서 벗어나도록 기도하고 나서 자신의 안위에 대해 기도해야 한다는 것이다. 셋째, 청정한 기도는 비굴한 애원이 아니다. 자신의 곤경을 피하기 위한 도피성 기도가 아니다. 선업을 행하는 자의 기도는 자신을 비롯한 일체중생에 대한 자비심에서 나온 것이라서 당당하다는 것이다.

| 참고 문헌 Jataka No 75.

부처님을 비방한 왕비

이 이야기는 부처님께서 제타바나에 계실 적에 브라흐민 출신의 처녀 '친차(Cinca)'에 관련하여 들려주신 것이다. 브라흐민 처녀인 친차는 부처님을 비방하였다. 이런 근거 없는 비방을 듣고서 부처님께서 말씀하셨다.

"비구들이여! 이번에 처음으로 친차가 나에 대하여 그릇된 비방을 한 것이 아니다. 과거 전생에도 친차는 이번처럼 나를 비방하였다."

이렇게 말씀하시면서 부처님께서 다음의 전생담을 말씀하셨다.

아주 먼 옛날에 브라흐마닷타왕이 베나레스를 통치하고 있을 때 보살은 제사장의 아들로 태어났다. 아버지가 죽자 보살도 아버지의 제사장직을 계승하였다. 그때 왕은 그의 아내인 왕비가 원하는 것이 있으면 무엇이든지 들어주었다.

"내가 원하는 소원은 들어주기 쉬운 것입니다. 즉 당신은 절대로 사랑의 눈빛으로 나 아닌 다른 여자를 쳐다보아서는 안 됩니다."

처음에 왕은 거절했다. 그러나 계속되는 왕비의 집요한 요청에 지친 나머지 왕은 마침내 왕비의 소원을 들어주기로 하였다. 그날부터 왕은 궁궐에 있는 16,000명의 궁녀 어느 누구에게도 결단코 단 한 번도 사랑의 눈길을 주지 않았다.

왕국의 변방 지역에서 도적떼들이 소요를 일으키고 약탈하는 사건이 일어났다. 도적떼들을 진압하지 못하자, 왕에게 지원을 요청하는 전갈이 보내졌다. 왕은 곧 강력한 장병들을 소집시켜 소요 지역으로 갈 준비를 하였다. 왕은 왕비에게 말했다.

"사랑하는 부인이여! 나는 변방으로 가야 합니다. 거기에선 끔찍한 싸움이 일어나 많은 사람들이 다치고 죽고 있습니다. 당신과 같은 여인에게는 적합한 곳이 아닙니다. 당신은 이곳 안전한 왕궁에서 머물러 있는 것이 좋겠습니다."

왕비가 대답했다.

"왕이시여! 당신의 출정을 막을 수는 없겠군요. 5km마다 전령자를 나에게 보내 나의 안부를 묻도록 해 주세요."

왕은 그렇게 하겠노라고 약속했다. 왕이 군대를 거느리고 변방으로 향하여 가면서 매 5km마다 전령자를 왕비에게 보내 왕의 근황을 보고하고, 왕비의 안부를 알아오도록 하였다. 매번 전령자가 올 때마다, 왕비는 전령자에게 여기에 왜 왔는지 물었다. 왕비의 근황을 알고 싶은 왕이 보내서 왔다고 전령자가 대답할 때, 왕비는 전령자를 자기 자신 가까이에 오도록 손짓하고 유혹하였다.

왕은 160km의 거리를 갔기 때문에 32명의 전령자를 보냈다. 왕비는 32명 모두를 유혹하여 관계를 가졌다. 왕이 변방의 소요를 진압하고 궁전으로 되돌아 갈 채비를 하였다. 환궁의 길에 또 32명의 전령자를 보냈다. 왕비는 이전과 마찬가지로 이들 32명과 부정한 관계를 가졌다. 왕궁에 가까이 오자 왕은 보살에게 전갈을 보내 왕의 승전을 기리는 행사를 준비하도록 시켰다. 보살은 도시 여기저기를 돌아다니며 행사 준비를 감독하고 나서 왕궁 행사도 준비시키러 갔다가 여왕의 처소에 이르게 되었다.

보살의 아름다운 모습에 눈이 먼 왕비는 자신의 욕정을 채우기 위해서 보살을 유혹하기 시작하였다. 그러나 보살은 왕비에게 간곡하게 호소했다. 왕의 명예를 욕되게 해서는 안 되며, 자신은 이런 나쁜 짓을 할 수 없다고 단호하게 밝혔다.

왕비는 위협했다.

"왕이 보낸 64명의 전령자들은 왕을 두려워하지 아니하고 나와 관계를 가졌는데, 그대는 왕의 위엄을 위하여 감히 나의 소원을 들어주지 않겠다는 것인가."

보살이 대답했다.

"만약 저들 전령자들이 나처럼 생각하였더라면, 그들은 결코 그렇게 부정한 짓을 하지 않을 것입니다. 나로서는 선과 악이 무엇인지 알고 있기 때문에 악행을 범할 수 없습니다."

"말도 안 되는 소리 지껄이지 말라. 만약 나의 소원을 거절한다면 너의 목을 베어버리도록 하겠다."

"그렇게 하십시오. 나의 머리를 잘라 수천 개의 조각으로 만드십시오. 그러나 나는 결코 당신과 부정한 행위는 하지 않을 것입니다."

"좋다. 두고 보자."

왕비는 분노하였다. 왕비는 자신의 침실로 돌아가 자신의 몸을 긁어 상처를 내고, 팔에 오일을 바르고, 더러운 옷을 입고 아픈 척했다. 그리고 나서 왕비는 시중을 시켜 왕에게 왕비가 아프다는 것을 알리도록 하였다.

한편, 시내와 궁궐에서 개선식을 치르고 자신의 처소로 왕은 갔다. 왕은 왕비가 보이지 않자 왕비가 어디에 있는지 물었다. 왕비가 병에 걸려 있다는 말을 듣고 왕은 왕비에게 가서 어디가 아픈지 물었다. 왕비는 대답하지 않고 침묵하였다. 왕이 재차 묻자 왕비는 왕을 쳐다보며 말했다.

"당신이 변방에 가 있는 동안 제사장이 왕궁을 돌보는 척하면서 나에게 다가와 관계를 요구했습니다. 내가 거절하자 나를 이렇게 때리고 떠났습니다."

왕비의 말을 듣고 화가 치밀어 오른 왕은 즉시 왕비의 방에서 뛰쳐나와 신하를 시켜 제사장을 결박하여 사형장에 끌고 가서 거기서 즉시 그의 목을 베어버리라고 명령하였다. 곧 신하들은 서둘러 보살을 체포하고 사형장으로 끌고 갔다. 북소리를 울려 사형이 곧 거행될 것임을 널리 알렸다. 보살은 생각했다.

'틀림없이 저 사악한 왕비가 나를 모략하는 말로 왕의 마음을 마비시켜 놓았음에 틀림없다.'

어떻게 하면 이 재앙에서 벗어날 수 있을까 보살은 침착하게 생각하였다. 보살은 간수에게 말했다.

"나를 죽이기 전에 왕에게 나를 데려다 주시오."

간수들이 물었다.

"왜 그러시오?"

"왜냐하면 왕의 신하로서 나는 왕의 일을 열심히 하였소. 내가 만약 왕을 뵙지 못하면, 내가 발견한 보물들은 잊혀져 버릴 것이오."

간수들은 이윽고 보살을 왕에게 데려다 주었다.

왕은 보살에게 왜 그렇게 사악한 일을 왕비에게 저질렀는지 물었다. 보살은 대답했다.

"위대한 왕이시여! 저는 브라흐민 출생입니다. 한 번도, 지금까지 개미 한 마리조차 죽이지 않았습니다. 지금까지 한 번도 남의 것을 훔치지 않았습니다. 결단코 저는 탐욕의 눈으로 다른 남자의 여인을 쳐다보지 않았습니다. 이제껏 한 방울의 술도 마시지 않았습니다. 왕이시여! 저에게는 죄가 없습니다. 저 사악한 왕비가 탐욕스럽게 나의 손을 잡았습니다. 제가 거절하자 저를 위협했습니다. 그리고 저에게 왕비는 그녀의 비밀 행각을 모두 나에게 말했습니다. 왕이시여! 당신은 64명의 전령자를 왕비에게 보냈었지요. 이들 전령자를 모두 불러 각각 한 명씩에게 왕비가 그들에게 어떤 짓을 했는지 물어보십시오."

왕은 즉시 64명의 전령자와 왕비를 오도록 하였다. 왕비는 전령자들과 부정한 관계를 가졌음을 어쩔 수 없이 시인했다. 왕은 64명 모두 목을 베어 죽이도록 명령했다. 이 순간 보살은 외쳤다.

"위대한 왕이시여! 이들 전령자에겐 아무런 죄가 없습니다. 왜냐하면 왕비의 말에 순종해야 했기 때문입니다. 그들을 용서해 주십시오. 왕비에 대해서도 말하자면, 왕비에게도 비난할 수 없습니다. 왜냐하면 여인의 욕정은 끝이 없습니다. 타고난 본능에 따라 행동하는 것뿐입니다. 그러므로 왕이시여! 용서해 주십시오."

보살의 간청을 듣고 왕은 자비로운 마음을 갖게 되었다. 이렇게 하여 보살은 왕비의 목숨과 64명 전령자의 생명을 구할 수 있었다. 보살은 왕비와 전령자들에게 살 수 있는 처소도 마련해 주었다. 보살은 왕을 찾아가 말했다.

"왕이시여! 어리석은 자의 근거 없는 비난은 어진 이를 결박하지만, 어진이의 말은 어리석은 자를 풀어 줍니다. 탐욕은 그릇되게 결박시키고 지혜는 그 결박에서 풀어 주게 합니다."

이렇게 왕에게 말하고 나서 보살은 감탄 섞인 말로 외쳤다.

"이 모든 고통은 내가 결혼 생활을 한 데서 비롯되었습니다. 삶의 방식을 바꾸어야 하겠습니다. 왕이 허락하시면, 세속을 버리고 고통스런 인간관계와 재산을 버리고 독신 수행자가 되고 싶습니다."

왕의 허락을 받아 보살은 히말라야에 머물면서 수행 정진하여 높은 지혜를 얻게 되었다.

자신이 하지도 않은 일로 비난받는 일이 종종 발생한다. 누군가가 근거 없이 자신을 비방하는 일을 당하면 보통 우리는 분노를 터뜨리며 무고한 비난을 하는 사람을 욕하고 미워한다. 부처님은 그렇게 하시지 않았다. 근거 없는 비방을 하는 사람을 미워하거나 해치려고 하지 않고, 오히려 그들의 생명을 구해 주었다. 어리석은 범부는 자신도 모르게 죄를 지을 수밖에 없다는 것을 이해하라는 부처님의 말씀은 적을 사랑하는 근본적인 토대가 된다.

| **참고 문헌** Jataka No 120.

술의 기원과 음주의 해악

이 이야기는 붓다가 제타바나(Jetavana)에 머물고 계실 때 독한 술을 먹고 취한 5백 명의 여인에 관한 것이다. 술 축제가 사밧티(Sāvatthi)에서 개최되었다. 5백 명의 여자들은 그들의 남편에게 술시중을 들고 난 뒤 생각했다.

'우리도 술 축제를 가지자.'

그들은 모두 비사카(Visākhā) 부인에게 가서 자신들의 의도를 말했지만 비사카는 참여하지 않겠노라고 대답한다. 그들은 술 축제를 열었고, 비사카는 그들과 헤어져 부처님께 가서 많은 아름다운 꽃을 공양하고 설법을 들었다. 비사카가 조용히 앉아 법을 듣고 있을 때 술 취한 여인들 중 일부는 부처님 전에서 춤을 추고, 또 어떤 여자는 노래를 부르고, 또 어떤 이는 손발로 불쾌한 동작을 하고, 또 일부는 서로 크게 싸웠다. 이에 붓다는 이 여인들에게 다음과 같은 게송을 읊었다.

여기에 무엇이 즐거운가. 무엇에 웃고 있는가?
욕정의 불꽃은 세계를 파괴시키고 있는데
깜깜한 어둠에 있으면서 왜
너는 너의 길을 밝혀 줄 빛을 찾지 않느냐?

이렇게 여인들은 교화 받았다.
비사카가 사람의 명예와 양심을 파괴시키는 술 축제가 언제부터 발생했는지 묻자, 붓다는 다음과 같은 이야기를 해 주었다.

아주 먼 옛날에 브라흐마닷타왕이 베나레스를 다스리고 있을 때, 수라(Sura)라는 임부(林夫)가 카시국에서 히말라야산으로 상품이 될 만한 것을 찾으러 들어갔다. 사람 키 크기만한 나무가 있었는데 그 나무의 중앙에 술병만한 구멍이 하나 있고 그 안은 빗물로 채워져 있었다. 그 주위에 자라고 있던 나무에서 열매가 떨어져 구멍 속으로 들어갔다. 근처에 자생한 벼가 있었는데 참새가 벼 이삭을 물고 날아와 구멍이 있는 나무에 앉았다. 그리고는 그 이삭을 먹던 중 몇 톨이 구멍 속으로 떨어졌다.

태양의 열을 받아 구멍에 든 물은 발효가 되어 붉은 색을 띠게 되었다. 더운 여름날 목이 말랐던 새들이 구멍에 든 물을 마시고 나무 밑에 떨어져 잠이 들었다가 기분 좋게 다시 날아갔다. 이와 같은 일이 원숭이 등 다른 동물에게도 일어났다. 이 광경을 목격한 임부는 생각했다.

'만약 이것이 독이라면 그들은 죽었을 것이다. 그러나 잠시 잔 후 즐겁게 돌아다녔다. 이것은 독이 아니다.'

그는 그것을 마시고, 취하자 고기를 먹고 싶은 욕망을 느끼고 나무 밑에 떨어진 새들을 잡아 숯불에 구워먹었다. 술과 고기를 먹으며 그 곳에서 며칠을 보냈다.

수라가 머물던 근처에 바루나(Varuna)라는 고행자가 살고 있었다. 수라는 바루나에게 술을 공양하고 싶었다. 수라는 술과 고기를 바루나에게 가지고 가서, 둘은 술을 마시고 고기를 먹었다. 그들은 술을 이웃 마을에 가지고 가서 왕에게 바쳤다. 왕은 술을 마시고 나서 더 마시고 싶어졌다. 그들은 히말라야산에 가서 술이 어떻게 만들어지는지 관찰하고 마을로 돌아와 본 대로 술을 만들었다. 도시 사람들은 술을 마시고 게을러지고 사악해졌다. 도시는 마치 버려진 것 같았다.

수라와 바루나는 베나레스에 가서 술을 팔았고, 사람들은 술을 먹고 방종해져 도시는 폐허가 되어버렸다. 이런 식으로 그들은 여러 도시에서 술을 만들어 팔았고, 그 도시는 술 때문에 망하게 되었다. 그들은 마침내 사밧티에 도착했다.

그때 삽바밋타(Sabbamitta)라는 왕이 다스리고 있었다. 왕은 수라와 바루나를 관대하게 대하고 그들이 원하는 바를 들어주었다. 수라와 바루나는 술을 만들기 위해 필요한 여러 가지 곡물을 얻어 술을 만들고 술항아리를 지키도록 고양이를 각 항아리에 묶어두었다. 항아리에서 흘러나온 술을 먹고 고양이들은 취해 잠이 들었고, 쥐들이 나타나 고양이의 귀·코 등을 물어뜯었다. 신하가 이 광경을 보고 고양이들이 술을 먹고 죽었다고 왕에게 보고했다. 왕은 그들이 독을 만들었다고 생각하고 그들을 사형시켰다. 그들은 죽으면서도 술을 원했다.

술기운이 가시자 고양이들은 일어나 돌아다니며 놀았다. 독이 아닌 것을 안 왕과 사람들은 술 축제를 시행하기로 하였다. 왕은 도시를 꾸미게 하고, 궁전에 천막을 치게 하고, 왕좌에 앉아 궁녀들에 둘러싸여 술을 마시기 시작했다. 신의 왕인 제석천(Sakka)이 이 모습을 생각하였다.

'만약 이 왕이 술을 마시면, 모든 인도는 멸망할 것이다. 마시지 않도록 해야 하겠다.'

제석천은 브라흐민으로 변장하여 왕에게 나타나 술의 해로움과 위험을 깨우쳐 주었다. 술 취한 자는 더러운 구덩이에 빠지기도 하며, 옷을 벗은 채 돌아다니기도 하며, 꼭두각시처럼 손발을 흔들며, 시야가 흐려지며, 소리를 크게 지르며, 부모형제를 때리기도 하며, 처자를 경멸하기도 한다고 일깨워 주었다.

음주가 초래하는 해악을 들은 왕은 술을 먹지 않게 되었다. 그러나 다른 사람들은 술을 마시는 것을 멈추지 않았다.

이상의 이야기는 술의 발생 기원과 음주의 위험에 관한 것이다. 자연적으로 발생하던 술을 보고 만든 자는 결국 자신이 만든 술 때문에 죽임을 당했다. 술이 도시, 나라 전체를 파괴시킬 수 있다고 경고하고 있다. 술은 여러 가지 위험을 가져오지만 무엇보다도 정신을 혼미하게 한다는 점에서 붓다는 음주에 대한 계율을 만들었다. 정신이 혼미하면 행동은 따라서 나쁜 일을 하게 마련이다.

오계 중 불음주계(不飮酒戒)가 있는 것은 '정신을 맑게 유지하라'는 붓다의 가르침을 실현하기 위한 것이다. 맑은 정신을 유지할 수 있다면 음주가 무슨 문제가 되겠는가? 술을 마시지 않아도 제대로 맑은 정신을 지니지 못하는데, 술을 마시면 더 말할 필요가 없다. 술에 취하지 아니하고, 생각에 취하지 아니하고, 감정에 취하지 않는 것이 불음주계의 완성이다.

| 참고 문헌 Jataka No 512.

걸어서 강 건너기

한 신심 깊은 재가신자(우바새)에 관하여 부처님께서 제타바나 사원에 계실 때 들려주신 이야기이다.

어느 날 저녁 신심 있는 한 재가신자가 제타바나 사원에 계신 부처님의 가르침을 듣기 위해 가던 중 아치라바티(Aciravati) 강 언덕에 이르게 되었다. 그렇지만 강을 건너갈 배가 없었다. 부처님의 가르침을 듣기 위해 뱃사공들이 자신들의 배를 강 언덕에 놓아두고 가버린 것이었다. 재가자의 마음은 부처님을 뵙는다는 생각에 너무나 즐거워서, 강물을 향하여 걸어갔지만, 그의 발은 강물의 수면 밑으로 빠지지 않고 강을 건너고 있었다. 마치 딱딱한 육지를 건너는 것과 같았다.

그렇지만 그가 강 가운데에 이르러 일렁이는 파도에 주의를 두게 되자, 두려움에 그의 즐거움은 가라앉고 그의 발도 수면 밑으로 빠져들기 시작했다. 그러나 그가 다시 부처님의 위대한 인품에 집중하여 생각하자 빠지고 있던 그의 발은 다시 수면 위로 올라오게 되었고, 안전하게 강을 건널 수 있게 되었다.

제타바나에 도착하자 그는 부처님께 안부를 여쭙고 한편에 앉았다. 부처님은 그에게 물었다.

"선남자여! 오는 길에 불편한 일이 없었기를 바라는데, 무슨 일이라도 있었는가?"

재가신자는 대답했다.

"제가 강가에 도착했을 때 강을 건너갈 배가 없었습니다. 그런데 여기로 오는 도중에 부처님에 관한 생각으로 온전히 가득 차 있어서, 마치 육지를 건너는 것처럼 강을 건너왔습니다."

부처님은 말씀하셨다.

"선남자여! 그대만이 이런 식으로 보호된 것은 아니다. 과거에도 신심 깊은 재가자들이 타고 있던 배가 넓은 대양에서 파손되어 생명을 잃게 되었을 때 부처님의 위대한 인품을 기억함으로써 그들의 생명을 구할 수 있었다."

재가자가 자세히 듣고 싶어 요청하므로 부처님께서 전생에 일어난 일을 다음과 같이 말씀하였다.

아주 먼 옛날에 캇사파(Kassapa) 부처님께서 이 세상에 계실 때 불도에 들어온 한 재가신자가 자신의 친구인 부유한 이발사와 함께 배를 타고 멀리가게 되었다. 배를 타고 떠나기 직전 이발사의 아내는 남편의 친구에게 자신의 남편을 잘 돌봐달라고 부탁했다. 배가 항구를 떠난 지 1주일 뒤, 배가 대양 한가운데에서 가라앉기 시작했다. 두 친구는 나무판자를 붙잡고 생명을 부지하고 있다가 마침내 무인도에 이르게 되었다.

굶주림에 지친 이발사는 새 몇 마리를 잡아 죽여 음식을 만들었다. 요리된 음식의 일부를 불자인 친구에게 건네주었다. 부처님의 가르침을 믿고 따르던 친구는 이발사에게 고맙지만 자신은 괜찮으니 먹지 않겠다고 하며 새 요리를 거절하였다.

그러고 나서 혼자 생각하였다.

'이 외딴 무인도에는 삼보를 제외하곤 우리를 구제할 것은 없다. 오로지 삼보에 대해 깊이 생각하자.'

그 섬에 태어나 거주하고 있던 나가(Naga)왕은 재가신자의 기도에 감동되어 일곱 가지 보배를 가득 실은 아름다운 배로 변신하였다. 세 개의 돛대는 사파이어로 만들어졌고, 갑판과 돛은 금으로, 뱃줄은 은으로 만들어지게 되었다. 바다의 신이 선장으로 변신하여 뱃머리에 나와 크게 소리쳤다.

"인도로 가고 싶은 여행객이 있습니까?"

재가자는 기뻐하며 응답했다.

"바로 인도는 우리가 가고자 하는 곳입니다."

선장은 재가신자로 하여금 배에 올라오도록 하였다. 불자는 아름다운 배에 먼저 올라 친구인 이발사에게 배에 올라오라고 말했다. 그렇지만 선장은 그렇게 할 수 없다고 거절했다. 불자가 그 이유를 묻자 선장은 대답했다.

"저 사람은 부처님의 가르침을 따라 살지 않습니다. 나는 당신을 위해서 이 배를 여기까지 몰고 왔지 저 사람을 위해서가 아닙니다."

그러자 불자가 부탁했다.

"그렇다면 내가 여태 쌓아온 모든 공덕과 내가 이룩한 모든 능력들은 나의 친구에게 회향하고 싶습니다. 부디 나의 친구가 배에 승선할 수 있도록 허락해 주십시오."

선장은 재가신자의 우정에 감복하여 허락하였고, 친구의 신의를 저버리지 않는 말을 들은 이발사는 감사의 말을 하였다. 선장은 두 사람을 모두 배에 태워 바다를 건너 갠지스 강에 도착하였다. 바라나시에 있는 그들의 집에 무사히 안착시킨 후 선장은 신비한 힘을 사용하여 그들을 위해 거대한 재물을 만들었다. 그리고 나서 선장은 사람들에게 가르쳤다.

"항상 착하고 현명한 친구를 사귀어라. 만약 이발사가 경건한 친구를 두지 않았더라면 대양 한가운데에서 죽었을 것이다."

마침내 선장은 자신의 처소로 되돌아갔다. 선장으로 변신한 바다의 신은 부처님이고 배로 변신한 나가왕은 사리불이라고 이야기 끝에 부처님은 밝히고 있다.

이 이야기엔 두 가지가 크게 강조되고 있다. 첫째, 부처님의 가르침에 따라 생활하면 어떠한 어려운 일이 발생하더라도 도움을 받고 보호받는다는 것이다. 삼보에 대한 굳건한 믿음으로 걸어서 강을 건널 수 있었고, 대양에서 살아남을 수 있었다. 삼보에 대한 굳건한 믿음은 강을 걸어서 가게 했지만 약간의 의심에 의해 발이 강물 밑으로 빠지기도 하였다. 추호의 의심 없는 믿음이야말로 일반적인 이성으로 헤아릴 수 없는 기적을 만들어내는 것이다.

둘째, 부처님의 가르침을 따르는 사람을 가까이 하라는 것이다. 이발사는 삼보에 귀의하지 않았지만 불제자인 친구 덕에 살아남을 수 있었다. 착하고 현명한 친구를 사귄다는 것은 불제자를 가까이 하는 것이다. 이름만 불제자가 아니라 붓다의 가르침을 진실로 실천하는 사람이 불제자임에 다시 말할 필요가 없을 것이다. 만약 좋은 친구가 주위에 없으면 무소의 뿔처럼 홀로 가라고 부처님은 가르치고 있다.

| **참고 문헌** Jataka No 190.

찾.아.보.기.

4고(四苦) · 94
4념처 · 148
4중상심 · 214
6신통 · 155
7각의 · 208
7각지 · 148
7선법 · 212, 214

【 ㄱ 】
가나카 목갈라나 · 31
가섭 · 165
가피력 · 337
감로수 · 108
감정 · 216
객사 · 217
거울 · 117, 130
결정론 · 170
계덕 · 255
계행 · 69
고 · 15
고성제 · 27
고타마 · 15
고통 · 98
공덕 · 21, 336
과보(果報) · 37
구부득고(求不得苦) · 94
구슬 목걸이 · 301
구업(口業) · 133
국가주의 · 286
귀신 · 20, 182, 293, 324
극광천 · 185
금 그릇 · 303
금강(金剛) · 73
금동이 · 248
기도의 조건 · 346
기복(祈福) · 47
까마귀 · 306

깨어난 자 · 17
꿩 · 331

【 ㄴ 】
나쿨라 · 244
난다 · 16
날숨 · 147
내생 · 165
노인 · 261
노인 문제 · 263
눈먼 거북 · 111

【 ㄷ 】
다이어트 비법 · 233
대지 · 218
도사씨 · 104
도성제 · 27
도솔천 · 43
독신 생활 · 274
독화살 · 156, 191
들숨 · 147
등정각 · 154

【 ㄹ 】
라운 · 131
라훌라 · 16
리마 · 278
리차(離車) · 120

【 ㅁ 】
마라(Mara) · 20
마야 · 74
마왕 · 214
마하나마 · 255
마하남 · 137
마하파자파티 · 16
말룬키야풋타 · 156
맘짱 · 242
메르(Meru) · 43
메추라기 · 334

멸성제 · 27
명절 · 268
명행족 · 139
목갈라나 · 33
몸짱 · 242
무상(無常) · 74
무상사 · 139
무아(無我) · 67
무인론 · 188
물고기 · 344
미신 · 317, 321
민족주의 · 286

【ㅂ】
바가리 · 208
바라이죄 · 230
바루나 · 357
바위산 · 342
반특(般特) · 125
발원 · 337
방일 · 78, 122, 193
방일자 · 22
배우자 · 341
범행(梵行) · 21, 63
법경 · 134
법의 거울〔法鏡〕· 134
보살(Bodhisattva) · 44, 292
보시 · 68, 271
보시행 · 68
본말(本末) · 89
부루나 · 279
부모의 은혜 · 261
부부관계 · 247
부정관(不淨觀) · 229
불방일 · 78
불사 · 21
불살생계 · 229, 320
불세존 · 139
불음주계 · 359
불제자 · 364

불타 · 17
불효 · 258
붓다 · 17, 18
붓다고사 · 160
브라흐마 신 · 185
브라흐마닷타 · 292, 318
비구 · 52
비구니 · 51, 52
비둘기 · 306
비만 · 233
비방 · 354
비사카 · 355

【ㅅ】
사견(邪見) · 292
사대(四大) · 182
사리불 · 327
사무량심(四無量心) · 67
사부대중 · 240
사성제(四聖諦) · 28, 157
삼매 · 22, 226
삼명 · 329
삼보 · 255, 256, 362
삼세 · 132
삼십삼천 · 43
삼화(三火) · 58
상수제자 · 330
상좌 비구 · 276
생문 · 67, 270
석가세존 · 16
석가족 · 16
석존 · 16
선남자 · 100
선법(善法) · 90
선서 · 139
선업 · 246
선장 · 363
성형수술 · 239
세 종류의 불꽃 · 58
세간해 · 139

세존 · 16
소음 공해 · 224, 227
수달 · 180
수라 · 356
수식관(數息觀) · 149
수자타 · 313
숫도다나 · 16
시골 학생 · 340
신식(神識) · 138
신심 · 246
신업(身業) · 131, 133
심신 치유 · 145
싯닷타 · 15

【ㅇ】
아견 · 197
아귀 · 270
아나타핀디카 · 291, 312, 327
아난다(Ananda) · 127
아니룻다 · 48, 49
아라한 · 240, 329
아사세 · 120
아소견(我所見) · 197
아시타(Asita) · 43, 44
악마 · 22
악행 · 326
안나반나념 · 147
알아차림 · 24
애별리고(愛別離苦) · 94
애욕 · 286
애착 · 286
야소다라 · 16
양마(良馬) · 100
얼짱 · 242
업경(業鏡) · 133
업경대(業鏡臺) · 133
업경륜(業鏡輪) · 133
업보 · 173
에카나라 · 52
여래(如來) · 39, 48, 62, 72, 139, 330

여래십호 · 139
여우 · 261
연못 · 324
연장자 · 266, 329
열 가지 법 · 226
열반 · 23, 37, 53, 54, 59, 299
염부리 · 167
염세주의자(厭世主義者) · 230
염신주의자(厭身主義者) · 230
오계(五戒) · 320, 331
오물 · 117, 143
오온 · 197
오욕락 · 256
오음성고(五陰盛苦) · 95
외동아들 · 250
욕망 · 22, 23, 174
우바새 · 338
우화 · 310
운명론 · 170
원숭이 · 322, 331
원증회고(怨憎會苦) · 94
웰빙(well-being) · 61
유교 · 271
육도중생 · 110
육신통 · 329
윤회 · 110, 164, 232
응공 · 139, 240
의사 · 25
의업(意業) · 133
의왕 · 26
이혼 · 244
인격 · 187
인공호흡기 · 254
인과응보 · 169
인다(Inda) · 43
인연 · 97
인욕(忍辱) · 279, 281
인지 · 24
일곱 가지 보배 · 362
일곱 종류의 아내 · 312

일심동체 · 245
임종 · 255
입처(入處) 아귀 · 270, 272

【 ㅈ 】
자력종교 · 135
자리이타(自利利他) · 231
자비 · 161
자아 · 197
자애경 · 161
자업자득(自業自得) · 169
자작자수(自作自受) · 164, 169
작복(作福) · 47
재가신자 · 360
전능(全能) · 187
전륜성왕 · 74
전생 · 339
전지자(全知者) · 155
정각(正覺) · 42, 136
정견(正見) · 136, 292
정법 · 328
정변지 · 139
제4선 · 214
제사 · 268, 317
제사 음식 · 271
제사 증후군 · 268
제석천 · 344, 358
제타바나 · 291
제행(諸行) · 78
조어장부 · 139
주문 · 159
중상심 · 213
지시 · 36
지팡이 · 260
지행합일(知行合一) · 125
지혜 · 53, 226, 321
진리의 공능 · 335
진정(眞淨) · 74
진정한 자살 · 232
집성제 · 27

【 ㅊ 】
창조론 · 188
창조신 · 185
천상 · 256
천신(天神) · 37
천인사 · 139
천존 · 72
청개구리 · 77
청정(淸淨) · 39, 336
촌장 · 285
축생 · 270
출가 · 274
친차 · 348
칠각지 · 208

【 ㅋ 】
카시바라드바쟈 · 52
코끼리 · 330
쿨(cool) · 56

【 ㅌ 】
타타아가타 · 62
탐욕 · 305, 310

【 ㅍ 】
파세나디왕 · 234
파순(波旬) · 122
파쥰나 · 345
포용성 · 218

【 ㅎ 】
해탈 · 192, 226
허공 · 216
현대의학 · 253
현성(賢聖) · 182
호시 · 180
호신주 · 159
호흡관(呼吸觀) · 148, 230
화병 · 143
회향 · 363